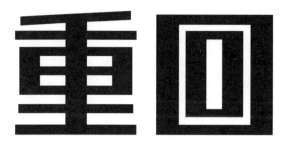

RETURN TO VALUE

重回价值

中国企业的资本运作法则

管清友◎著

如是金融研究院◎出品
朱振鑫、张奥平、杨芹芹◎特别致谢

ZHEJIANG UNIVERSITY PRESS
浙江大学出版社

破局之道：资本市场的"海洋规则"

创业与投资回归本源时代：万物重返海洋

2014 年，"大众创业、万众创新"的号角在中国 960 万平方公里的土地上吹响，创业与投资市场一瞬间被点燃。股权投资行业伴随着千千万万踏上追梦之旅的创业者，开始加速发展，"万众创投"的年代也随之到来。2015 年投资总额 5255 亿元，到 2017 年，全年投资额便突破了万亿规模，达到了 12111 亿元。但进入 2018 年，随着《关于规范金融机构资产管理业务的指导意见》(以下简称"资管新规")出台、A 股 IPO(首次公开募股)审核趋严、上市公司"爆雷"、海外上市破发等政策及市场环境的变化，股权市场瞬间由狂热降到了冰点，募资端开始了大幅的下滑。2019 年，股权市场彻底进入了冰河时期，2019 年上半年股权市场投资总额仅实现 2611 亿元，同比大幅下滑 59％，回到了 2015 年的水平。但与 2015 年不同的是募资端还在持续下滑，2019 年上半年募资额同比下降了 19.4％。

回顾过往的五年，创业者与投资人"大梦一场"后又回到了原点。资本的狂热与非理性在加速了泡沫快速膨胀的同时，也加速了独角兽走向神坛的步伐。但一旦狂热不再，来临的便是泡沫的快速破裂与已被封神的独角兽瞬间跌落神坛。若无资本的狂热催化，ofo 就不会在三年时间内完成 12 轮融资后出现经营危机，几十亿美元付诸东流。若无资本的狂热催化，乐视无法在七年融资 729 亿元、投资 1500 亿元，造出如梦幻一般的生态世界幻境后，便让参与其中的投资人共同为之"窒息"。若无资本的狂热催化，在 2018 年进入资本寒冬期时，中国的新经济独角兽们就不会在一级市场无法再维持高估值持续融资后，便掀起一波轰轰烈烈的境外上市潮，33 家赴美、赴港上市，然而却有 90％以上出现破发，甚至一半以上是在上市当天便破发。

创业与投资本不应该是非理性的抉择，可正是近几年资本的狂热及众多一夜暴富的神话吸引了更多人与资金涌入这个市场。一方更多的是为快速实现融资，抬升估值，编写着"为梦想而窒息"的企业成长故事；另一方则更多的是用尽千方百计只为拿到处于风口上的独角兽的份额，而丧失了独立理性的判断能力，不知局中有局。

现今阶段，其实并非资本寒冬期，而是回归本源，"万物重返海洋"。作为万物的起源之地，海洋之中，尤其深海之中，没有阳光，温度接近冰点，岩石海床上没有植物，这与 2019 年的股权市场环境极度相似。但在如此恶劣的环境之中，却仍有众多长久存在着的古老生物。其中，最主要的原因便是这些生物早已适应了如此恶劣的外部环境及激烈的内部竞争环境，它们在这样的环境之中不断提升自己的生存能力，坚守着自己的生存之道，虽无法在短时间内实现快速的进化，但每一步的成长都更为扎实。重返海洋之中，只有认清海洋中的生存之道——"海洋规则"，不再浮躁、保持理性，才可以长期生存并发展壮大。

资本市场的"海洋规则"

在创业与投资回归本源后，所面临的环境及制度下的生存发展规则，我们称之为"海洋规则"。

"海洋规则"一：外部环境恶劣，激烈竞争，真实价值为王

资本市场大环境的变化，只能左右处于伪浪潮中的企业，而无法左右具有真实价值的企业。2019 年，创业与投资回归本源后，大浪潮不再出现，小浪潮却一波一波地掀起。但这一波波掀起、又快速退去的小浪潮中，更多的则是不能为市场带来真实价值的伪浪潮。创业与投资都要重新审视真实价值来源于何方。

对于企业而言，真实价值取决于：

（1）你为市场所提供的产品或服务是否是刚需。

（2）你的客户是否认可你所提供的产品或服务，如果 To B，是

否有人使用,是否有大型机构与你合作;如果 To C,你的客户如何反馈,基于反馈你是否可以做出快速的改进。

(3)你是否能够组建起自身的长期竞争壁垒,在残酷的竞争中打赢这场战役。

(4)你是否能够提前做好规划,认清企业发展的"终局",找到属于自身长期的"正向飞轮",并不受市场伪浪潮的诱惑影响。

只有回归本源,持续创造真实价值,才可以认清企业自身的发展之道,即使处于变幻莫测的环境之中也能淡然自若。

对于投资机构而言,伪浪潮不可追,捷径中只有虚幻,没有价值。市场回归本源后,并不仅仅是企业少了很多的"试错"资金,投资机构也失去了很多的"试错"资金,"砸钱"也已经未必能够击穿某一个细分领域。只有进行深度的行业研究,认真地判断企业价值,坚定地进行价值投资,才可处于不败之地。

"海洋规则"二:注册制时代,公平竞争,创造长期价值为王

宏观制度环境下,科创板开启了注册制时代,可谓中国资本市场发展近 30 年的大变局。同时,A 股其他板块也快速推进着注册制改革,两到三年内中国资本市场或将迎来全面的注册制时代。然而,注册制并非仅仅是简单的上市制度的改变,它更是一二级市场企业长期真实价值的"试金石"。

首先,注册制通过市场化的手段将企业上市的选择权交还给市场。未来,只有投资者认可其价值、具有实现市场化市值能力的

企业才能够实现 IPO。其次,注册制势必会打消掉一二级市场企业上市初期的估值价差,甚至会产生倒挂,Pre-IPO 投资时代彻底退去,长期价值投资时代来临。最后,注册制在放开了"入口"的同时,也完善了"出口"。在任何成熟的资本市场体系中,注册制都会与严格的退市制度相匹配。纳斯达克市场每年有上百家企业退市,75％的企业会在上市三年后退市。目前科创板在试点注册制的同时,也正在实行 A 股史上最严格的退市制度。在注册制时代,一切都将回归真实价值。

对于企业而言,未来需要具备持续创造长期价值的能力。需要考虑的是:如果是科技类企业,你是否是真正的"硬科技",你的科研产品是否能够实现商业化落地并被市场所接受,你是否具有持续的科技研发能力等;如果是消费类企业,你是否能在衣、食、住、行上提升人们对产品或服务的长期真实满意度,是否能够提升产品生产及使用的效率等。未来,只有具备长期价值创造能力的企业,才可以在资本市场中实现可持续的良性发展。

对于股权投资机构而言,需要在更长远的周期上看待企业的真实价值所在,一二级市场的估值边界将不复存在,企业上市不再会是投资的终点,上市也并不意味着可以实现退出。只有用更长远的眼光去看待企业价值,做到长期投资,才可以赚取"时间的复利"。

在创业与投资"重返海洋"后,面临资本市场的"海洋规则",核心应对之策便是回归价值本身。重返海洋之中并不可怕,重要的是我们要认清"海洋规则",学会适应,才可以拥有更长远的发展。

目录

第一章　金融框架

第一节 金融市场:玩转多层次资本市场与新金融工具

如果将企业比作汽车,那资金对于企业就像汽油,融资就像是给企业加油,金融工具就像是不同型号的加油机,资本市场就像是加油站,储备各种型号的汽油,满足不同的汽车需求。在学习加油之前,我们应该先弄清楚加油站在哪里,怎么去选择不同型号的汽油,所以本节先讲讲国内的金融市场以及市场上的新金融工具。

2003 年之前我国的融资结构以间接融资为绝对主导,直接融资占比较低,银行贷款占比高达 89.5%。这种体系既难以满足不同类型企业的融资需求,也造成了很多金融风险隐患。在这样的背景下,2003 年 10 月十六届三中全会首次明确提出"建立多层次资本市场体系"。从那时到十九大,中央一直在反复强调建立多层次资本市场的重要性。经过多年的发展,我国已经初步建立了多层次的资本市场,大体由场内市场和场外市场两部分构成,场内市场包含主板、中小板(一板)和创业板(二板),场外市场包括全国中小企业股份转让系统(新三板)、区域性股权交易市场(新四板)、券商柜台交易市场(包括天使投资、风险投资、股权众筹等股权投资市场,即新五板)。

中国人民银行金融研究所前所长姚余栋曾用一个生动的比喻,说明了资本市场和企业成长之间的关系:"股权众筹好比幼儿园和小学阶段,中学就是进入新四板和新三板,上了大学就到了中小板、创业板和主板市场。"从股权众筹到主板,上市难度越来越高,对企业的要求越来越严。

多层次资本市场可从多个维度进行分类,但对企业来说,主要是从融资的性质看,可分为多层次的股权和债权两类交易市场。

从股权市场来看,其主要分为主板、中小板、创业板、新三板、科创板。区域性股权交易市场和券商柜台交易市场目前还处于起步阶段,体量较小,主要还是要看前三个市场。

主板是指沪深交易所主板,是大型成熟企业上市的主要场所。上交所主板股票代码以 600 开头,深交所主板股票代码以 000 开头。中小板是深圳证券交易所主板市场中单独设立的一个板块,主要针对稳定发展的企业,流通盘多为一亿元以下,股票代码以 002 开头。主板和中小板上市条件完全相同,有五点基本要求:一是存续时间,要持续经营三年以上;二是盈利指标,要求近三年净利润均为正且累计超过 3000 万元;三是现金流,需要近三年经营活动产生的现金流量净额累计超过 5000 万元或营业收入累计超过三亿元;四是净资产,最近一期末无形资产占净资产比例不高于20%;五是股本总额,公司股本总额不少于 5000 万元。

创业板属于深交所的一个板块,是对主板的重要补充,主要针对科技成长型中小企业,股票代码以 300 开头。创业板要求企业持续经营三年以上,近两年连续赢利且净利润累计不少于 1000 万元,或近一年净利不少于 500 万元且近两年营收增长率不低于 30％,最近一期末净资产不少于 2000 万元,且不存在未弥补亏损,股本总额不少于 3000 万元。总体来看创业板对财务指标要求稍低于主板及中小板,但新增了一些成长性指标条件,更关注企业的成长性。

主板、中小板和创业板统称为 A 股市场,满足上述要求的企业可申请在对应的资本市场进行 IPO,企业通过 A 股市场首次公开向投资者发行股票,募集资金用于企业发展,要求股东人数不少于 200 人,一般投资者即可参与。由于证监会审核速度加快,2017 年 A 股 IPO 数量大幅增长,达到 437 家,创下历史新高,融资规模 2351 亿元。其中上海主板最为活跃,IPO 214 家,融资金额达 1377 亿元;深圳中小板 IPO 82 家,融资金额 451 亿元;深圳创业板 IPO 141 家,融资金额 523 亿元。

完成 IPO 的上市公司后续还可通过再融资、并购重组进行融资。再融资是上市公司通过配股、增发和发行可转换债券等方式直接融资。2017 年,证监会先后发布"再融资新规""减持新规",A 股市场股权再融资总体规模大幅收缩,从 1.71 万亿元降至 1.28 万亿元。具体从再融资工具上看,原本最为常用的定增开始下降,2017 年定增及配股公司数量为 547 家,缩减了三分之一,可转债、可交换债则逆势崛起,发行家数翻了一倍,融资规模直线上升,多达 1850 亿元。

　　并购重组是上市公司盘活存量资源、优化资源配置、推动转型升级的重要方式。2017 年，A 股上市公司成功实施了 1114 起并购重组，涉及交易金额 7612 亿元。通常上市公司会通过非公开发行股票等方式为并购重组募集资金，但 2017 年证监会出台了一系列监管政策：一是对非公开发行股票规模进行限制，不得超过总股本的 20％；二是对时间间隔有规定，增发、配股、非公开发行股票等距离前次募集资金到位不得少于 18 个月，抑制"忽悠式""跟风式"及盲目跨界重组。

　　新三板全称为全国中小企业股份转让系统，主要是为创新型、创业型、成长型中小微企业的发展服务，股票代码以 8 开头。2017 年新三板新增挂牌公司 1467 家，累计完成股票发行 2725 次，融资金额 1336.25 亿元。新三板挂牌的门槛相对较低，只需存续满两年、具有持续盈利能力，对具体的盈利指标、现金流、净资产、股本总额都没有明确的要求。新三板分为基础层和创新层，创新层比基础层要求更高，对企业的盈利能力、营业收入和平均市值提出了更高的要求。在股转系统挂牌的 11630 家企业中，创新层企业 1353 家，占挂牌企业数量的 11.63％，且其在市场上的融资能力和业绩表现远好于基础层企业。新三板挂牌企业可在挂牌的同时定向增发，还可在挂牌后采用储架发行的方式增发，即一次注册、多次发行。而 2019 年年底开始推进的新三板深化改革中，精选层改革也进一步降低了入市门槛。

　　新三板交易方式多样，其中最有特色的就是做市商制度，由证券公司和符合条件的非券商机构使用自有资金参与新三板交易，通过自营买卖差价获得利益,旨在增强新三板市场流动性,活跃市场交易。但目前成效不佳,做市股票成交量日趋萎缩,整体价格不断下跌。

对比发现,主板、中小板、创业板、科创板属于场内市场,市场相对成熟,一般投资者即可参与。其中创业板要求稍高,有两年以上证券投资经验要求,整体市场流通性较好,但需企业满足对应的存续年限、盈利、收入、净资产、股本要求。新三板属于场外市场,对企业要求相对较低,但市场流通性不佳。企业可依据自身实际选择合适的资本市场。

从债权市场来看,其大体上分为银行间市场、交易所市场、机构间私募产品报价与服务系统。其中银行间市场是债券市场的主体,债券品种丰富,包括国债、政策性金融债、企业债、短期融资、中期票据等长短期不同的投资品种,且体量较大,债券余额占到债券市场总量的 80% 以上。

按照监管部门来分,债券有三大监管主体:一是证监会,监管上市公司发行债券,如公司债;二是央行,直接审批金融债,其下属的银行间市场交易商协会监管 PPN(非公开定向债务融资工具)、中期票据、短期融资等;三是发改委负责企业债的审批。

按照发行主体的信用风险,债券分为利率债和信用债两大类。利率债的发行主体为国家或国家机构,几乎不存在信用风险,收益变动取决于利率。利率债包括国债、地方政府债、政策性银行金融债、政府支持机构债(汇金债、铁道债)。信用债的发行无国家信用背书,存在信用风险,收益取决于发行主体的信用水平。信用债主要包括金融债(银行债券和非银金融债)、一般企业债(短期融资、中期票据、PPN、公司债、企业债等）和资产支持证券（信贷资产证券化、企业资产证券化、资产支持票据、资产支持计划）。对于企业而言，一般企业债最为常用，下面将对其进行逐一梳理。

短期融资、中期票据：由银行间市场交易商协会监管，采用注册制发行，在银行间市场流通交易，对发行主体无明确财务要求，发行规模不超过企业净资产的 40％，审批周期为两到三个月，短期融资发行期限在一年以内，中期票据多为三到五年期。募集资金用于企业生产经营活动，可用于置换贷款、补充流动资金、项目投资及兼并收购等，不可用作资本金。

PPN：由银行间市场交易商协会监管，采用注册制发行，在签署定向发行协议的投资者之间转让，对发行主体无明确财务要求，发行规模原则上不超过企业净资产的 100％，审批周期为两到三个月，发行期限多为五年内，对募集资金的用途没有明确的限制。

公司债：由证监会监管，公司债原先的发行主体必须是上市公司，2015 年发布的《公司债券发行与交易管理办法》将主体拓展到所有公司制法人，现有公募（公开发行）和私募（非公开）两种发行方式。公开发行要求相对较高，要求发行规模不超过企业净资产的 40％，最近三年年均净利润超过债券一年利息的 1.5 倍。审批周期约为三个月，发行期限多为中长期，即三到五年。私募非公开发行要求较低，审批速度也比公募快，成本会比相同条款下的公募高 100BP① 左右。

---

① 债券和票据利率改变量的度量单位。

企业债:由发改委审批,需要募集资金用于指定的项目建设,发行规模不超过企业净资产的40%,最近三年持续赢利,年均净利润能覆盖债券一年的利息。可以在银行间和交易所市场同时流通,一般审核十分严格,审核周期长达六个月,发行期限多为中长期,即五年以上。

最后总结一下,我国资本市场逐步完善,多层次的股权和债权交易市场已经形成,为企业提供了丰富的新金融工具,企业可结合自身实际灵活选用,为企业发展提供资金支持。

第二节　金融监管:监管新方向及对企业投融资的影响

随着国务院金融稳定发展委员会成立、银监会和保监会整合为银保监会,"一委一行两会"的新金融监管体系正式形成,新一轮的金融监管周期已经开启。过去几年,一系列金融监管政策相继出台,这些政策在影响金融机构业务模式的同时也对企业投融资产生了间接影响。

新的监管框架以货币政策与宏观审慎监管为双支柱,基本原则有三点:一是引导金融回归本源、服务实体经济;二是推进金融去杠杆、防控金融风险;三是深化金融改革,加大金融开放力度。从这些原则出发,我们看到了一行两会一局的"资管新规",证监会的再融资新规、并购重组新规、减持新规,银监会的"三违反三套利四不当十个方面"治理,财政部2017年的50号文、87号文、92号文与2018年的23号文等监管细则接连落地,其主要从以下几个方面来规范金融业务。

一是打破刚性兑付。资管业务要回归代人理财的本质,不得承诺保本保收益,禁止以任何形式刚性兑付,应实行净值化管理。这意味着银行保本理财将不复存在,未来投资理财需要承担风险,居民购买理财的动力可能下降,而理财资金是过去银行给企业做非标融资的一个重要资金来源。

二是规范资金池。过去资管业务中的资金池问题十分普遍,通过滚动发行、集合运作、分离定价实现期限错配,获得超额收益。现在则要求实行单独管理、单独核算、单独建账,使得业务操作难度加大,产品收益受到影响。

三是限制多层嵌套。以往为规避投资范围、杠杆约束等监管要求,通道业务、多层嵌套现象十分普遍,不仅增加了产品的复杂性,还拉长了金融链条,增加融资成本。目前明确只能嵌套一层,严控通道业务,降低潜在风险。

四是严控非标业务。非标业务可以规避多项监管,是房地产和地方城投平台重要的融资渠道。但在 2017 年银监会 55 号文规范银信业务、2018 年银监会 2 号文加强委托贷款业务管理的强监管下,通道和非标这对孪生兄弟都岌岌可危。

五是防范监管套利。过去银证保由于监管政策不统一,各种监管套利层出不穷,使得宏观调控失效,大量信贷资金流向了融资平台、房地产业、"两高一剩"行业等国家宏观政策禁限领域。此次金融监管实行功能监管、穿透监管和协调监管,最大限度消除监管套利空间,引导金融回归本源。

六是禁止变相融资。为规范政府融资,财政部从项目端和资金端同时发力,金融机构不能再出现要求固定回报、回购安排、明股实债等不合规融资行为,防止政府借政府购买、PPP(政府和社会资本合作)及以政府基金之名、行变相融资之实。

金融机构和金融市场加速规范,将直接对企业的投融资造成冲击,以下几个方面的影响最为突出。

第一,IPO难度加大,过会率降低。2017年IPO过会率为77%,2018年过会率只有约56%,大幅下降。甚至出现过2018年11月29日三家全否、IPO零通过的纪录。审核节奏也逐渐放缓,2018年前四个月发行批文数量和筹资总额相较于2017年同期分别下降75%、50%,分别为39家、403亿元。可见,IPO审核越来越严,难度不断提高。而且IPO新政规定,IPO被否企业作为标的资产至少三年才可借壳上市,这导致不少企业撤单。2018年上半年已有100多家企业撤单,撤单数约为2017年全年的八成。这些企业要么转向借壳上市,要么转向海外。

值得关注的是,虽然IPO审核放缓,但对新经济企业的支持力度前所未有,例如致力于新能源动力电池研发的宁德时代IPO过会只用了五个月,仅为2018年平均水平的一半,这对新经济企业是利好。

第二,支持独角兽回归,但门槛在提高。为引导独角兽回归,证监会出台新政,允许海外上市的独角兽规避法律、VIE(可变利益实体)架构等问题,通过发行股票或CDR(中国存托凭证)重回国内,使国内的投资者也可以分享独角兽成长的红利。但是2018年的试点意见要求企业市值不低于 2000 亿元,其时仅有腾讯控股、阿里巴巴、中国移动、百度、京东、网易、中国电信七家海外上市企业可以满足要求。独角兽回归门槛提高,难度加大。

第三,新三板持续低迷,两极分化更加严重。新三板自推出以来快速发展,截至 2017 年年底已有 11630 家挂牌企业,市值近五万亿元,约为 A 股的十分之一,但整体流动性不佳,日均成交量不足 10 亿元,不到 A 股日均成交量的 1%,严重影响后续企业挂牌的积极性,挂牌公司增速由 2014 年的 300% 下滑到 2017 年的 14.43%。新三板分层制度实施后,新三板内部出现明显分化。2017 年的数据显示,创新层平均每家挂牌企业成交额是基础层的 7.99 倍,融资额是基础层的 5.83 倍。在新的监管环境下,资金将会向创新层进一步集中,头部效应将更加明显。对于中小微企业而言,新三板仍是一种重要的融资渠道,但需要考虑后续的流动性。如果能满足创新层的盈利、收入和市场活跃度要求,还可以进入创新层。

第四,再融资规模大幅收缩,主要方式发生变化。2017 年,证监会先后发布再融资新规,规范再融资市场。一是规模限制,要求非公开发行不超过总股份的 20%;二是频率规定,间隔不少于 18 个月;三是募资投向说明,要求最近一期无交易性金融资产和财务性投资。但新规主要是针对增发和配股,发行可转债、优先股不受期限限制。过去由于条件宽松、定价时点选择多、发行失败风险小,定增成为绝大部分上市公司和保荐机构的首选再融资品种。2010 年到 2017 年,定增市场募资总额接近五万亿元。新规出台后,再融资结构有所优化,最为常用的定增降温,2017 年起定增市场募资额开始下降,较 2016 年下降了 25％,可转债、优先股等其他再融资方式逆势崛起,受到市场青睐。

第五,规范股票质押,严控企业杠杆。股票质押是企业重要的融资渠道,在 A 股中有 3000 多只股票有未解押的股票质押式回购,占 A 股数量的比例超过 99％。2017 年以来,股票质押风险频发,部分质押方甚至将资金重新投入二级市场,资金风险高企。针对这些乱象,股票质押新规出台,设置了许多硬性条件。一是总体质押比例不超过 50％,并对单一证券公司、单一资管产品作为融出方可接受的质押比例进行限定;二是严控资金投向,严禁投向二级市场及其他禁止方向;三是融资规模规定,根据三级分类评价不得超过公司净资本的 50％、100％、150％,质押率上限不得超过 60％等。这实际上是在给企业去杠杆。

第六,规范并购重组,蚂蚁吞象的资本游戏不好玩了。证监会总体上还是鼓励并购重组的,但也在加大规范的力度。2017 年并购重组新规监管趋严,重点打击"忽悠式""跟风式"重组及利用高送转、高杠杆收购等题材炒作、侵害中小投资者利益的市场乱象。如 2017 年龙薇传媒高杠杆收购万家文化案,这场收购的总资金为30 亿元,龙薇传媒除自有资金 6000 万元外,剩余资金都是借入,杠杆比例高达惊人的 51 倍。监管机构当然不可能坐视不理。结果不仅这个融资方案未获银行批准,收购计划流产,而且两家公司还受到了证监会的行政处罚。证监会对于"忽悠式""跟风式""高杠杆"及盲目跨界重组越来越警惕,上市公司在并购的时候要更加小心。但也必须注意,有利于产业升级和行业有效整合的并购还是未来的趋势。

第七,严格限制杠杆,并购基金不好玩了。并购基金的优势是通过结构化设计、回购承诺安排等来降低资金成本的。资管新规出台后,限制多层嵌套,禁止大股东通过质押私募基金份额、使用银行贷款等非自有资金融资,有效地控制了并购基金的杠杆和规模,进而限制了企业的投融资规模。打破刚兑,使得风险暴露,增加了外部投资者的风险,减少了并购基金对投资者的吸引力,从而导致并购基金急剧缩量。2017 年,超过 130 只并购基金得以设立,发行规模达 1700 亿元。2018 年资管新规出台之后,2018 年第一季度仅募集 15 只并购基金,募资总规模为 164.49 亿元,不到 2017 年的十分之一。

第八,加强银行委托贷款管理,房地产、地方平台融资受限。银行委托贷款高速发展,五年激增十倍,总规模高达 14 万亿元。大量的银行理财资金通过借道证券公司或基金子公司对接到定向或者专项资产管理计划,最终以委托贷款的形式投向房地产、地方融资平台等领域。但 2018 年出台的《商业银行委托贷款管理办法》规定,受托管理的他人资金不能作为委托贷款的资金来源,要去通道化,不能进行资金多层委托,这严重影响到房地产、地方平台通过通道的委贷融资。

第九,财政监管打击明股实债,以杠杆充当资本金的融资不好玩了。固定资产投资项目实行资本金制度,资本金要求为项目规模的 20%～30%,只有落实资本金才能进行项目建设。在非标兴起的年代,由于项目资本金融资体量大,而且多为明股实债,风险较小，容易审批，是备受非标青睐的投资标的。但 2017 年财政部 92 号文要求"不得以债务性资金充当资本金"，小股大债不可持续，随后资管新规规范资金池运作，大部分资金被切断，但银行自营资金还有部分投资空间。2018 年财金 23 号文则直接禁止债务性资金作为资本金，要按照"穿透原则"加强资本金审查，资本金融资方式宣告终结，只剩下资本金真股权投资了。

第十，债券违约频现，债券发行不那么容易了。随着金融去杠杆趋严，货币政策趋紧，加上打破刚兑导致违约事件频发，债券市场的好日子到头了，企业发债融资也不再那么便宜、那么容易了。2018 年前 5 个月已有 19 只信用债违约，违约金额合计 171 亿元，就连曾经资质优良的发行主体都接连"爆雷"。富贵鸟、凯迪生态、中安消、神雾集团等民营上市公司接连出现违约，中科金控、天房集团等国营上市公司也出现信托贷款逾期或被提示风险，导致信用风险溢价加大，发债成本提升，甚至是无人认购。截至 2018 年 5月，已有近 2000 亿元的债券推迟或取消发行，还有一家知名的上市公司拟发行 10 亿元公司债，结果仅认购了 0.5 亿元，流标率高达 95％。过去火爆的债券市场正在大幅降温，发债融资的好日子过去了。

最后总结一下，我国已进入新一轮的金融监管周期，金融严监管是大势所趋。金融监管会对金融部门的业务和实体部门的投融资产生巨大影响，企业在进行投融资规划时应密切关注监管动向，及时调整战略。

第三节　金融机构：如何选择适合自己的金融机构？

提起金融机构，首先想到的一定是银行、券商、保险，然后就是自己企业已有融资业务会涉及的金融机构。但是如果要细数一下主要的金融机构，并不是每个人都非常清楚。那么从融资的角度出发，如何挑选适合自己的金融机构，以及应当遵守哪些原则？

企业做融资，最重要的是了解自己的融资需求。一方面，企业的融资需要是长期的还是短期的，是仅仅需要融资还是希望引入战略投资者？如果需要短期融资，那么可以进行短期信用融资。其优点是不需要抵押和担保，周期短，放款快；缺点是额度会小很多。如果是长期的，那么做股权和债权融资是比较恰当的，但是这两者门槛都比较高，对企业资质有所要求。另一方面，企业的融资规模是大还是小？小额需求可以考虑信用融资，甚至小贷公司。如果是大额需求，就可以考虑银行抵押贷款、股权债权融资等方式。不仅如此，企业还要根据各种融资方式的成本、金融机构的实力和业务能力等实际因素来选择融资渠道。同一方融资，由于选择的融资工具不同，费率会有很大的差异。一般来说，抵押贷款的风险最小，费率也最低。因此企业需要在融资可得性的考虑下进行融资渠道的选择。在选定渠道之后还需要进一步考察金融机构的实力和业务能力。尤其对于大额长期的融资需求来说，直接选择业内排行前列的公司可以消除很多不确定性因素。

企业的融资业务主要可以分为金融融资和民间融资两类。这两项业务涉及的主要金融机构包含银行、券商、信托、互金平台、融资租赁公司、商业保理公司以及小额贷款公司等。

金融融资主要是由银行提供的银行贷款、委托贷款、非金融企业债务融资工具、内保外贷、银行保理，由券商提供的股权、债权融资及资产证券化，以及由信托提供的信托贷款。

首先是银行提供的融资业务。银行作为中国最重要也是最赚钱的金融机构，通过吸纳公众存款和理财资金，主要以贷款的形式向中国实体产业提供资金支持。2017 年全年新增人民币贷款 13.53 万亿元，为企业融资提供了有力的支持。

银行贷款是企业融资的最主要方式。根据《中国社会融资环境报告》，企业的社会融资估计约有 170 万亿元，其中有 54.84％是银行贷款。银行贷款最主要的优点是程序标准、融资成本相比其他方式较低。缺点是银行一般要求企业提供担保或者抵押、质押，并且偏好国企及大型企业，中小企业融资难。对于企业来说，选择银行进行贷款最主要是出于成本方面的考量，也就是贷款利率和抵押率、质押率。目前中国五年以上贷款利率为 4.9％，但是实际上大多数企业无法拿到这个水平的贷款，因此可获得贷款的利率水平是最主要的选择标准。如果是抵押或质押贷款，需要关注抵押率、质押率，这直接关系到企业可以获得的贷款金额。

委托贷款是银行单纯作为中间人，将委托方的资金以贷款形式发放给融资方。2012—2018 年间委托贷款以年均超过 20％的增速膨胀到接近 14 万亿元的规模。虽然之前由于监管不严，大量银行理财资金通过委托贷款投向房地产和地方融资平台等领域，但《商业银行委托贷款管理办法》出台后，对这一业务进行了规范，其规模势必会缩减。由银行与企业协商的通道费用的高低也将成为企业选择通道的重要标准。

非金融企业债务融资工具主要是短期融资券、中期票据、中小企业集合票据、超级短期融资券、非公开定向发行债务融资工具、资产支持票据等。2017年共发行3370只，发行规模近四万亿元，一年以下融资券在数量和规模上占比都接近50%，因此更适合为企业提供中短期流动资金。根据Wind数据，建设银行、兴业银行、工商银行是最被认可的三家承销银行，2017年承销金额分别为4000亿元、3275亿元、3260亿元，分别承销了493、449、287只证券。

内保外贷指境内银行对境内企业的境外关联企业提供担保，由境外银行向境外关联企业发放贷款的业务。对于企业来说它主要可以解决三个问题：一是对企业境外关联公司跨境增信，使境外关联企业度过发展前期信用不足的阶段；二是可以实现低成本融资；三是解决当前资金出境难的问题。但是这种业务更接近于定制型的产品，成本取决于企业的议价能力。2016年5月9日长电科技收购新加坡星科金朋就用了该种形式的融资，由长电科技提供担保，境外主体获得中国银行"内保外贷＋直贷"模式的1.2亿美元贷款，占收购总额7.8亿美元15%以上，保证了收购的顺利进行。

银行保理是银行为企业使用应收账款融资设计的一种融资业务，通过应收账款的转让来提升企业资产的流动性。银行需要考察企业的资信情况并且一般要占用企业在银行的授信额度。银行保理更加适用于可以提供足够抵押的大型企业。对于小型企业来说，更多的是需要商业保理来进行融资。

其次是券商提供的股权、债权融资服务以及资产证券化。券商作为中国资本市场的一支重要力量，是金融机构融资无法忽视的一个角色。不论企业是股权还是债权融资都需要券商作为中介机构或者资金提供方来推进。根据 Wind 数据，2017 年券商整体股权融资规模达 1.7 万亿元，与企业融资相关的企业债、公司债为1.3 万亿元，资产证券化总规模为 1.61 万亿元。

在股权融资方面，主要融资方式是 IPO、增发、可转债、可交换债以及并购重组。2017 年 IPO 募资 2300 亿元，增发募资 1.2 万亿元，可转债及可交换债募资 1851 亿元，并购重组交易金额 2.3 万亿元，其中上市公司作为买方的交易金额超过 70%。

从 IPO 来说，IPO 是指股份公司首次向社会公众公开招股。对于企业融资来说，IPO 一次性为企业提供了巨额的融资，同时提升了企业资产的流动性，为后续的再融资、并购重组等打好了基础。企业在考虑 IPO 的时候，应该综合考虑券商的业务熟练度、过会率以及自身的行业特点。在进行保荐券商的选择时，如果通过过会率来选择保荐承销券商，2017 年过会率排名前三的券商分别为中信建投、华泰联合以及东吴证券，其过会率分别为 96%、95%、90%。如果通过券商偏好来进行选择，2017 年券商承销保荐的费率平均为 7.51%，中金公司最低仅为 4.96%，民生证券最高达9.37%。这个费率跟募资规模正相关。以上数据反映出中金公司更偏向于大规模募资的项目而民生证券更偏向于小规模募资的项目。如果从券商实力上来选择，2018年市场上排名第一的券商是中信证券。中信证券2017年的过会率为82%。从规避被否次数最多券商的角度来考虑，2017年国金证券有八家被否，数量远超其他券商。

从再融资重要的手段增发来说，增发是通过对特定或全部投资者额外发行股份募集资金的一种方式。2017年增发企业集中于民营企业与央企，募资金额分别为4709亿元和4386亿元。从券商实力来选择，中信证券、中金公司、中信建投是2017年仅有的三家增发承销金额超过1000亿元的券商，分别为1722亿元、1456亿元、1379亿元，三家承销金额合计占2017年增发总额的37%。承销增发家数分别为48家、25家、49家。

从可转债和可交换债来说，可转债目前在发行数量上材料领域较多，金额上还是金融企业位列第一，达300亿元。两者之中表现最好的是可交换债。在发行行业上前三名分别为材料、资本货物和能源，其发行规模分别为342.91亿元、328.75亿元、180亿元。在可转债承销市场上，由于发行量较少，由瑞银证券、中信证券、中金公司、光大证券、摩根士丹利华鑫、高盛高华六家券商以50亿元承销金额并列第一。在可交换债市场上，华泰联合、中信证券、国泰君安是仅有的三家承销金额超百亿元的券商，其承销金额分别为176亿元、172亿元、126亿元。

从并购重组来说，并购重组是优势公司整合资源、优化资源配置、实现转型升级的重要方式。并购重组实际上是一家企业取得另外一家企业的资产、股权乃至经营权、控制权的行为。目前中国并购重组的财务顾问主要由券商及一些精品投行提供。上市公司的并购重组依然由一些大券商所垄断。在并购重组业务中，自2013年至2017年连续五年在证券公司并购重组财务顾问业务评级中被评为A级的仅有中金公司、中信证券、华泰联合、中信建投、国泰君安五家券商。这五家券商分列2017年并购重组交易金额排名的第一、二、三、四、七位。

在债权融资方面，主要是债券发行和承销以及股票质押式回购交易。

在券商债券的发行和承销中与企业融资相关的主要是企业债和公司债。企业债与公司债是分别由发改委、证监会审批，符合规定的公司发行的债权融资凭证。2017年这个领域基本上是被券商垄断。在公司债市场上，中信建投以178只公司债、承销金额1442亿元的巨大优势稳居第一。在企业债市场上，海通证券以26只企业债、承销金额268亿元排名第一。

股票质押式回购交易是上市公司将股票质押换取融资的一种方式，目前更多的是由券商作为资金提供方来进行质押。上市公司股票质押占企业社会融资总额约为3.39％。截至2018年3月，A股中未解押的质押式回购股票市值达3.97万亿元，占A股总市值的7.2％左右。根据最新规定，质押率不得超过60％的上限，那么与银行协商更好的质押率以及费率就是企业需要考虑的最重要的两个问题。

资产证券化是以底层资产未来产生的收益作为偿付保障发行

可流通证券进行融资的方式，资产证券化市场在经历了四年快速发展之后，德邦证券、中金公司、华泰证券、中信证券的业务规模迅速超过 500 亿元。底层资产目前主要是小额贷款债权、信托受益权、企业应收账款债权和融资租赁债权四大类，这四类总资产规模占 2017 年的 81.86%。行业则主要集中在金融业、租赁业和房地产行业，规模占比接近 83%。

最后是信托公司，其主要是指接受委托人的资金并按照一定的提前约定向融资人发放贷款并负责收回贷款的公司。如果资金投向委托人指定的贷款项目，风险由委托人承担，信托公司仅仅起到通道的作用。如果资金投向信托公司选定的贷款项目，风险由信托公司承担。前者信托公司只收取通道费用，而后者企业融资的成本大概在 10%～12%。2019 年市场上中信信托、建信信托、华润信托、华能信托和平安信托等都是信托行业的龙头企业。

民间融资主要是由互金平台提供的 P2P（点对点网络借贷）、由融资租赁公司提供的融资租赁、由保理公司提供的商业保理以及由小额贷款公司提供的贷款等。此类融资方式因为标准化程度较低，投资方更多的是看企业与投资方的协商能力。同样，资质不符合金融融资的企业大多数是通过这些方式以高额的融资成本来进行融资。

P2P 理财是互联网理财的一个典型代表，它是以公司为中介，对接借贷双方需求，完成债权融资的方式。商业保理是保理商向供应商提供的应收账款融资服务。截至 2018 年年底，全国已经有超过 11000 家保理公司，业务量据估计超过 12000 亿元。小额贷款公司则是以公司财产对外放贷,2019年上半年整个行业贷款余额超过9000亿元。

此类产品由于透明度低,标准化程度低,诈骗、平台跑路等违法犯罪行为高发。因此企业如果选择此类融资工具,一方面需要牢记企业融资的目的,需要警惕过高的融资成本可能对企业的现金流产生影响。另一方面,在融资前要完成一定程度的金融公司背景尽职调查,优先选择业内知名公司,规避融资风险。

最后总结一下,一定要具体问题具体分析。首先正确分析自己的业务需求,然后根据具体需求去寻找对应的金融机构,从相关业务费率、业务提供方的角度进行考虑,选择适合自己的金融机构。

第四节　金融模式:未来你必须掌握的新金融模式

2016年10月,马云在云栖大会上将"新金融"与"新零售、新制造、新技术与新能源"一起列为影响世界的五大新趋势,这让新金融越来越受关注。所谓新金融,就是金融为适应实体经济转型所做的创新,这种创新主要表现为以下五种趋势。

新金融的第一个趋势是技术创新,从人工到人工智能,将金融和科技相结合。近年来,金融科技风靡全球,无疑是目前金融业最引人注目的焦点。中国的金融科技进展如火如荼,无论是从2017年的融资笔数、融资金额还是融资质量上看,均位居全球领先地位,这也意味着我们国内的企业必须了解金融科技。

金融科技目前主要是金融和 ABCD 四大技术的融合。A 是人工智能，B 是区块链，C 是云计算，D 是大数据。其中对企业融资影响最大的是人工智能和大数据，这两项技术是一个硬币的两面。大数据是人工智能的基础。企业融资面临的最大难题是信息不对称。传统金融机构的风控模式主要通过人工调查、授信、审批、贷后管理，依靠抵押担保来防范信贷风险，过度依赖人工，不仅成本较高，而且效率较低。

有了金融科技就不一样了。借助大数据、人工智能等技术，金融机构可以对互联网底层海量数据进行全面分析挖掘，搭建风险控制模型，实时监控风险指标。比如工商银行从 2007 年起专门建立了数据仓库和集团信息库两大数据库，实现了对全部客户和账户信息的集团管理，通过大数据分析，对个人客户和法人客户的违约率、违约损失率等进行动态监测和实时预警，并对积累数据进行深入分析，有效把控实质风险、提升融资服务效率。对企业来说，必须越来越重视自己的日常信用，因为数据每时每刻都在产生，银行每时每刻都在记录，以前靠人情关系可以让贷款过关，以后恐怕不行了。

新金融的第二个趋势是对象创新，从高不可攀到强调普惠金融。 普惠金融就是致力于为小微企业、农民、城镇低收入人群等弱势群体提供可负担成本的金融服务。普惠金融在全球早已是共识，在中国这样一个社会主义国家更是必然趋势。数据显示，我国占企业总量 0.5% 的大型企业拥有 50% 以上的贷款份额，而88.1% 的小型企业贷款份额不足 20%，90% 以上的民营中小企业无法从银行获得贷款。不搞普惠金融,中国经济就无法可持续发展。所以在 2015 年年末,国务院印发了《推进普惠金融发展规划(2016—2020 年)》,普惠金融上升为国家级战略规划。各主要商业银行、1600 多家村镇银行和 17 家民营银行相继成立了普惠金融事业部,为小微企业服务,并接受监管部门对普惠金融的考核。普惠金融覆盖面广,天然地和金融科技联合在一起。以建设银行为例,2017 年建行组建普惠金融事业部,并借鉴零售业务理念,在小微企业贷款方面设立"评分卡",结合非财务信息对客户进行全面评价,运用大数据技术整合各类信息,实现精准"画像",通过"小微快贷"模式实现全流程线上融资,全程自助。截至 2017 年年底,建行境内小微企业贷款余额为 1.61 万亿元,五年翻了一倍,小微企业申贷获得率 93%,累计向 130 万户小微企业提供了近 5.9 万亿元信贷支持。对很多中小企业来说,如果不及时了解这些新模式,可能就失去了很多便捷贷款的机会。

新金融的第三个趋势是渠道创新,从线下到线上,发展互联网金融。2013 年是中国互联网金融元年,经过几年的发展,中国已经成为全球互联网金融最为发达的国家之一。互联网金融包括多种形态,既有早期的网上理财、P2P 借贷和众筹,还有广泛运用的移动支付和近期异常火热的消费金融等,这对企业融资渠道也带来了很大的改变和冲击。

以 P2P 贷款和众筹为代表的互联网金融为中小企业融资提供了一个重要的新出路。P2P 贷款是借助第三方互联网平台进行资金借贷双方的匹配。现有的 P2P 平台种类繁多,可分为银行系、国资系、上市系和民营系四大类，如招商银行的小企业 e 家，民生银行的民生易贷，平安集团旗下的陆金所，国开行的开鑫贷，民营背景的宜人贷、人人贷、微贷网、拍拍贷等。截至 2018 年 5 月底，我国 P2P 贷款运营平台近 2000 家，累计投资超过 7 万亿元。以招商银行小企业 e 家为例，这个平台专门针对投资者和中小微企业投融资进行撮合交易，提供类 P2P 贷款的投融资服务。企业可以通过这个平台发布自己的融资项目，而投资者可以在这个平台上进行投标，现在这个平台已经有几十万用户。

众筹是通过网络平台连接赞助者与提案者，特点是低门槛、多样化、依靠大众力量、注重创意。股权众筹是重要的一种。融资方利用互联网以一定比例的股权筹集资金，投资者认购后拥有股权，可获得未来收益。如天使融资众筹平台天使汇，即是以融资项目为主体的直接投资网络平台，单次跟投额度最低可以到项目融资额度的 2.5%，大大降低了天使投资人的门槛，开创了"全民天使"新时代，之前已有小猪短租的成功案例。

新金融的第四个趋势是模式创新，从个体化到系统化，比如供应链金融。供应链金融是一种全新的授信模式，以核心企业信用为依托，为产业链上下游企业提供系统化的金融服务，不再单纯依赖单一企业的基本面，而是依据供应链整体运作情况，更加系统全面。

供应链金融将资金流有效整合到供应链管理的过程中，通过引入核心企业、第三方企业（如物流公司）等新的风险控制变量，帮助企业通过盘活应收账款、存货、现金及等价物等流动资产进行融资,全链条信息透明,上下游信息连贯。供应链金融是缓解中小企业融资难的有力手段,也是企业家必须了解的新金融模式。

阿里、京东的电商供应链金融发展模式便是典型代表。比如阿里小贷,它可以基于卖家的订单开展供应链金融服务,为淘宝卖家解决短期资金融通问题。融资主体十分广泛,可以是中小企业,还可以是个人用户。阿里小贷通过淘宝交易数据评估风险,通过支付宝控制资金流来控制风险,保障整个供应链金融过程顺畅进行。再比如京东供应链金融的明星产品京保贝。京保贝是基于京东在供应链融资服务积累产生的业务,京东的平台供应商在此业务中可以凭借采购、销售、财务等数据得到自动化审批,整合京东的供应商、京东商城和京东商户,并最终实现了京东金融服务平台的一体化,从申请到放款整个流程最快只需要三分钟,使小微企业可以真正实现快速融资。

新金融的第五个趋势是理念创新,从追求量到追求质,发展绿色金融。2016 年 8 月,央行等七部委联合印发了《关于构建绿色金融体系的指导意见》,中国成为全球首个建立绿色金融政策体系的国家,绿色金融已成为重要的国家战略。这些年,我国政府对发展绿色金融越来越积极。绿色金融工具日益丰富,现已推出了绿色信贷、绿色债券、绿色基金、绿色资产证券化、绿色 PPP 等多种绿色金融产品。

企业必须了解这些绿色金融模式和工具,因为绿色金融会越来越重要。从资金供给端看,商业银行绿色信贷和绿色债券绩效逐步纳入宏观审慎评估(MPA)考核,商业银行有动力推进绿色金融。从资金需求端看,通过绿色信贷和绿色债券融资能获得一些地方政府提供的财政贴息和担保,融资方可降低融资成本。所以绿色金融这几年发展迅速。2017 年 21 家主要银行绿色贷款余额超过八万亿元,在基金业协会备案的绿色基金已达 250 余只。2018 年头几个月,绿色债券发行量达 7257 亿元,同比增长 1117%,我国已经成为全球最大的贴标绿债发行国之一。所以对一些环保、能源、城建类的企业来说,先要争取进入绿色企业的序列,然后充分利用绿色债券、绿色基金等绿色金融工具,获得相对于其他企业的优势。

最后总结一下,新时代催生新金融,新金融主要表现为新技术、新对象、新渠道、新模式、新理念五大趋势,普惠金融、互联网金融、供应链金融、绿色金融等新金融模式崛起,这对企业来说更加透明和公平。

第二章　股权融资

第一节　从天使到 Pre-IPO：上市前各轮融资的逻辑与思路

企业的基本融资方式包括股权融资和债权融资。在传统经济模式下，国内企业习惯于做债权融资，尤其是银行贷款，但在经济转型的趋势之下，企业越来越需要股权融资，这不是上市公司的专属，而是每个企业都必须掌握的工具。传统融资方式已经不适应目前的产业发展趋势。一方面新兴产业初期投入大，回收风险大，而且没有成型的模式可以参考；另一方面，大部分新兴产业以轻资产行业为主，缺乏抵押物，无法只依靠债权融资，必须更多地通过股权融资来注入资金和资源。

总体上说，在 IPO 之前，企业要经历数个不同的股权融资阶段，一般分为天使轮、A 轮、B 轮、C 轮、Pre-IPO 轮，此外还有种子轮、Pre-A 轮、D 轮、E 轮、F 轮等不同轮次。不同融资阶段的企业需要不同的融资逻辑，要应对不同的融资问题，要与不同的融资机构打交道。

第一是天使轮。

一般来说天使轮阶段的项目可能还只是蓝图或者概念，需要投入一定的资金才能启动，才能形成产品、找准用户。天使轮的融资额度一般在 100 万到 1000 万元，更早一点的天使轮是"种子轮"，融资额度一般在 10 万到 100 万元。国外所说的种子轮概念相对来说更加接近国内所说的天使轮或首轮融资，因此会见到"创新生物医药公司 Oncologie 获投 1650 万美元种子轮融资"的新闻。

天使轮的估值主要还是靠"拍脑袋"，可以参考的指标往往只有对商业模式、市场空间的预期，给出的股权比例范围也一般在 15%～20%。由于投资金额较小，企业主要接洽的对象是天使轮投资人，天使轮投资人可以有多个也可以只有两个，且有领投和跟投的区别。大多数天使投资都是在投人、投团队。国内知名的天使孵化器有创新工场、红杉资本等。这个阶段的风险点主要在于企业自身能否进一步发展壮大，因为投资机构在此时会"把鸡蛋放在更多的篮子里"，网撒得比较广。很多天使投资人说，1000 个种子轮项目平均只有 2.5 家能拿到 C 轮，能够走到 IPO 环节的企业更是寥寥无几。

第二是 A 轮。

A 轮一般是指首次正式引入战略投资者的融资环节，融资额度一般在 1000 万到一亿元。天使轮到 A 轮之间还有一个 Pre-A 轮，对 A 轮融资暂时持谨慎态度或者不想接受 VC（风险投资）当时 A 轮估值的企业，会首先进行 Pre-A 轮融资进行缓冲。Pre-A 轮的融资额度一般在 500 万到 1500 万元，比如说小黄车 ofo 的

Pre-A 轮金额就是 900 万元,而后的 A 轮融资就是 2500 万元。但对比较成熟的企业来讲,A 轮融资的金额可能会更大。以网易云音乐 2016 年的 A 轮融资为例,云音乐之前是网易 100％持股,在 A 轮时引入持有 12％～15％比例股权的战略投资者,领投机构为上海广播电视台、上海文化传播影视集团,融资金额达 7.5 亿元,算起来 A 轮的估值就达到了 80 亿元。总体上说,A 轮估值的额度既不宜高也不宜低,应以适中为宜,才方便进行之后轮次的融资。

A 轮融资引入的是战略投资者,因此投资者已经不再是天使轮阶段的个人天使投资人,而主要是风险投资、创业投资公司等机构投资者。相比于天使轮,参与 A 轮融资的投资机构更加看重 KPI(关键业绩指标),将其作为硬性指标。比如互联网行业常说的 DAU(Daily Active User,日活跃用户数量),还有 GMV(Gross Merchandise Volume,成交总额)、用户总数等等。这个阶段的公司主要靠用户和企业的成长空间进行估值,但也不全是采用市盈率 P/E 进行估值,具体要看领投机构的估值方法。

第三是 B 轮。

B 轮时,公司的融资额度一般在两亿元以上。一般在这个环节,多数企业已经要开始获得盈利,商业模式要相对竞品显示出可行、可持续的增长性,才有望获得投资机构的进一步投资。

B 轮的投资者相对前两轮也有一定区别。企业在 B 轮融资环节的主要投资者大多是 A 轮融资者跟进融资,但是也有可能获得更加偏好风险的私募股权投资机构(PE)的青睐。

以著名的知识创业者"罗辑思维"为例。罗辑思维在 2014 年 12 月完成 A 轮融资,由启明创投领投,没有公布具体投资金额,只给出了千万元的量级。在 2015 年 10 月,罗辑思维对外公布 B 轮融资由中国文化产业基金领投,A 轮的 VC 启明创投进行跟投,估值金额达到 13.2 亿元。

B 轮投资的关注点之一在于估值的方法,有的投资机构按照市盈率 P/E 进行估值,有的投资机构按照单用户贡献 P/MAU 进行估值,有的机构按照市销率 P/S 进行估值。不同的估值方法背后是投资机构对企业商业模式和企业成长性的不同估价和理解,也有对市场空间前景的考虑。我国资本市场对企业的估值规则是市盈率 P/E 的规则,因此多数本土风投公司对企业的盈利要求也会更高,而不是更看重企业的覆盖率、成长性。考虑到上述所有的估值方法后,企业需要权衡利弊,再和 VC、PE 协商选取一个对企业长期发展最有利的估值方案。

B 轮投资的关注点之二在于前期的估值金额。部分初创公司在 A 轮融资的金额过大,在 B 轮就无法进行进一步融资。原因一是 A 轮前期泡沫太大,B 轮的估值无法支撑 A 轮的估值,项目前景一眼望得到天花板,没有更进一步的增长空间;原因二是投资人的投资原则无非是买低卖高,如果下一轮的融资没有"接盘侠",就是 A 轮的退出通道不顺利,或者要想退出只能流血退出,结果自然只能是不欢而散。

第四是 C 轮。

C 轮的融资额度一般在 10 亿元以上。在 C 轮的时候,企业的商业逻辑已经相当清晰,对企业估值能给出的可比参照也是越来越多,比如说可以按照市场上对某一行业的市盈率、市净率的估值倍数对企业的成长空间进行估值。完成这一阶段的融资后,有的企业已经可以称为独角兽。比如说,链家在 2017 年宣布接受融创中国领投的 C 轮投资,融创中国以 26 亿元获得链家 6.25％ 的股权,按此估算链家的 C 轮估值达到了 416 亿元。另一个万众瞩目的案例是支付宝的母公司蚂蚁金服,在 2018 年 6 月,蚂蚁金服宣布 C 轮融资落地,总金额达到 140 亿美元,也就是约 900 亿元人民币。

不过,C 轮融资也是有很多风险的,以至于业界有一种说法叫"C 轮魔咒"。据统计,从 A 轮到 B 轮就要淘汰 60％ 的企业,B 轮到 C 轮又要淘汰将近 70％ 的企业,从 A 轮到 C 轮存活率只有近 12％,甚至概率更低。在大热概念扎堆的领域,从 A 轮到 C 轮的发展历程,就是潮水退去、投资人回归理性的过程。比如 2015 年上半年沸沸扬扬的智能硬件,天使轮到 A 轮有 270 家,B 轮有 18 家,C 轮仅有一家。

第五是 Pre-IPO 轮。

从 C 轮开始到 IPO 阶段前的企业已经进入成熟期。在 C 轮后企业还可以视自身的融资需求和扩张需求再进行 D 轮到 E 轮再到 F 轮不等的融资。一般来说,能走到这个阶段的企业有的已经可以被视为"明星独角兽",再差一步就可以 IPO,"鲤鱼跃龙门"了。在 IPO 之前,还有一个融资轮次,叫 Pre-IPO。

Pre-IPO 轮次的投资对象是拟上市的优质项目,这一部分投资的操盘手以私募股权投资居多。此轮投资的退出通道多半是企业上市后，从公开资本市场出售股票套现退出。投资机构为了保障自身的收益，往往会采取对赌协议等方式。对赌协议通常规定，假若达不到设定的财务目标或股价目标，股东需向投资机构转让一定的股票，若达到相应目标则反之。Pre-IPO 轮次的估值方法包括收益法、市场法、成本法，主要还是看收益。

Pre-IPO 作为一种融资方式和私募的业务模式也有一定的风险。首先是由于这一轮次的融资会推高上市前的估值，造成炒作，上市后会因为估值偏高而收益缩水；其次，随着 IPO 监管趋严，监管"红线"增多，上市的不确定性极大增加。一方面是套利空间缩小，另一方面是业务空间缩小，这都对私募的退出机制造成了不小的挑战。但从企业融资的角度，上市之前首先应当按需来决定融资轮次，才有利于长久发展。

最后总结一下，企业上市前的股权融资包括天使轮、A 轮、B 轮、C 轮、Pre-IPO 轮等不同轮次，分别要和天使投资人、风险投资、私募投资等不同的机构打交道，在选择合适的战略投资人时，还要讲究一定的估值方法和估值策略。商业模式、市场环境或者资金退出通道等因素是企业进行融资时必须加以考虑的风险因素。企业不必太拘泥于融资的形式，而应该根据自己的需要灵活地决定投资轮次，以谋求更好的发展。

第二节　天时人和：如何寻找"对"的投资人？

中国有句古话："水能载舟，亦能覆舟。"投资人与企业家的关系有点类似,好的融资能够帮助企业插上快速发展的翅膀;反之,如果企业家摆正不了心态、看不清楚局势、处理不好与投资人的关系,融资也有可能成为颠覆企业发展的祸水。永乐电器的陈晓,太子奶的李途纯,俏江南的张兰,雷士照明的吴长江,再到新生代企业家如早几年的凡客的陈年,最近几年大火的摩拜单车的胡玮炜……一个个血淋淋的例子告诉我们,对于大量处于初创期、快速成长期的非上市公司来说,想要在股权投资市场中获得机遇,学会正确地选择投资人、正确地处理与投资人的关系至关重要。

首先是认识自己,评判公司能否获得资本的青睐。近年来国内股权投资市场遭遇寒冬。根据清科数据,2017 年国内股权投资市场投资金额创历史新高,达到 1.21 万亿元。而 2018 年投资金额下降至 1.08 万亿元,较 2017 年下降 10.9%。2019 年前三季度投资金额为 4314.10 亿元,全年未超过 2018 年投资规模。在投资市场渐冷的环境中,公司融资的难度也随之加大,需要结合自身所处行业、发展阶段、行业位置、自身实力等因素来综合评判自己是否能得到资本的青睐。

从行业分布上看,战略新兴行业更容易受到风投的青睐。2019 年前三季度股权投资的行业分布相对集中,互联网、IT、生物技术/医疗健康行业占据半壁江山,这三大行业投资金额占国内总投资额 49.3%,其次是机械制造占比 6.2%,其余行业占比均不超过 5%。容易获得股权投资的行业可分为两类。一类是以 TMT(电信、媒体和科技)为代表的新兴产业。IT、互联网和移动互联网,以及潜在的区块链技术,确实彻底改变了人们的生活和生产,让经济运转得更有效率,算是一场技术革命。另一类是以消费、医疗为代表的服务业。中国经济目前正在从工业主导向服务业主导转型,随着消费升级和老龄化趋势,消费和医疗行业前景可期。

早期的投资人选择对企业家来说最重要。因为企业正处于初创期,相对稚嫩。早期投资人一定是与企业家志同道合的人,能够共同培育呵护企业成长。硅谷的华人创业家陈五福曾经说过:"好的投资人会帮你一起种树、施肥、浇水、灭虫,所以他也理所当然有资格分享果实。"早期的投资人,尤其是天使轮、A轮的投资人,在企业还是小树苗的时候,要能够帮忙灭虫浇水、长期陪伴,而不是一锤子买卖、挣快钱,所以企业要慎重选择投资人。

一般来说,到了后期,上市确定性大、退出风险低,比较容易受到资本的追捧。比如蚂蚁金服完成的C轮融资金额高达140亿美元,投后估值接近1500亿美元。

从自身实力来看,打铁还需自身硬,自力更生是前提。资本具有逐利性,青睐少数优质、有潜力的企业。被资本追捧的项目有以下特征:(1)规模上,自身规模较大,行业内占有一定市场份额,并有相对稳固的市场需求的,比如滴滴出行、每日优鲜等。(2)行业上,处于热点行业或新兴领域,比如摩拜、ofo、美团、今日头条等,或者处于传统领域但长期深耕成为行业龙头的,比如链家、国大药房等。(3)回报上,能够走入资本市场或者有上市预期的,比如药明康德和北汽新能源。(4)技术上,能够独立拥有尖端技术并有通畅的变现渠道的,比如商汤科技、明码科技等。(5)政策上,能够符合国家产业政策发展方向的,比如蔚来汽车、北汽新能源、北京新能源等。当然，即使有资本加持，也需要自身有实力方能走得长远。比如乐视体育，当年融资的盛况仍历历在目，B轮融资高达80多亿元，但在经历了乐视风波后，乐视体育由于人员动荡、资金链断裂，沉寂半年后转向了火热的区块链，昔日的体育赛事直播领头羊直接退出了2018年俄罗斯世界杯赛事直播。

其次是认识投资人，投资人不只是提供资金，更重要的是陪伴成长。投资机构并非仅仅能够为公司带来资金，还能够为公司发展提供宝贵资源，在公司成长道路上发挥关键作用。应综合分析投资人实力和类型，选择合适的投资人。

第一，看投资人的实力，结合"募投管退"全流程选择有实力的投资机构。根据清科数据，截至2019年11月底国内有超过38500家PE/VC投资机构，但实力参差不齐。股权投资机构的业务可分为募集、投资、管理、退出四个环节。募集主要是看股权投资基金的募集能力，是后续环节的基础。股权投资基金对投资者要求较高，必须是合格投资者，要求个人投资者净资产不低于300万元或者三年的个人年均收入不低于50万元、企业投资人净资产不低于1000万元。2019年的PE/VC投资机构中募资超过五亿元的有98家，超过10亿元的有59家。投资主要看投资机构的投资规模和过往投资项目，了解其投资偏好。2019年投资金额在五亿元以上的有117家，超过20亿元的有27家，超过100亿元的有三家，分别是阿里资本、腾讯产业共赢基金、亦庄国投。管理是投后管理，是指投资机构对被投企业的战略规划支持、企业治理结构完善、后续融资支持、资本市场发展规划等一系列实现投资收益最大化的管理事项。退出是股权投资退出方式，常见的有上市或挂牌、股东回购或对外转让股份、清算三种退出方式，上市或挂牌是投资机构和被投企业最喜闻乐见的退出方式。

第二，看投资人的类型，结合企业需求选择匹配的投资机构。投资人通常分为财务投资者和战略投资者，两者有明显的不同。财务投资者是为了谋求短期、直接资本回报或高风险下的资本增值，一般持有较少股份，不参与企业日常经营管理，仅在财务、资本运作方面提供建议，以上市、挂牌、回购、股份转让等方式择机退出。战略投资者与被投资者的产业背景关联较为紧密，致力于长期投资合作并积极参与被投资者的公司治理，纳入投资者公司的整体战略规划，谋求可持续发展，一般持股比例相对较高，稳定持有股份。战略投资者对企业的发展可以起到两方面的作用：一方面，对内可以帮助企业进行改革，完善企业内部管理机制，将自身对行业的深刻见解传授给企业等等；另一方面，对外可以帮助企业对接关键的资源，包括产业链上下游的资源、土地和补助等资源，以及为企业提供对接上市等金融服务。

因此，在选择投资机构的时候，公司应对机构进行充分的了解和分析，以便使机构的资源更好地与公司的发展需求相匹配。

最后是认识投资关系，并不是所有投资都有利于公司发展。尽管投资人可以给公司带来发展所需的资金和资源，但是从长期来看，并非所有的投资都将对公司未来的发展产生正面影响。企业家和投资人需要处理好以下三个方面的问题。

第一，对赌协议。这也是最常见的。虽然美其名曰风险投资，但投资人仍会要求公司对自己的投资本金给予保障,其中对赌和回购条款被频繁使用。对赌条款的存在使得监管层对公司股东及股权真实性、稳定性及无纠纷情况存疑,已经成为上市的禁区之一,因此证监会在各类保荐人培训中也多次要求对赌协议必须在上市前进行清理。对赌的内容一般包括上市时间、业绩等等,一旦完不成,企业家往往要付出丧失控制权等高昂的代价。比如上文提到的永乐电器。2005 年永乐电器拿到了摩根士丹利和鼎晖5000 万美元的投资,却签了 2007 年要完成 6.75 亿元净利润的协议,结果业绩不及预期,不得已永乐电器被卖给了国美。又比如俏江南 2008 年引入了鼎晖创投,双方约定俏江南要在 2012 年实现上市,结果遭遇金融危机和证监会暂停餐饮上市申请,即使转战香港也无法达到投资人要求的估值预期,最后只能卖给私募巨头 CVC。所以周鸿祎说:"对赌往往带来双输的局面。"

第二,业务干涉。投资人特别是战略投资人对企业的发展、行业的发展往往有自己的理解,所以在选择投资人的时候,一定要选择跟自己志同道合、志趣相投的,否则很容易陷入后期资本干涉企业经营的情况。比如雷士照明的吴长江。2016 年年底,昔日中国照明界的大佬吴长江以挪用资金、职务侵占罪被判有期徒刑 14年,一代商业巨子最后竟落得如此结局,让人唏嘘。吴长江的失败固然与其创业之初"中国式合伙人"结构有莫大关系,但是也与公司后来引入软银赛富、高盛等一系列资本操作,却始终没有找到跟他站在统一战线的投资人,没有与投资人取得一致有关,最后联合创始人与他割袍断义,投资者与他反目成仇,这个教训值得所有企业家深思。

第三,动态风险。商场上没有永远的敌人,亦没有永远的朋友,投资人与企业家的关系始终是动态的,凡事留有余地,才能为自己争取回旋的空间。在股权投资领域,投资人适合与否,很可能会随着时间流逝而发生变化。举一个最简单的例子,IPO 的"三类股东"问题。由于我国 A 股上市需要"穿透式审查",这就导致很多引入契约型基金、资产管理计划、信托计划等股权融资的企业因为无法进行股东穿透,而面临上市障碍甚至 IPO 流产。博拉网络、有友食品、波斯科技、新产业、龙磁科技等公司都曾受到"三类股东"问题影响,上会被否。而同样是三类股东,海容冷链、文灿股份、广电计量等公司携带三类股东却顺利过会了,很大的原因就是它们的三类股东能够满足穿透式审查而自行穿透。很多创业公司为什么最终选择境外上市,除了业绩盈利不达标等原因外,还有一个重要原因就是,经过多轮融资,它们的股东结构有些已经非常复杂,一个资管产品背后的实际持有人往往是几十人、几百人甚至上千人,对每个人进行沟通和调查需要付出较大成本,故而无法满足国内穿透式审查的要求。

最后总结一下,一旦决定走股权融资这条路,决定与资本合作,必须要注重天时、地利、人和的配合。要基于自身实际,选择合适的投资人,正确处理与投资人的关系,和投资人统一战线,共同助力企业发展。

第三节　战略先行：那些成功的股权融资案例与经验

股权融资不是一个简单的资金问题，而是一个关乎公司命运的综合性问题，既有可能皆大欢喜，也有可能两败俱伤。成功的股权融资应该像幸福的婚姻一样相互成全，为彼此争取利益最大化。对投资人来说，股权融资要获得好的投资回报，并且能够顺利退出。

对企业和融资人来说，股权融资要讲究战略先行，在解决短期资金问题的基础上为企业长期发展注入资源。融资之前一定要想好目标是什么，再去找适合自己的投资人资源。比如互联网企业，初期对它们来说最重要的是流量和规模，而不是盈利和效益，大多数互联网企业一开始都是要贴钱找用户、烧钱打市场的，在用户基数足够大的时候才有可能考虑变现的盈利模式。

这意味着初期融资必须考虑两个核心因素：第一，投资人必须有足够的耐心和耐力，能够打持久战。举个极端的例子，亚马逊1997年在纽交所上市，但一直到2015年才开始赢利，如果投资人是想短期投资，那就非常被动了。第二，融资最好能给企业的流量和规模增长注入资源，比如现在很多互联网企业宁愿估值低一点也愿意被腾讯和阿里投资，就是看重其背后的流量资源，这在企业发展初期比资金更值钱。

对投资人来说，一定要考虑投资的退出和兑现。VC的主要退出方式包括股权转让、并购、IPO上市；PE的主要退出方式为上市和并购,为了盈利有的还会和企业签订对赌协议。投资股权项目的风险极大,但一旦成功,投资回报也非常惊人。比如软银对阿里巴巴的投资,软银持有阿里巴巴集团将近30%的股份,6000多万美元的投资,按照如今阿里的市值来算已经达到2000亿美元。

成功的股权融资就是把融资方和投资人的优势结合起来,使得1加1大于2。比如那些互联网巨头投资的项目大多都很成功,就是因为将融资方的技术优势和投资人的流量优势完美地结合在一起,出现了化学反应。BAT和小米旗下都有自己的投资基金,孵化相关的产业和生态链,像滴滴、美团这样的独角兽企业在未上市时也会以生态链名义用自有资金去对其他企业进行股权投资。这些投资不仅解决了企业的资金问题,也在实际业务中为这些企业带来了巨大的品牌和流量支持,这也为经济回报奠定了基础。比如,2017年在港股、美股上市的众安保险、阅文集团、易鑫和搜狗的第一大股东都是腾讯,这些投资为腾讯带来了441亿元的回报,甚至超过了腾讯2016年的净利润。小米主要投资智能硬件产业,旗下的生态链企业中已有华米科技上市,雷军系是上市后的第二大股东,占据30%以上的股份。

无数的案例告诉我们,股权融资必须"战略先行",要根据未来业务发展的战略方向来进行融资。那么问题来了,企业具体应该怎么去制定融资战略呢?我们分析了很多成功的股权融资案例,发现至少要做到以下几点。

一是"找准赛道"。纵观中国近20年来的股权融资发展,基本上大的机会都是抓住时代机遇,过了这一波就没有下一次,就算有，跟随者也永远没法复制引领者的成功。对企业来说，成功的股权融资一定是站在正确的赛道上，所谓正确的赛道，核心指标是成长性。对于一些已经完全成熟甚至过度竞争的赛道，试图与已经成熟的巨头竞争是不现实的，只有通过战略转型才能实现"换道超车"，逆势而为是很痛苦的。即便是腾讯，在互联网寒冬的时候也岌岌可危。早年腾讯在 IDG 资本和李泽楷的盈科资本进行 A 轮融资前账面上只有一万元，马化腾甚至考虑以 60 万元将 QQ（那时还叫 QICQ）卖掉；B 轮融资前，腾讯更是因为现金流问题寻求被收购而屡被拒绝，直到南非的 MIH 公司出手投资，这一笔融资支撑腾讯走过 2001 年的互联网寒冬，也支持腾讯进行了痛苦的转型，这才使其有机会在移动互联网时代到来的时候打造出微信这样的现象级产品，实现换道超车。

二是"不动如山"。企业在找准赛道后要在战略上保持方向感和定力，同时保持对企业的控制权。一般而言，控制权要在创始团队手中，股权设计既不影响灵魂人物对公司的控制权，又能够激励团队的其他成员。这既需要制度规范，也需要团队默契。成功的股权融资不是没有"中国合伙人"和"夫妻店"，但双方作为关联利益方要行动一致，否则就会出问题。比如土豆网就是因为夫妻反目影响股权融资从而影响企业发展的著名案例。在和资本博弈的同时，企业要把自己的长期目标摆在首位。以阿里巴巴为例，阿里巴巴有著名的"十八罗汉"和制度建设，马云团队为了确保控制权费尽心思。阿里 2008 年曾经在港股上市，后来因为港股不允许进行"同股不同权"的设计，无法确保企业的控制权停留在创始人手中,阿里因此从港股退市,而后 2014 年马云选择了重新在纽交所上市。更关键的是,马云在 2010 年将支付宝从阿里巴巴拆分出来实现了个人百分百控股,在 2014 年又正式成立了蚂蚁金服作为支付宝的母公司。这一招"暗度陈仓"在当时饱受诟病,但从企业利益最大化的角度来看无疑是正确的决策。

三是"小步快跑"。不光是战略上要在大体稳定的情形下进行不断迭代,股权融资也要如此,其时点要合适。前两节介绍了股权融资从天使轮、A 轮到 B 轮、C 轮的阶段特征,但实际上成功的股权融资不必拘泥于这些特征,而应该根据公司的发展灵活地进行决策。以美团、滴滴这两家 O2O(线上线下相融合)企业为例。美团的王兴是持续创业者,"小步快跑,持续迭代"不仅是他发展企业的原则,也是他进行股权融资的原则。成立后的八年,美团一直从天使轮融到 H 轮,总融资金额约 84 亿美元,估值约在 300 亿美元。2018 年 9 月,美团正式在香港上市,市值超 500 亿美元。不过,美团在 O2O 行业的竞争对手滴滴融资的步伐更加"快速"。滴滴在成立后的七年里完成了大大小小 20 轮的融资,金额总量超过 200 亿美元。小步快跑的好处是便于及时适应市场变化,随时对公司的融资及发展战略进行校准。

四是"虚心实腹"。股权融资的估值要合适,不要贪多,不然会影响后续轮次的融资。VC 是发现机会,但机会的另一面有可能是泡沫。前面讲过 A 轮融资估值不宜过高,应更关注对企业长期发展的影响,有些能给企业注入长期核心资源的投资人即便估值低一点也应该让他们进来。有时候企业需要在短期的资金和长期的发展之间做取舍,短期资金适度即可,多了不仅没用,还可能成为负担。对于长期发展的资源,只要不会动摇到目前企业生存的生命线,就要尽可能优先考虑。

最后总结一下,成功的股权融资必须战略先行,具体要做到四点:找准赛道、不动如山、小步快跑、虚心实腹。

第四节　融资至死:那些失败的股权融资案例与教训

"幸福的家庭都是相似的,而不幸的家庭各有各的不幸。"同理,如果说成功的股权融资是幸福的婚姻,那么失败的股权融资就像离婚,对双方都是伤筋动骨。不过,VC/PE 的投资性质就是把鸡蛋放在不同的篮子里。实际上,有研究说 VC 投资的成功率为20％甚至更低,其中天使投资的成功率更低,可能只有 4％。VC 一般的存续时期是七年到九年,其中五年为投资期,两年到五年为退出期。为了覆盖风险起见,一般对单个项目的回报要求就与整个资金的体量大致相当。

只有对经营者而言,股权融资失败才意味着"弹尽粮绝"。总体来说,创业公司股权融资结果失败是"沉默的大多数",成功才是其中"喧嚣的少数"。只是对已经完成 C 轮融资或者上市后的公司,股权融资失败属于"功败垂成",这是更值得借鉴的情况。这里要讲的,大致就是股权融资中一些常常被踩的"坑",以及从这些坑中,企业可以吸收的一些教训。

一是模式失败。前面说过,创业公司从 A 轮到 C 轮是一个淘汰率很高的过程，到 C 轮存活率大概只有 12%。创业公司股权融资失败绝大多数的原因都是商业模式没有确立，经营模式出了问题。

情况主要有两种，第一种是"弹尽粮绝"：后续的融资还没有谈拢，模式还没有形成，就在粗放的经营和过长的战线中烧完了前期融资。比如说，在 2016 年年初，有一个叫"一起唱"的创业公司在 C 轮融资后倒闭。这家公司从天使轮到 B 轮都是 IDG 资本领投，C 轮融资的机构和具体数额未公布，估值规模大约在几千万美元。在 C＋轮融资前，资金回流还存在一定问题的情况下，CEO（首席执行官）就购置了大量的硬件设备，烧光了账目上的资金。这给我们的警示就是，CEO 要严格控制账面现金，做好一年半到两年的现金计划来准备度过"资本寒冬"。CEO 和 CFO（首席财务官）都要分工算账，注意获得单个客户的成本和单个客户带来的预期盈利要达到平衡。另一个警示是企业要明确自己的主业，不要多线程地粗放经营。比如说早年的亿唐网，这家在阿里之前涉足电商的企业一度融资超过 5000 万美元，但因为企业缺乏整体的规划和方向，核心业务极不明确，又做电商，又做门户网站，又做邮箱，还投资游戏和文娱，最终没有撑过 2001 年的互联网寒冬。

实际上，这样的商业故事还在持续上演。今天的互联网行业换了个更高级的名词，把多线程经营叫"生态"。乐视也在说生态，小米也在说生态。前者书写了创业板的高峰后经历了轰轰烈烈的失败，后者则在鲜花锦簇也不乏质疑声的环境中上市。区别就在于是不是稳扎稳打，产品的留存率和转化率够不够稳定。

第二种是前期融资时对项目估值过高,在后续 VC 对投资项目的热度减退后找不到新的融资作为"接盘侠",这种情况下,企业后续想要融资也只能"流血融资"。这一部分可能是由于企业面临巨头的弯道超车,市场空间缩小。比如主打视频图片社交的 Snapchat(又名"阅后即焚")被老牌软件 Instagram 以视频功能弯道超车,增速放缓,市值不断下跌。但往往主要原因还是企业最开始对自己的市场定位思考不充分,后续才发现市场没有足够的增长空间或者成熟度。

上一节讲到了"小步快跑",意思是企业的融资节奏和发展节奏要保持一致。从长远来看 A 轮融资过高对企业不一定是一件好事,企业要有战略眼光。比如 2017 年 10 月进行 A 轮融资的猩便利,这家公司主打的是无人货架的概念,领投机构包括红杉资本、光速创投等,累计融资额达到 4.8 亿元。但在后续由于摊子铺得过大,产生了一系列大幅撤站、裁员、拖欠供应商货款的负面反应。2018 年 6 月,猩便利已经接受了蚂蚁金服的战略投资,投资金额未公布。这还远远谈不上"失败",但假若团队在开始时就把精细化管理放在更重要的位置,把握好节奏而不是求快,对长远发展可能更有利。

二是股权架构失败,更主要的是后续轮次的融资稀释初始投资人的股权,引发合伙人纠纷和控制权纷争的现象。在创业过程中,股权稀释是难免的,因此从一开始就要做好预案,开诚布公,尊重专业意见,有时候还要做好最坏的打算。值得注意的是,股权架构纷争的主要矛盾是创始人之间的分配矛盾。创始人之间要根据核心能力、团队分工进行股权分配,切忌平均分配、吃"大锅饭"而造成企业决策的混乱,而是有必要采取"一言堂",稳定企业核心人物的控制权。这方面比较典型的失败案例是家庭店"真功夫",大舅子负责餐饮和后厨,姐夫负责标准化,在引进外部投资后就各自的权责认定产生争议,于是因为企业控制权图穷匕见,不光影响企业发展,甚至还造成了一方的牢狱之灾。

三是对赌失败,就是企业未能达到预期目标触发对赌条款的情形。一个典型的对赌失败案例就是俏江南和鼎晖的合作。餐饮企业俏江南为上市在 2008 年接受了私募公司鼎晖的股权融资,鼎晖以两亿元换取了俏江南 10% 的股权。但之后的发展出乎了当事双方的预想。由于餐饮业本身的回报率限制、双方的预期分歧、监管环境的变化("10 号文"使俏江南不能实现海外上市)以及"八项规定"之后餐饮业大环境的变化,导致俏江南营收下滑,一直未能如愿上市。不光如此,按照对赌协议,俏江南在 2012 年年底之前必须上市,否则鼎晖有权通过回购方式退出俏江南。2014 年,对赌协议被执行,创始人张兰无钱回购导致鼎晖启动协议中的领售权条款,公司的出售作为清算事件又触发了协议中的清算优先权条款。事件的结果就是张兰"净身出户",俏江南的控制权被转移给了收购方、欧洲的私募公司 CVC。

因为对赌失败产生纠纷的案例并不鲜见,建银文化诉小马奔腾案、太子奶李途纯出走案最开始都是由于触发对赌协议条款,从而引发一系列失控的连锁效应。这给我们的启示是,资本精打细算是本能,企业要理解资本的"双刃剑"属性,切忌急功近利。

四是触犯政策红线。这一点是必须加以考虑的因素。比如美团的王兴在 2007 年创办了饭否,这本身是一个类似今天微博的网络社区,目标是做中国版推特,发展势头也很好,用户数在很短时间内就突破了百万。但就在签订融资框架协议前,饭否由于讨论敏感事件,被视为无法控制的舆情平台被强制下线了一年多。这一年里新浪微博已经通过邀请明星入驻、严格自查以满足监管要求而实现了弯道超车。现在的一些头部产品,比如如火如荼的短视频平台抖音、快手,还有直播平台如斗鱼,融资势头都很好,都不缺钱,但严格来说还是离监管要求存在差距。不管是想投资还是想创业,都应该把政策风向考虑进去。

最后总结一下,股权融资失败有四大主要情形:模式失败、股权架构失败、对赌失败、触犯政策红线。每一种情形都有一定的警示作用,值得我们注意。

第五节　生死契约:股权融资条款中的对赌与回购

对赌在股权融资条款中极为常见,投资方与融资方事先达成协议,如果被投企业未能按照约定实现对赌条件,例如达到业绩目标、挂牌上市、完成财务指标等,就会触发约定的对赌条款,投资方可进行估值调整、要求融资方进行业绩补偿、回购股权等。对赌条款是双方为应对被投企业未来发展前景的不确定性而设定的。如果约定条件出现,投资方可以行使条款中规定的权利,进行估值调整;如果约定条件不出现,融资方可以行使条款权利。

约定条件出现就可执行权利,可见对赌和期权有一定的相似之处,因此,金融界多将对赌视为一种期权。VC/PE 等投资机构对企业未来的经营效益不够确定,或者是对现有估值抱有一定的怀疑,因此选择通过对赌条款规范的方式,按照企业到期后的实际经营绩效决定投资及其对价。对赌和期权的实质精神是一致的,只不过,期权的执行对象以期货价格、股票价格为主,而对赌协议的执行对象比较广泛,主要是企业的营业业绩,还包括股票价格、电影的票房价格,甚至还有实物、董事会席位等。

总体来看,对赌的基本形式是一致的。从对赌筹码来看,对赌可以分为现金对赌、股权对赌等;从投资方式来看,对赌可以分为增资基础上的对赌和股权转让基础上的对赌;从对赌标的来看,对赌包括"赌业绩""赌上市"和其他对赌。回购是对赌协议条款中的常见条例或触发执行时的常见结果。

现实股权融资条款中大多包含对赌协议。2006 年,京东为了融资与今日资本签过对赌协议,协议要求京东五年内要达到一个远远超过当时业绩的指标,换句话说京东每年的业绩增长都必须超过 100％。2016 年,万达商业因不满港股市场的低市盈率决定从港股中退出。为此万达和港股上的 A 类、B 类投资人都签订了对赌协议,规定万达商业要在一定时期内在 A 股上市,否则就按照约定价格进行股权回购。后来万达引进苏宁、腾讯等机构的战略投资,以战略投资为对赌协议买单。2018 年万众瞩目的小米上市也涉及对赌。小米在申请材料中披露,上市涉及小米之前融资轮次的优先股赎回条款,这一条款对小米的上市地点、估值水平都有要求，倘若小米之后未能实现这一目标，那么 A 轮到 F 轮这些不同轮次投资的优先股股东有权利进行赎回。

传统的对赌协议主要出现在早些年港股或美股上市的优质中概股与境外投资机构间、新三板企业和 PE 之间，还有 TMT 行业的公司与 VC 之间。但近年来对赌广泛应用在文娱产业中，包括电影票房的业绩对赌、企业股权与净利润的对赌。以电影票房的业绩对赌为例，这是一种电影发行的保底策略，最成功的要数 2017 年大火的《战狼 2》，采用保底发行，上映前，发行方北京文化和聚合影联文化传媒有限公司支付保底费用，覆盖制片方两亿元的制作成本，通过对影片的市场前景进行预判，发行方与制作方约定电影票房的保底金额为八亿元。也就是说，电影上映后，如果票房没到八亿元，发行方亏损，到八亿元，发行方保本；超过八亿元，发行方才能获利。结果《战狼 2》票房远超预期，发行方获得了可观的票房分成。当然也有发行方对赌失败的案例，如冯小刚导演的电影《我不是潘金莲》发行方耀莱影视向制片方承诺了五亿元的保底票房。结果最终票房为 4.84 亿元，耀莱影视只能按约定向制片方支付两亿元。在企业股权与净利润方面，以华谊兄弟和冯小刚的东阳美拉公司的对赌、嘉行传媒和尚世影业的对赌为例，投资方对被投资的企业有一定的税后净利润、每年净利润的增长率要求，倘若要求无法实现，则按照协议，被投资方要执行一定的股权回购或者现金补偿。

结合上面的案例不难发现，对赌条款的触发执行会对被投企业形成巨大的压力。这是因为对赌的条约基本上规范的都是企业的业绩、估值目标。VC/PE 都是到期清盘的,在一定的存续期内有资本回报要求,对赌协议是机构的"保护性条款";从另一个角度来说,对赌协议也是"胡萝卜(即资本入局对企业发展的正面影响)+大棒(即到期行权条件对企业的威慑)",对企业的业绩有一定的激励作用。

总体来看,对赌是存在一定风险的。尽管对赌协议受到合同法和公司法的规范,但也是惊险的生死契约。按照我国法院判例的意见,投资方与股东对赌,只要协议是当事人真实意思表示,且不损害公司和债权人的利益,不违反法律的强制规定,协议即为有效,法律不进行任何干预。商业精神和资本主义的博弈,在对赌协议中体现得淋漓尽致。对企业来说,用得好,资本是企业的"拐杖",双方都能互利共赢,比如蒙牛和摩根士丹利的对赌。按照规定,蒙牛在 2003—2005 年间要实现业绩年均 50%的增长。若未达到目标,蒙牛要向摩根士丹利转让 7830 万股上市公司的股份;反过来如果达到目标,摩根士丹利要向蒙牛转让 7830 万股股份。因为蒙牛提前达成了业绩目标,管理层获得了股份作为业绩奖励,摩根士丹利也因为蒙牛的业绩优秀,股价上涨而获得了实际利益。用得不好,企业就成了资本的"垫脚石",企业的创办人可能失去控制权或背负巨债。比如前文提到的俏江南和 PE 机构鼎晖创投的对赌即是一例。

资本对自己利益的保护是环环相扣的,企业一定要研究规则、吃透规则,理解规则之间的联系,才能懂得如何运用规则,保护自己的权益。企业应在考虑周全后慎重选用对赌协议。首先,企业在签订对赌协议时可以多运用柔性指标,比如用利润区间去替代单一的硬性利润指标;或者通过设置多种指标的综合目标权重(比如营业额、净利润、市场占有率)来分散单一指标的风险。其次,企业要注意和投资方的权利、义务是否相匹配,是否对等。对赌协议不是"不平等条约",企业应该明确,达到业绩目标后要求投资方给予一定的现金或者股权补偿是合理的要求。最后,企业应该严格规范条款,注意条款与条款之间的关联性,尽量减少信息不对称,实现双方的共赢。

最后总结一下,对赌协议在股权融资中十分常见,是一把双刃剑,用得好能实现双方互利共赢,用得不好甚至会丧失企业控制权。在实践过程中,企业应结合自身发展实际,考虑周全后慎重选用对赌协议。

第六节　产业基金新时代:明股实债的终结?

2017 年有 311 家上市公司参与投资产业基金,上市公司参与的产业基金的数量和规模创出新高,产业基金已成为最受上市公司青睐的融资方式之一。但现有的产业基金大多是通过结构化设计,采用明股实债的方式运作,不太符合监管的要求,产业基金的发展也迎来新挑战。目前,随着金融监管强化升级,多部新规陆续落地,明股实债风险暴露,产业基金发展进入 2.0 新时代,亟待规范和突破。

产业基金作为一种新兴的融资工具,在实际融资过程中十分常见，但目前并没有正式明确的法律界定。早在 2001 年，发改委的前身国家计委制定了《产业投资基金管理暂行办法》，但未能实施。直到 2016 年年末，发改委印发《政府出资产业投资基金管理暂行办法》，规范了政府出资产业投资基金的管理运作。结合现有政策和实务操作，可将产业基金定义为支持产业发展而投资于非公开交易企业股权的股权投资基金。由此可见，产业基金是私募基金的一种，通过非公开方式向合格投资人募集资金，由基金管理人进行管理，委托基金托管人托管，主要投资于非上市公司股权，采用市场化运作，投资人和管理人利益共享、风险共担。

近年来，产业基金进展如火如荼。2017 年上市公司参与投资产业基金多达 365 只，其中 261 只完成募集，规模超过 2700 亿元，数量和规模均实现快速增长。

这主要是因为产业基金的交易结构设计十分巧妙。一是结构分级。产业基金的一大特点是对基金进行分级设置，一般分为优先和劣后两级，部分还可增加中间级，投资者基于各自的风险偏好，承担不同的风险，获得相应的收益，实现风险收益匹配。二是杠杆效应。结构分级后，通常由政府或企业出资做劣后级，金融机构做优先级，杠杆比例通常为五到十倍，有的甚至多次使用杠杆，可发挥"种子"作用，最大限度地撬动资金，突破资金瓶颈。为了更好地使用杠杆并吸引金融机构认购优先级份额，产业基金中通常进行明股实债安排，即表面上金融机构资金以股权形式进入，但通常会附带一些附加保障措施，常见的有回购安排、差额补足、第三方收购、对赌、定期分红等形式，从而导致股权投资回报不是根据投资企业的经营业绩进行收益分配,而是提供保本保收益承诺,定期支付固定收益,并按照约定进行回购,实质上是按期还本付息的债权。

明股实债模式快速兴起,成为产业基金中的主流结构,离不开金融机构和融资方的共同支持。对于金融机构,明股实债模式收益相对较高,风险可控,且可绕开信贷审批的多种限制;对于融资方,明股实债模式表面上以股权方式融资,可在满足融资需求的同时有效降低企业的资产负债率,优化财务报表。所以资金供给方和需求方各取所需,一拍即合,从而使明股实债在产业基金中十分盛行。

但实际上,明股实债是一种介于股权投资与债权投资之间的模糊状态,存在着极大的不确定性,容易诱发以下三个方面的风险。

一是法律风险。法律政策中并未对明股实债明确定性,协议有效性和破产后受偿顺序等无据可依,容易产生纠纷。如在新华信托与湖州港城置业之间的明股实债破产债权确认纠纷案中,新华信托认为虽然双方约定以股权方式融资,但双方的约定实际上是债权,应认定为债权融资,而融资方认定是股权融资,双方产生争议和纠纷。二是财务风险。明股实债模式没有法律保障,双方约定的稳定收益甚至是本金都难以保证。如上面的纠纷案中,最终法院认定为债权,湖州港城置业破产后,新华信托损失惨重,偷鸡不成蚀把米。三是管理风险。在明股实债模式下,投资者按约定获得稳定收益,不参与实际经营管理,缺乏对被投资企业的有效管控。

因此,随着金融监管升级,产业基金中的明股实债风险也受到了监管的重点关注。产业基金的监管相对复杂,首先是私募股权投资基金应符合一行两会和中基协的相关规定。若有政府出资,还应满足发改委和财政部的要求。2018年,一行两会、中基协、发改委、财政部等监管机构和自律组织接连发文规范明股实债模式,引导产业基金规范发展。

一行三会一局发布的"资管新规"要求资管产品只能有一层嵌套,分级私募权益类产品的分级比例不得超过1∶1,且不得直接或者间接对优先级份额提供保本保收益安排,所以产业基金中通常采用的担保、差额补足和回购安排等明股实债形式将受到限制。

中基协备案管理规范第4号文规定在房地产领域禁止私募资管产品通过明股实债、委托贷款等方式投资热点城市普通住宅项目。中基协会长洪磊在正式场合明确表示,私募基金不能搞明股实债或明基实贷。估计今后明股实债类产业基金将很难通过备案,影响巨大。

发改委出台《政府出资产业投资基金管理暂行办法》,要求禁止从事明股实债等变相增加政府债务的业务。

财政部接连下发《政府投资基金暂行管理办法》、50号文、87号文、92号文、23号文,规范政府融资行为,不得引入明股实债类股权资金,明令禁止地方政府及部门在各类投资基金中做出承诺回购投资本金、保本保收益等兜底安排,不得将投资基金异化为政府债务。

虽然短期监管部门和自律组织协同发力围剿明股实债类产业基金,明股实债模式难以为继,产业基金发展面临着前所未有的挑战,但长期来看,产业基金作为股权投资的重要工具,顺应了国家大力发展直接融资的趋势,符合投融资体制改革的方向,未来发展前景巨大。因此,产业基金正处于发展阵痛期,需要加快调整转型,厘清股权和债权的界限,从明股实债向真实股权转变,交由基金管理人专业化经营,按照市场化模式运作,实现资源的有效配置。

总之,产业基金作为最受青睐的融资方式之一,数量和规模不断创出新高。传统的产业基金中,明股实债十分常见,暗藏着巨大的风险。随着金融监管升级,产业基金发展进入新时代,明股实债模式宣告终结,应加快向真实股权转型。

第七节　风险提示:企业股权融资中的八大致命性错误

企业的基本融资方式包括股权融资与债权融资。在传统工业经济模式下,国内传统企业习惯于通过债权方式进行融资,尤其是银行贷款。但在经济加速转型的趋势之下,仅靠传统融资方式已不再适应目前的产业发展趋势。一方面新兴产业初期投入大,回收风险大,且没有成型的模式可供参考;另一方面,大部分新兴产业企业都是轻资产,企业拥有的多是人力资本、智力资本、知识产权,而缺乏抵押物,无法只依靠债权融资。创新型企业越来越需要股权融资来实现企业发展所需的大量资金需求，股权融资也已然成为创新型企业发展的必经路径。然而，在企业进行股权融资的过程中，会出现各式各样的问题，有些错误可以在融资进行时不断修复，但有些错误一旦发生将会使得企业彻底丧失股权融资的机会。

错误一：未理解股权融资的价值

企业股权融资并不像债权融资，企业不仅能获得资金的支持，还能得到更多资源、智力、IP 的支持（见图 2.1）。我们见到很多企业创始人在股权融资时，往往将股权融资等同于债权融资，习惯性地与投资机构谈资金期限、资金成本等问题。而股权投资机构的投资方式是通过投资一定的资金获取企业的股权，成为企业的股东。在未退出之前，股权投资机构与企业站在同一战线，帮助企业实现快速成长，其除了为企业注入资金以外，更多的是注入资源、智力、IP 等。如刷新了中国互联网企业最快上市纪录，从创立到上市仅用时两年 11 个月的拼多多，其成立仅一个月便完成了数百万美元的 A 轮股权融资。其 A 轮背后的一位投资人孙彤宇是阿里巴巴的"十八罗汉"之一、淘宝网的创始人与总裁。成为拼多多股东后的孙彤宇，凭借其对电商经济的深刻理解，丰富的实战经验，为拼多多的发展增添了一份强大的智力资本。而对于拼多多而言，这份智力资本的支持远大于 A 轮数百万美元的资金支持。

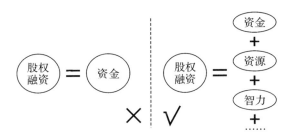

图 2.1　股权融资的价值

错误二：未准备合适的融资材料

企业股权融资是一个极其复杂的系统性工程,准备一份资方可理解的融资材料是成功实施股权融资的大前提。投资人经常会收到各式各样的融资材料,如项目介绍、产品图片、产品视频、运营视频等等,甚至有的材料动辄用几十页的文字来说明产品技术方案或财务预测分析,而这些材料并不是资方可以看懂理解的融资材料。一般而言,一套资方可理解的融资材料包括投资概要推介书、融资计划书、投资分析报告(见图 2.2)。投资概要推介书一般是融资项目的重点概要,内容简单明晰。投资人往往会在第一时间看投资概要推介书,如果推介书不能达到吸引投资人的目的,剩下的融资计划书与投资分析报告便不会再得到投资人的关注。融资计划书是三份材料中的重中之重,也是投资人在最初接触项目时最关注的融资材料。有很多企业将融资计划书写成了商业计划书、项目介绍书等等,但它与企业其他的介绍材料是有本质区别的。一份优秀的融资计划书至少需要包含以下八大部分：投资亮点（企业优势）、企业简介、产品或服务介绍、商业模式（盈利模式）、行业及市场分析、核心团队介绍、财务及战略发展规划、融资计划。此外，投资人一天往往会收到几十份融资计划书，一份优秀完善的融资计划书可以在短时间内引起投资人的兴趣。除了投资亮点（企业优势）应放在计划书的开篇来写以达到在最开始吸引投资人的目的以外，融资计划书的内容多少及文件大小也要有所控制，往往融资计划书的 PPT 页数控制在 25～35 页，PPT 文件转为 PDF 后控制在 3MB 以内为宜，因为 PPT 页数过多或文件过大都会使得投资人在阅读融资计划书时产生各种"障碍"。投资分析报告则是对企业更加完整的介绍，其内容应与投资人对企业做完尽职调查后的尽职调查报告相符，内容需要具备完整性、真实性、逻辑性。

投资概要推介书（Teaser）　融资计划书（BP）　投资分析报告

★

图 2.2　资方可理解的融资材料

错误三：对投资亮点提炼不精准

为能够在第一时间吸引投资人的关注，融资计划书需要在最开始写清企业的投资亮点，在面向投资人路演时，创始人需要在第一时间讲出自身的投资亮点。而创始人经常会错误地提炼企业的投资亮点或将企业的每一部分都当作是亮点,最终让投资人感受不到真正的亮点,从而失去融资的机会。那么具体哪些内容可以提炼为投资亮点呢?创始人可以从以下六点进行提炼总结(见图2.3):

第一,从行业上看,天花板足够高、企业的市场机会足够多、企业在行业中的地位靠前等;

第二,从产品或服务上看,产品或服务具有差异性、创新性或拥有核心专利技术等;

第三,从企业商业模式上看,商业模式在同行业中具有优势及创新性稳固等;

第四,从资源上看,具有核心资源优势,如独家合作、供应链体系完善、用户基础稳固等;

第五,从运营及财务上看,企业在运营中表现出数据优势,财务成长性相比同行业具有优势;

第六,从团队上看,企业拥有强大的核心团队与优秀的企业文化,可以支撑企业成为行业龙头。

此外,创始人在提炼企业自身的投资亮点时往往会把企业的所有优势都提炼出来,多则十条、八条,而企业投资亮点过多也是不合适的,投资亮点过多往往会让投资人感觉企业没有真正的亮点。所以,提炼出的投资亮点需要注意控制在五条以内,将企业最"亮"的部分提炼出来,使得投资人能够在最短的时间内被吸引。

图 2.3　投资亮点提炼

错误四：讲不清企业的商业模式

关于商业模式，我们见到很多创业者向投资人路演时用了很长的时间都没有讲清，有的讲成了企业运营模式，有的讲成了产品技术路线，有的讲成了企业长远的战略规划，等等。而如若投资人在短短的几分钟时间内不能理解企业的商业模式或产生了误判，则会瞬间造成此次融资路演的失败。其实想在短时间内讲清企业的商业模式，仅需记住五个问题与一个公式（见图 2.4）。

五个问题分别为：第一，企业的核心目标客户是谁？第二，企业围绕企业的目标客户提供了什么样的产品或服务？第三，企业提供的产品或服务解决了目标客户什么样的需求与痛点？第四，企业是如何实现盈利的？第五，企业的"护城河"是什么？

一个公式为：利润＝收入－成本－费用。此公式背后需要讲清的是：产品的定价，产品的成本，客户生命周期，消费频次。即你如何实现盈利并且是否可以实现可持续增长的利润。

当向投资人讲你的商业模式时，仅需围绕上述五个问题及一个公式——给出清晰并且有逻辑性的答案即可，投资人也可以在最短的时间里看清企业的核心商业模式,做出最有效的判断。

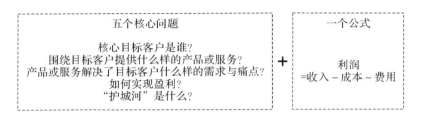

图 2.4　讲清商业模式

错误五：误判行业趋势与竞争格局

　　企业对于行业趋势与竞争格局客观正确的判断,能够帮助企业更好地制定及调整企业发展战略,同时也可以极大地增强投资人对企业的认可度(见图 2.5)。当企业拥有了核心技术并且研发出新产品时,容易形成一种错误的观念,认为自己没有竞争对手或自己已经具备行业竞争优势,但恰恰相反的是,几乎没有一个行业不存在竞争,关键则在于对行业趋势与竞争格局的客观正确判断。行业趋势的误判,往往源自企业对于自身所处行业分类认识的不清晰,而行业竞争格局的误判就是对于市场、行业空间及竞争对手的认知偏差。全球首富杰夫·贝佐斯的亚马逊公司在 1997 年 IPO 时,沃尔玛、好市多等零售行业的领导者不以为意,并没有认为它是竞争对手,而现今亚马逊已经成为美国市值最高的零售公司。已经稳居全球十大市值最高公司之列的巨头亚马逊,在其业务的每个细分行业,都仍然可以准确找到自己的竞争对手:亚马逊在智能科技的对手是谷歌,在智能音箱市场正在逐步击败谷歌;在云计算行业,亚马逊与 Facebook 展开了激烈的对抗,Facebook 也已略显吃力;在商业航天领域,亚马逊旗下的蓝色起源与 SpaceX 开发太空旅游的竞争也进入了高潮。正因为亚马逊对行业趋势与竞争格局有客观正确的判断,才使得投资人对其长远的发展形成良好的预期,企业市值才得以不断提升。

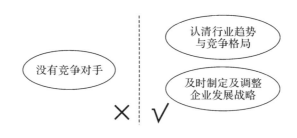

图 2.5　认清行业趋势与竞争格局

错误六:企业股权架构设计不合理

不合理的股权架构设计,往往从一开始便种下苦果。企业虽经历成长发展,但最终却会因不合理的股权架构设计而难以实现股权融资。常见的几种股权架构不合理的情况有一股独大、人资倒挂、股权平分、股权分散等(见图 2.6)。例如,很多初创企业的创始人拥有核心技术或资源,为了控制公司,把公司股权牢牢地握在手中,百分之百控股。对于创始人而言,其拥有了公司的绝对控制权和分红权。但是,对于初创企业而言,它们需要的不仅仅是资金,一群能力强并且愿意伴随企业共同发展的合伙人往往比金钱更重要。能让钱增值的是人,而不是钱本身。同样,投资人更希望投一个优秀的团队,而并非个人。又如,初创企业由于资金短缺,创始人为了企业的快速发展往往会选择引入外部资金,此时资金占据重要地位,往往资金方会要求持有较大的股权比例。但当企业进入平稳或快速发展期时,企业对资金的需求开始减弱,对核心创始管理团队的要求提升。此时,若依然按照创业初期的股权比例分配,便会使创始管理团队失去对企业的控制权。而投资人不会投资创始管理团队已失去控制权的企业。

图 2.6　股权架构设计不合理的情况

错误七:创始人对企业估值不合理

对于企业融资而言,投资人想要找到的是与自己"合拍"的企业,即估值符合投资人预期的企业。投资人通常倾向在最短的时间内找到最确信的企业。所谓"确信",即体现在企业估值在投资机构的"射程"范围之内。投资机构往往会存在投资分布曲线,比如根据某类垂直市场判断,希望投资估值在合理范围之内的项目。如果企业开价过高,远超出投资人预期,那么将失去融资的可能。我们经常看到创始人对企业进行"拍脑袋"式的估值,即估值没有任何支撑依据,未用任何合理的方法进行估值,这种方式往往会造成对企业估值的高估,即便通过高估值融到资金,也会对企业下一轮融资产生巨大的障碍，造成企业失去持续融资能力。那么，如何对企业进行合理的估值呢？首先，估值是一门"艺术活"，是在不确定性中找到相对确定性的答案。企业应该摒弃不断提高估值的逻辑，寻求最适合企业目前发展阶段的估值。其次，寻找确定性的答案及估值的方法有很多种，依据企业不同的商业模式，其估值方法也有很大的区别。重资产型企业（如传统制造业），一般以净资产估值法为主，盈利估值法为辅；轻资产型企业（如服务业），一般以盈利估值法为主，净资产估值法为辅；互联网企业，一般以用户数、点击率和市场份额为远景考量；新兴行业和高科技企业，一般以市场份额为远景考量，估值方式皆宜以市销率为主。由此可见，常用的估值方法无非是市盈率、市销率及市净率法等（见图2.7）。除这些方法以外，创始人在对企业进行估值时还应考虑：社会宏观经济因素、企业所处的行业及地位、企业的内在价值。

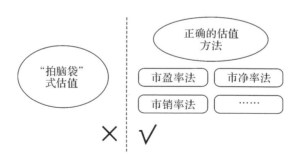

图 2.7　合理估值

错误八：不会寻找合适的股权投资机构

在目前信息爆炸的时代，创始人可以通过互联网等渠道找到投资人、投资机构，甚至可以通过微博、微信公众号轻松找到一些知名投资人的邮箱、电话等联系方式。除了互联网，还可以通过参加一些行业峰会，结识更多的投资人。怎样找到投资人，并不是一个难事，而怎样找对投资人，找什么样的投资人获取投资的成功率更高，这才是所有企业在融资中的难点。此外，"水能载舟，亦能覆舟"可以在一定程度上诠释投资人与企业家的关系。好的融资能够帮助企业插上快速发展的翅膀；反之，若企业无法正确处理与投资机构的关系，没有摆正心态、看清局势，那么融资也极有可能成为颠覆企业发展的巨浪。从永乐电器的陈晓、太子奶的李途纯、俏江南的张兰、雷士照明的吴长江，再到如今的新生代企业家，如前几年的凡客的陈年等，这些令人唏嘘的企业家案例真实地反映出对于处在初创期和快速成长期的非上市企业而言，选择正确的投资人、恰当地处理好与投资人关系的重要性。

那么，企业如何寻找合适的投资人、投资机构呢？这则需要创始人或企业的融资负责人在融资的路上多下些"苦功夫"，多去搜索投资机构行业排行，去查看投资机构投资案例情况等，而不是盲目地去寻找。此外，企业与投资机构往往缺乏一个有效的桥梁，而FA（融资顾问）机构恰恰在股权融资上承担了这一非常重要的角色（见图2.8）。首先，FA机构会为企业融资交易设计可行的方案与融资路径，制作资方可理解的融资材料，寻找合适的投资机构。这时候 FA 机构则是一次融资交易的发起人，需要为企业与投资机构搭建好桥梁。其次，FA 机构将协调交易双方及其他中介机构来一起实施项目，此时 FA 机构又非常像一名融资交易策划者，针对项目的具体实施制订完备的工作计划。到了最后的交易阶段，FA 机构则会化解最后一公里的矛盾，为双方实现博弈的诉求，达成最终的共识。所以，优秀的 FA 机构能够通过专业的融资设计帮企业高效对接到合适的投资机构，快速解决企业融资问题，创始人则可以专心在其业务的发展上，而不会因融资影响企业的业务发展。

图 2.8　寻找合适的股权投资机构

第八节　股权市场大变局：2020 年势必迎来黄金发展期，长期价值为王

1985 年 3 月，《关于科学技术体制改革的决定》文件正式出台，文件中指出："对于变化迅速、风险较大的高技术开发工作，可以设立创业投资给予支持。"六个月后，国务院正式批准成立了中国第一家高技术创业投资公司——中国新技术创业投资公司（简称中创），这标志着中国股权市场的诞生。自 1985 年发展至今，中国股

权市场资本管理总量已突破十万亿元(见图 2.9)。发展近 35 年的中国股权市场,共经历了中国互联网黄金时代(1999—2004 年),A股股权分置改革、创业板正式落地(2005—2009 年),移动互联网与"大众创业、万众创新"(2010—2018 年)这三次大变革,每次大变革都为创业者及投资人带来了新的历史性机遇。2019 年,科创板的落地与资本市场全面注册制改革使得中国股权市场迎来第四次大变革,此次变革将使得股权市场迎来黄金发展期。

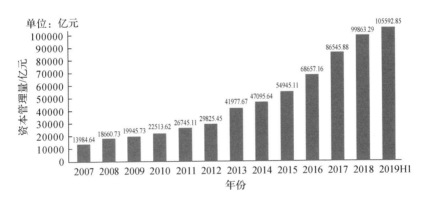

图 2.9　2007—2019 上半年中国股权投资市场资本管理量情况

数据来源:私募通、如是金融研究院。

三次大变革中创业与投资的历史性机遇

中国互联网黄金时代(1999—2004 年)

1985 年,在国务院正式批准成立了中国第一家高技术创业投资公司——中创后,大量政府背景的创投机构诞生。但在当时中国资本市场中并不具备畅通的退出渠道,股权投资并无 IPO 及并购退出路径，而大量创投机构为了保证能够持续运营，开始投向成熟行业、企业，甚至投向当时非常红火的房地产和证券市场。1999年，美国互联网泡沫破灭，纳斯达克股指达到5132高点后一路下跌。但在泡沫之中，中国迎来了互联网蓬勃发展的黄金时代，在当时融资活下来的公司，日后大多都成了巨头。例如，1999年10月，获得高盛、富达投资、新加坡政府科技发展基金等第一笔500万美元的天使投资的阿里巴巴，在次年的1月，再一次获得了软银2000万美元的第二轮融资；2000年9月，百度获得IDG资本的150万美元投资，2005年正式上市，IDG获得100倍左右收益。这些成功的投资案例，使得中国股权投资市场逐渐清晰了发展方向，坚定了发展的信心，也是在这一时期，开始涌现出拥有清晰股权融资意识的优秀创业者。

A股股权分置改革、创业板正式落地（2005—2009年）

2005年4月29日，中国资本市场迎来了一次重大变革——"股改全流通"。2006年，A股IPO重启，同洲电子成为全流通发行上市首批企业，这标志着中国本土创投在国内资本市场首个真正意义上的成功IPO退出。这一次大变革中，深创投与达晨创投等本土创投是股改全流通的最大受益者。2005年，百度、分众传媒、尚德电力等企业在美股纳斯达克上市，海外上市退出成功案例的增加，从另一端推动了国内创投的发展。同年，徐新创办今日资本集团、张磊创办高瓴资本、沈南鹏创立了红杉资本中国基金，众多知名投资机构都不谋而合地诞生于2005年，开启了它们的追梦投资生涯。2009年10月30日，属于中国创新型民营企业对接资本发展的创业板市场正式成立，首批 28 家企业上市，一夜之间，深圳涌现出了上百家本土创投机构。

移动互联网时代与"大众创业、万众创新"（2010—2018 年）

2010 年，中国移动互联网热潮来袭。红杉资本中国基金自2005 年成立后，分别投资了乐蜂网、唯品会、阿里巴巴、京东、聚美优品、酒仙网等知名互联网及移动互联网型企业，从 2010 年开始，伴随着移动互联网企业上市潮，红杉资本在这一时期获得了高额的回报；经纬中国在这一时期也对陌陌、猎豹移动、快的、美柚等知名移动互联网公司进行了早期投资，2014 年 12 月 12 日陌陌上市后为经纬带来了超过 20 倍的回报。2014 年，"大众创业、万众创新"的号角在中国 960 万平方公里土地上吹响，创业与投资市场瞬间被点燃。股权投资行业伴随着千千万万踏上追梦之旅的创业者，开始加速发展，"万众创投"的年代也随之到来。2015 年股权投资总额 5255 亿元，到 2017 年，全年投资额便突破了万亿规模，达到了 12111 亿元。同时，2017 年 A 股 IPO 数量达到巅峰，438 家创历史新高。本土创投，如深创投、达晨、毅达、君联、信中利、同创伟业、东方富海等机构再次迎来了新一波快速发展机遇。但进入 2018 年，随着"资管新规"、A 股 IPO 审核趋严、上市公司"爆雷"、海外上市破发等政策及市场环境的变化，过去几年股权市场由狂热瞬间降到了冰点，募资端与投资端开始了大幅下滑。

资本市场全面注册制改革来临,股权市场迎来新一轮黄金发展期

回顾中国股权市场发展历史,不难发现,每一次资本市场制度性变革都将为股权市场带来新的历史性机遇,如 2005 年的股权分置改革、2009 年的创业板落地、2013 年新三板扩容全国等。2019年,科创板开启了注册制时代,其可谓中国资本市场发展 30 年的大变局。同时,A 股其他板块也快速推进着注册制改革,两到三年内中国资本市场或将迎来全面的注册制时代,这将为创业与投资带来新机遇。

首先,对于投资而言,长期价值投资时代正式来临(见图 2.10)。注册制下 A 股上市企业的稀缺性将被打破,一二级市场的估值边界将不复存在,估值价差将逐步缩小,甚至产生倒挂,企业上市

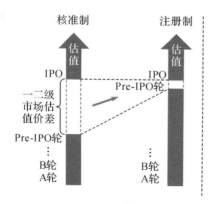

图 2.10　注册制下股权投资分化加剧:长期价值投资为王

不再会是投资的终点,上市也并不意味着可以实现退出。例如,2018 年在港股上市的小米,由于港股实行注册制,上市企业不具备数量上的稀缺性,加之 2018 年港股市场环境整体较差,小米上市后便遭遇破发。所以,在注册制时代,投资机构应该站在更长期的视角下判断企业是否能够具备长期价值创造能力,是否能够实现企业价值的不断增长,而短期跨市场套利的 Pre-IPO 投资模式将彻底失效。只有用更长远的眼光去看待企业价值,做到长期投资,投资后长周期地去"陪伴"企业成长,才可以赚取"时间的复利"。

其次,对企业而言,注册制时代下企业若想实现资本化,融资、上市发展,重点将在于如何达到市场化的价值,并且让投资机构认可企业本身的市场化价值,除此以外,更重要的是需要具备长期价值创造的能力,才可以在资本市场持续发展(见图 2.11)。如果企

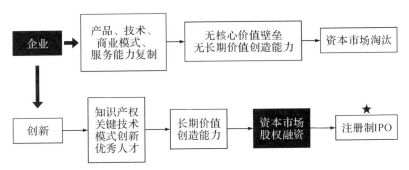

➤ 随着我国的经济结构转型,将会涌现出更多的优质创新型企业,注册制将会助力更多的创新企业对接资本发展。

➤ 仅靠产品、技术、商业模式、服务能力复制,无核心技术壁垒、无长期价值创造能力的企业将会逐步被资本市场所淘汰。

图 2.11 注册制对企业而言:分化加剧,长期价值创造为王

业在产品技术、商业模式、服务能力等方面都通过"复制模式"，快速将产品或服务推向市场、占领市场，但没有核心价值壁垒，无长期价值创造能力，这类企业终将会被资本市场所淘汰。如果是科技创新类企业，真正具有"硬科技"并且科研产品能够实现商业化落地、被市场所接受，具有持续的科技研发能力等；如果是消费服务类企业，能在衣、食、住、行或服务上提升人们使用产品或服务的长期真实满意度，能够持续提升产品生产及使用的效率等：此类具有核心价值壁垒、能够做到长期价值创造的企业便能够在一级市场实现股权融资，通过注册制实现 IPO 发展。

2020 年，中国股权市场迎来发展的第 35 年，伴随着资本市场的全面注册制改革，股权市场的投融资逻辑将被彻底改变，短期套利模式将不复存在，创业与投资都将回归长期价值本源。回归本源后的中国股权市场，也将迎来新一阶段的黄金发展期。

第三章　IPO 与再融资

第一节　IPO 3.0 时代：当前监管政策解读与未来改革展望

IPO是每个创业企业的梦想。中国有接近3000万家企业，但只有3000多家上市公司，能够IPO的企业可谓是万里挑一。

我国IPO制度大致经历了两个主要阶段：第一阶段是审批制，第二阶段是核准制和询价制，目前正在逐步向第三个阶段注册制转型。

在2000年以前，IPO一直是审批制。当时的资本市场主要是为大型的国有企业提供融资服务，其主要做法是由上到下把当年的上市总额度分配给各省、各市，企业上市最重要的部分是争取额度，券商的保荐制度在当时用处不大。在估值方面，1996—1998年，IPO发行采取的是相对固定市盈率倍数法，即所有上市公司的发行价都由13～16倍市盈率乘以公司的每股收益确定。在配售制度方面则比较原始。这种行政指导在先的方式在一定的历史时期起到重要作用，比如成功帮助一些国企解决了资金问题，但很快就被时代所淘汰。

2000年以后，IPO先后实行了核准制和询价制，这一阶段的核心是券商判断筛选与证监会的审查和一票否决权相结合。从上市制度上来看，经历了一个审批权力不断下放给"个人"的过程。在2004年以前，是券商占主导地位的通道制；从2004年至今是保荐人制度。在估值方面，初步询价环节，由承销商对企业IPO给出价格的发行区间，再在累计投标询价环节，确定企业的发行价格。市盈率按照行业有所区别，不过，2015年以来，新股定价以23倍市盈率为主要参考。在配售制度方面，对网上、网下配售都进行了详细的制度规范。

现有的IPO制度下，有一个问题始终困扰着A股市场，就是IPO节奏行政化，经常暂停，这导致过多的企业排队形成"IPO堰塞湖"。截至2019年，A股历史上IPO一共暂停过九次。一般来说，监管层选择暂停IPO主要是出于维护市场秩序的目的，因此往年暂停发行的时间节点都是在市场出现重大波动（如股灾、金融危机）后或是发行制度出现重大改革前。不管是出于什么考虑，IPO暂停的确会影响拟上市企业的融资，有时甚至会彻底改变一个企业的命运，所以对企业来说，预判IPO的趋势显得非常重要。

为了改变堰塞湖的局面，从2014年IPO重启以来，政策层就一直在推动加快IPO。从2014年重启到2015年股灾前，IPO过会率伴随着市场的上涨一路攀升，IPO数量几乎与市场同步见顶，这个阶段主要的政策导向是缓解资产荒，推动股权融资稳增长。2015 年股灾导致 IPO 短暂暂停四个月,到 2015 年年底又再度重启,然后 IPO 过会率慢慢开始回升,尤其是从 2016 年下半年开始明显加速。2017 年全年 IPO 数量高达 436 家,刷新历史纪录。上会企业平均排队时间从年初的 1.76 年下降到年底的 1.31 年,过会率高达 79.3%,首发上会的 479 家 IPO 中通过了 380 家。这个阶段的主要导向是加快 IPO,缓解堰塞湖压力,拓宽企业融资渠道。

但是从 2017 年年底第十七届发行审核委员会上台后,IPO 开始出现新变化,严监管成为主基调。

首先是"减量提质"。随着第十七届发审委上台,监管方面开始从严审核,过会率大幅降低。2018 年以来,虽然企业 IPO 的热情依然高涨,但过会率只有可怜的 50%,相比前几年大幅下降。截至 2018 年 6 月底,A 股市场只发行了 63 只新股,数量比 2017 年同期下降了 74%。同时要"提质",相对应的是,新股发行金额总数为 931 亿元,只比去年同期下降了 26%,平均意义上每单 IPO 的金额都有增加。

其次是"拥抱新经济"。2018 年市场的重要特征是代表"新经济"的独角兽企业登陆并回归 A 股。政策也在积极推进落实,通过不断优化市场环境,为创新企业登陆及回归 A 股扫清制度障碍,我们先后看到了富士康、药明康德、宁德时代等独角兽"受邀"登陆 A 股。另外,2018 年 6 月以来,证监会连发九份文件,对 CDR 的发行做出全面规范。尽管小米的第一单 CDR 暂时落空,但从预期趋势上来看,代表"新经济"的独角兽企业回归 A 股已是大势所趋。

应该说，2018 年显示的这一监管方向和 A 股的注册制改革的大方向是一致的。股市的初心是让更多优质的企业上市，让我国的投资者能够分享这些优质企业的红利，一切改革都不能忘了这个初心。除了把老公司监管好，并配合落实完善的退市制度，实现上市企业的优胜劣汰，更重要的是通过 IPO 和定增来引入新鲜血液。IPO 应该常态化，不应被当作调节市场的工具。注册制改革就是 IPO 的市场化、常态化，核心是通过市场的手实现资源的优化配置。

IPO 注册制未来必须要推行。因为在过去的经济环境下有优质的待上市企业资源，政府有条件对优质资产进行预筛选。但现在，市场基础环境已经完全变了：一是多数国企、央企都已经成功上市，这方面的优质资源越来越稀缺；二是过去都是传统经济，对这类企业可以通过固定的标准如净利润和连续盈利等进行筛选，但代表新经济、新结构、新业态的企业的筛选标准在不断变化，这都增加了预筛选的难度。此外，市场生态也发生了变化。市场中介机构如券商、律师事务所、会计师事务所等中介机构体系日趋成熟，在专业性方面相对更有能力实现资源优化配置。

未来 IPO 注册制改革的核心包括三个方面：

第一要重新定位市场主体的责任。对市场主体之间的权、责、利认定要充分，一是证监会要减少"看得见的手"，让渡一部分权力出去，让市场自行筛选优质资产。在注册制下，券商负责公司的前端审核，并且承担相应的责任；证监会回归监管本位，着重监管职能，加强对上市后企业的全面监督。证监会要"严刑峻法"，通过罚款、禁入、退市等惩罚机制实现严格出清,同时也追究相关机构的审核和举荐责任。

第二要参考成熟市场经验,推进对配售制度的改革。注册制改革必须与配售制度进行配套。以往的配售制度是券商面向市场公开发行,企业一旦上市之后其表现就与保荐的券商脱钩,因此券商没有动力进一步关注企业的上市后表现与长期发展。改革配售制度的目的是实现投资者和发行机构的双向选择。这样将券商的声誉和自己保荐的公司长期挂钩,如果反馈不好,券商会失去之后的客户,以此倒逼券商对公司采取更严格的审核。这个过程不能一蹴而就,而是要进行试点推进。一是在配售范围上试点,鼓励券商逐渐增加向自己投资者的配售比例;二是在券商选择上试点,鼓励优质券商率先展开配售实践,然后再逐步扩大范围。

第三要稳步推进准入市场化和发行节奏市场化。"IPO 堰塞湖"固然令人怨声载道,但更令人恐惧的是"一泻千里",也就是说,倘若上市发行的速度过快,那么市场价格重心可能下移,打击企业上市积极性和市场情绪,对改革造成阻力。改革要讲方法、看时机,在市场情绪普遍高涨的时候改革是"泼冷水",而在发行速度较慢、市场预期较低时,加强对 IPO 的审核和监管还有可能对市场起到"强心针"的作用。2018 年是实质性出清的一年,面临盈利下滑和去杠杆的双重考验,但这也正是改革的好时机。循序渐进,通过控制发行速度来稳步过渡制度改革是合理举措。

第二节 上市辅导:快速登陆 A 股市场的要点与技巧

通常我们所说的 IPO 指的是企业成功登陆我国资本市场中的场内市场,即主板、中小板、创业板。一家企业实现 IPO 的好处是不言而喻的。

首先,IPO 是公司实现多渠道融资的一种手段。一方面,公司通过 IPO 可以一次性地获得股权性资金,以支持企业的创新及快速发展;另一方面,公司成功 IPO 上市后,可以持续、方便、灵活地从资本市场进行再融资,包括配股、增发、定向发行、发行可转债等。

其次,IPO 是公司、股东及高管"价值实现"的最佳方式。净资产不再是衡量公司及股东价值的唯一标准,公司市值成为新的财富尺度,这个过程中股东的股权价值将获得成倍的增长。而且,上市公司的身份本身就是一种无形资产,可以显著提高公司的品牌知名度,以及股东和高管的声誉。

除上述两点以外,IPO 上市还有很多其他好处,比如上市后通过并购整合扩展业务发展,促进企业规范运作和内控体系提升,有利于吸引优秀人才、拓宽职业晋升空间,等等,在此不一一赘述。

但必须清醒认识到,企业 IPO 上市也是一个极其复杂的系统性工程。任何一家企业想成功实现 IPO,都要经历繁杂的流程,大概分五个阶段。

第一个阶段,改制设立阶段:有限责任公司召开"创立大会",

使有限责任公司变更为股份有限公司。

第二个阶段,上市辅导阶段:根据 2009 年 4 月 14 日证监会新修订的《证券发行上市保荐业务管理办法》,发行人在申请 IPO 之前,应当聘请保荐机构进行辅导,对发行人的董事、监事和高级管理人员、持有 5％以上股份的股东和实际控制人(或者其法定代表人)进行系统的法规知识、证券市场知识培训。

第三个阶段,材料申报阶段:申报企业和所聘请的中介机构,依照证监会的要求制作申请文件,保荐机构进行内核并负责向证监会尽职推荐,证监会收到申请文件后,在五个工作日内做出是否受理的决定。

证监会正式受理申请文件后,对申请文件进行初审,同时征求发行人所在地省级人民政府和国家发改委意见(创业板无须经过征求意见这个环节),并向保荐机构反馈审核意见,保荐机构组织发行人和中介机构对反馈的审核意见进行回复或整改,初审结束后、发审委审核前,进行申请文件预披露,最后提交发审委审核。

第四个阶段,发行审核阶段:证券监管部门对发行股票进行审核,也就是我国资本市场目前所实行的核准制。在核准制下,企业首次公开发行股票时,不仅要充分公开企业的真实状况,而且还必须符合有关法律和证券主管机关规定的必备条件,证券主管机关有权否决不符合规定条件的股票发行申请。

第五个阶段,促销和发行阶段:交易所安排上市股票发行申请经发审委审核通过后,经证监会核准,发行人便可以刊登正式的招股说明书及其他信息,证券公司与发行人进行路演,向投资者推介和询价，并根据询价结果协商确定发行价格。

这五个阶段中企业所耗费的时间不尽相同，一般情况下，在三年的财务规范期之后，改制辅导阶段需要五到七个月的时间，申报及审核阶段需要三到六个月的时间，发行上市阶段需要一个月的时间。整体来看，最快九个月的时间，最慢则需要一年多的时间。当然，这只是一般情况。我们看到了富士康从 2018 年 2 月 1 日报送材料，到 3 月 8 日上会并过审，仅用了 36 天实现登陆 A 股，创下 IPO 最快速度纪录；还看到了原新三板企业药石科技在新三板摘牌后，重新申报 IPO，仅用 197 天实现过会，但这并不常见。

除上述时间成本以外，IPO 上市也是需要高昂的财务成本的，其主要成本由以下三大部分组成。

第一，IPO 上市的规范成本，包括五险一金的规范成本与其他规范成本。五险一金的规范成本一般是员工工资的 40％左右。其他规范成本是根据公司的实际情况来看的，常见的包括资产重组、生产手续、环评手续、土地证、房产证等。

第二，IPO 上市的税收成本。按照 IPO 上市申报期三年，上市等待期一年半，共四年半进行计算。一般公司这期间至少会产生累计三亿元的利润总额，按照 15％和 25％的企业所得税率计算则分别是 4500 万元和 7500 万元。

第三，IPO 上市需支付给中介的成本。一般而言，券商需要 2500 万～5000 万元的保荐与承销费，会所需要 400 万～600 万元的财务审计费，律师事务所需要 150 万～300 万元的费用。

上面这些都是显性的时间和财务成本，前提是一切流程都不出任何差错。但实际上,对寻求 IPO 的企业来说,IPO 的每个环节都有可能出现问题,一旦出问题就会大幅增加财务和时间成本。除此之外,复杂多变的政策环境也是一个不可忽视的风险。比如 2017 年 IPO 数量刚刚刷新历史纪录,过会率高达 77%,而第十七届发审委上台后,2018 年 IPO 环境就风云突变,过会率下降到了 60% 左右。除此以外,2018 年 1—5 月,仅仅五个月时间,选择主动撤去材料终止审查的企业有 136 家,占 2017 年全年 149 家的 91.3%。

在这种大环境下,拟上市企业必须更加深刻地领会监管精神。从 2018 年的情况来看,监管有几个明显特点。

第一,高度重视企业在报告期的合规性、财务的真实性与是否达到内控要求。

目前,发审委更加重视整个报告期的业务合规性、财务数据真实性和内控有效性,不要对报告期的第一年存有任何的侥幸心理。例如,2017 年 10 月 31 日上会被否的稳健医疗,发审会委员的问题集中于发行人报告期内的 16 起行政处罚,尽管均有主管部门出具证明,尽管处罚总金额相较于四亿元的净利润影响非常小,但项目仍然被否。

第二,不再完全依据净利润指标进行考核。2018 年申请 IPO 企业中,净利润规模超过四亿元的国金黄金与净利润超过一亿元的上海锦和商业、湘北威尔曼制药、山东玻纤、神农股份等均被否。

第三,更多地支持新经济企业。大力扶持互联网、大数据、云计算、人工智能、软件和集成电路、高端装备制造、生物医药等高新技术产业和战略性新兴产业上市，而对农林牧渔、餐饮、游戏、建筑、重化工、房地产相关业务等行业企业的审核将更加严格。

面对目前A股IPO的大环境，企业若想快速实现IPO登陆A股市场，需要重点满足盈利性及规范性两大硬性要求。

从盈利性来说，要达到利润指标要求，企业需要不断创新、融资发展。 在第二章，我们讲到了企业的股权融资，企业需要用"小步快跑"的方式，不断地发展、迭代。企业通过股权融资融到资金，进而吸引优秀人才、增强创新能力，进而提升品牌、扩大市场，才能在一级市场上拥有更高的估值，反过来有利于获得更大的股权融资。通过这样的循环，企业可以不断地成长、获取更多的利润，逐步满足IPO利润的指标。

从规范性来说，企业需要早做准备，整体规划，分步实施。 第十八届发审委重点关注的前五大问题包括：关联交易、同业竞争、股权/股份代持、实际控制人、对赌协议问题。这是企业应该重点关注的。此外，2018年5月证监会新闻发言人提到的审核中的几个重点问题也值得关注，包括业务经营不合规、内控有效性存在缺陷、会计基础工作不规范、信息披露存在瑕疵、持续盈利能力存疑这些问题。

所以，企业应在三年的财务规范期内就杜绝此类不规范的问题发生，提早聘请内外部的"IPO军师"。内部聘请掌握最新IPO上市制度及流程的董秘，外部聘请可以协助企业规范运作、高效实现投融资发展的专业化金融服务团队，为企业的IPO上市保驾护航，争取一次性"闯关"成功。倘若失败，耗费的时间成本及财务成本将更高,被否企业六个月后才可重新申报 IPO,若想通过借壳的方式,则需要重新运营三年的时间。

在现今中国资本市场风云变幻的大环境下,企业若想快速实现登陆 A 股市场,除了练好盈利的内功之外,一定要提前做整体规划,主要是根据最新监管动向提前规范,"凡事预则立,不预则废",IPO 也是一样的道理。

第三节　境外上市:如何选择适合自己的资本市场

中国企业境外上市的历史要追溯到 20 世纪 90 年代。从最早的国有企业境外上市,到以阿里、腾讯、百度等为代表的互联网企业境外上市,再到近几年更多代表"新经济"的民营企业境外上市,越来越多的中国本土企业走出国门,开启了境外上市的道路。

目前世界上知名的交易所中,市值排名前列的有:纽约证券交易所、纳斯达克证券交易所、伦敦证券交易所、东京证券交易所、香港证券交易所、泛欧证券交易所、多伦多证券交易所、法兰克福证券交易所。只要我国企业达到上述八大交易所的相关上市标准,均可以选择适合自己的交易所上市,其主要区别在于上市的难易程度、潜在投资者群体、融资金额大小、市场制度及监管方式等。

选择境外上市的企业中,赴港上市的数量最多,占境外上市企业数量的 80% 左右,如大家耳熟能详的内地知名企业,腾讯、蒙牛、中国移动、吉利汽车等都选择了在香港上市。而阿里、京东、百度等分别选择在纽交所及纳斯达克美股上市。除了港股及美股以外，也有如招商局亚太、中国航油等企业选择在新加坡证券交易所上市；中国国航、大唐发电、江西铜业等选择在伦敦证券交易所上市；中国煤炭、中国风电等选择在多伦多证券交易所上市。

2017年，中国内地企业境外上市再掀高潮，全年境外IPO企业共74家，均分布于中国香港和美国两大资本市场，其他境外市场未有中国企业IPO。其中，50家在香港市场完成上市，这一数量约占中国企业境外新上市公司总数的68%；另外的24家选择在美国上市，相比2016年的十家和2015年的九家，2017年是中概股IPO自2011年上市低迷以来最火爆的一年。

那么，为什么会有越来越多的中国企业选择去境外上市呢？其主要原因为以下三点：

第一，与境内上市相比境外上市时间成本相对较低且条件宽松。 中国企业若想在沪深交易所实现上市一般需要三到四年的时间。但对企业发展而言时间就是机遇，无法快速实现上市、融资发展，会错过更多的商业机会。境外上市比在沪深交易所上市手续更简便、周期更短，如纽交所、纳斯达克及港交所，一般情况下从准备上市到实现上市只需六个月到12个月时间。另外，从上市财务要求的角度来看，在沪深交易所上市要求企业连续赢利三年，且最近三年累计净利润不低于3000万元，很多公司还是无法满足这一条件，尤其是发展初期的新兴互联网企业。

第二，境外上市有利于企业高效地实现融资。 中国内地资本市场长期面临缺乏资金的现象，而在美国及中国香港等成熟的资本市场上,则拥有更多来自全球各国的投资者,资金更加充裕。境外资本市场上市的高效及较宽松的条件,正好满足了我国企业快速实现 IPO、巨额融资及发展的需求。如 2018 年 8 月 13 日蔚来汽车在美国证券交易委员会(SEC)提交上市文件,仅 1 个月后便完成上市,市值约 60 亿美元。而蔚来若想在沪深交易所实现上市,以当时仅仅成立四年的时间及连年亏损的情况来看,是不太可能的。

第三,境外上市有利于完善企业内部管理机制、扩展国际市场。众多境外上市企业的成功经验已经证明,通过境外上市,可以推动企业完善管理机制,建立符合国际市场竞争要求的现代化企业管理制度,引入国际规范的法人治理结构、会计制度和激励制度。另外,通过境外上市可以极大地提高企业在国际市场上的知名度,使企业在国际上得到更加广泛的宣传,增强与境外的供应商及客户的合作。

我们应该如何选择适合我们的资本市场呢? 应考虑以下几点:

第一,最核心的是企业 IPO 时一级市场的融资能力、二级市场的股票估值水平。任何企业上市的目的都是实现融资发展,而融资金额的多少主要看市场所给出的估值水平。在历史估值水平上美股长期处于高位,各行业综合市盈率长期平均处于 20~25 倍,港股的市盈率则处于 10~15 倍;若从行业上来看,美股在能源、房地产、医疗保健、可选消费等行业给出的市盈率高达 30 倍以上,而港股在新兴行业的市盈率较高,如信息技术行业则可达 30 倍。对于不同行业的企业可以针对性地选择不同的资本市场进行上市。

第二,要看企业所处行业是否与交易所相适应,以及交易所对此行业企业未来的支持力度。

如同属美国资本市场的纳斯达克相较于纽交所而言则更多地偏向科技型企业。

纳斯达克早期为了帮助优质的科技型创新企业融资发展,设置的上市门槛低于纽交所,并将不同体量、不同时期的科技型企业通过市场分层制度给予了它们适合的、差异化的交易安排,吸引了全球范围内更多的科技型企业。

港交所则于 2018 年 4 月 24 日正式公布了《新兴及创新产业公司上市制度》的第二轮咨询结果,允许未盈利的生物科技公司上市,新上市规则于 4 月 30 日生效。港交所行政总裁李小加在新政生效之际撰文表示:"在中国,我们深深感受到生物科技行业大发展的春天已经到来,天时、地利、人和都具备了。"可以看出,未来香港资本市场对生物科技行业的支持力度将大幅增加,这将吸引一大批相关行业的内地公司赴港上市。

第三,要看企业 IPO 时的盈利水平。美股对盈利并没有太多要求,在财务指标方面更加看重的是企业未来的盈利能力,以及企业创造收入的能力。如过去的三大门户网站,新浪、网易、搜狐,都选择在美国纳斯达克上市,IPO 时还是在投入期,企业是没有利润的,但是收入高。而港股相较美股而言,财务指标要求高,香港主板要求过去三年净利润达到 3000 万港元且收入 5000 万港元或三年收入达到三亿港元,香港创业板则要求净利润两年达到 1000 万港元或近两年收入达到 3000 万港元。

第四,要看企业 IPO 时可以承受的上市成本。上市成本包括申请上市的费用、上市中介服务费用以及上市年费。在美国资本市场,上市成本是企业选择在纽交所还是纳斯达克上市所考虑的重要因素。一家企业在纽交所申请上市,根据发行的股票数量不同费用最低为 500 万美元,平均要高出纳斯达克五倍左右。此外,两个交易所的上市公司每年缴纳的年费差别更大,尤其是对于那些流通盘较大的公司来讲更是如此。例如,就五年期限而言,一家流通盘超过两亿股的上市公司,在纽交所要缴纳 250 万美元的年费,而在纳斯达克只需缴纳 30 万美元。香港上市成本则明显低于美股,企业支付给港交所的首次上市费用及中介费用平均在 2000 万港元左右,上市年费则只需 15 万港元。

第五,要看上市所需的时间成本。在美股上市,从拟写可行性报告准备上市时起,到通过审核上市,大约需六到九个月的时间。而在港股上市时间则一般在九到 12 个月。

最后,综合对比一下港股与美股上市的优劣势。

香港上市的优势在于地理位置更加优越,与深圳只有一线之隔,是境外市场中最接近内地的一个,内地企业在香港所获得的认可度也会更高,具有本土化与国际化相结合的特点。另外还具有上市成本较低、融资途径多样化、再融资便利等优势。

而香港上市的劣势在于资本市场规模较小、短期盈利能力要求较高、整体估值水平较低、IPO 融资能力较弱、提升国际知名度能力较弱、仍有些制度上的欠缺等。

所以,港股更适合大型国有或民营企业,如腾讯、蒙牛、中国移动、吉利汽车等;而美股则适合成长性较高、发展潜力较大、初期很难达到财务指标要求的企业,如阿里、京东、百度等。

因此,企业境外上市地点的选择,其根本还是需要根据企业自身的情况、实力和长期发展的战略规划等多种因素来进行综合考虑。选择正确的上市地点,符合企业长远的战略部署,能够促进并推动企业的发展,而选择错误的上市地点,则会致使"一着不慎,满盘皆输"的悲剧发生。

第四节　独角兽回归:CDR 试点能承载万亿市值回归吗?

2018 年 6 月 6 日晚,证监会正式发布了《存托凭证发行与交易管理办法(试行)》等九份规章及规范性文件,这意味着我国 A 股正式开启了大门迎接新经济,符合标准的各大新经济独角兽均可以通过 CDR 的方式回归 A 股上市。小米、百度、京东、阿里巴巴等独角兽都开始筹划通过 CDR 回归 A 股。那么,这个让大家都翘首以盼的 CDR 到底是什么呢?

CDR 是中国存托凭证(Chinese Depository Receipt)的英文缩写。要知道什么是 CDR,首先要了解 DR。DR 也叫存托凭证,是指在一国证券市场上发行和流通的代表境外公司(存托凭证发行人)有价证券的可转让凭证,每份存托凭证代表一定数量的境外公司发行的基础证券。

DR 产生于 20 世纪 20 年代。当时英国有一家著名的时尚百货公司 Selfridges，美国投资者希望持有这家公司的股票，这家公司也希望可以在美国市场进行融资。但在当时，美国投资者若要直接买入及交易外国公司的股票，则将面临交易中的时差、语言、汇率波动等诸多问题。另一方面，英国的法律禁止英国本地公司在境外设立股东名册并据此发行证券。因此，为了克服上述的困难和障碍，满足投资者的需求，也利于外国公司证券跨境流通发行，市场机构在特定的信托制度背景下，通过协议的方式创造出了DR 这一证券品种。

目前，DR 按其发行或交易地点之不同，被冠以不同的名称。比如美国存托凭证就叫 ADR，还有 EDR（欧洲存托凭证）、HKDR（香港存托凭证）、SDR（新加坡存托凭证）、GDR（全球存托凭证）。

那么，为什么现阶段中国要发行 CDR 呢？

近几年来，我国政府一直在大力扶持创新企业。2009 年中国创业板正式成立，其目的就是给创业型企业提供更方便的融资渠道。然而由于国内资本市场环境一直以来都不够成熟、A 股制度及投资者结构不完善等，导致近几年的股票市场极不稳定，炒作成风，资金端、资产端轮流出现泡沫。

由于我国 A 股市场发行制度和经济结构等历史原因，长期以来以金融、地产为代表的周期性板块一直在 A 股市场中占有较高的权重。即使近年来占比有所下滑，金融、地产、有色、化工、采掘、机械等七大行业仍占沪深 300 指数成分的 47％，接近一半。

资本市场可持续发展的核心应该有两个方面：一方面是优质企业得到融资发展，另一方面是投资者可以分享企业成长的红利。

只有这两个方面都做到，市场才能实现良性循环，才会进步。而目前，因中国的上市制度缺陷，很多新经济企业无法在国内实现上市融资，纷纷赴海外上市，从而造成了国内的投资者无法分享新经济企业成长的红利。

与此同时，为吸引新经济企业，2018 年 4 月 24 日，港交所宣布，在《主板上市规则》新增三个章节，并对现行《上市规则》条文做相应修订，允许未能通过主板财务资格测试的生物科技公司上市，允许拥有不同投票权架构的企业上市。有关修订自 2018 年 4 月 30 日开始生效，而小米则是上市规则修改之后，首家申请上市同股不同权的科技公司。

纽交所也已在 2017 年 3 月通过向美国证券交易委员会提交修改其上市流程的提案，即直接上市，来完善其现有上市标准，以吸引新经济独角兽公司上市。2018 年 2 月初，纽交所的提议已获得美国证券交易委员会批准。与传统的 IPO 募资不同，直接上市尽管允许公司的股份在公开市场上交易，但却不是以配售新股融资为目的。这会为那些不需要额外融资，但却希望为现有股东提供更大流动性或变现机会的私人企业提供一个更有吸引力的 IPO 替代方式。而这对纽交所来说也更能吸引那些估值超过 10 亿美元的新经济独角兽公司上市，是一个双赢的结果。

目前，全球先进的资本市场都开始使出浑身解数来吸引新经济独角兽，为资本市场不断增添活力，所以，中国 A 股吸引新经济独角兽回归已迫在眉睫。

而此前新经济企业如果回归 A 股会比较麻烦，如先前的 360

回归,首先需要达成私有化最终协议,之后私有化股东大会通过并完成私有化退市,再解构 VIE 架构,最后通过借壳实现上市。如果采用 CDR 就可以保留 VIE 结构,同股不同权,具有周期短、成本低的特点。举个例子来说,京东在美股上市,但是想回到中国融资,它就可以在中国发行存托凭证(CDR)来进行融资。首先它需要联系中国银行纽约分行(存托机构),双方签订协议,京东在银行内存入部分股票让银行帮忙转化为存托凭证,再通过在中国本土的中国银行总行机构(托管机构)发行这些凭证。所以,这个存托凭证相当于是该境外上市企业股票的化身,存托机构和托管机构也算是变相扮演了上市时的承销机构,或者说是连接中概股企业和本国投资者的一个桥梁的角色。

发行 CDR 不仅打破了新经济企业无法在国内上市这一僵局,实现我国资本市场的持续发展,让更多的新经济优质企业回归,更使得我国的投资者得以分享新经济企业成长的红利。

但并不是任何境外中概股都能在国内发行 CDR。为了保证发行 CDR 的质量,证监会高标准严要求,提出了下列条件:①已在境外上市的大型红筹企业,市值不低于 2000 亿元;②尚未在境外上市的创新企业,包括红筹企业和境内注册企业,最近一年营业收入不低于 30 亿元且估值不低于 200 亿元,或者营业收入快速增长,拥有自主研发、国际领先技术,在同行业竞争中处于相对优势地位。这样一来,符合条件的企业只有阿里、百度、京东、网易和腾讯等几家互联网巨头了。

这五家互联网巨头,目前总市值约七万亿元。根据境外经验,已上市 DR 融资比例一般为流通市值的 2.5%～5%,但考虑到境内外股市流动性差异问题,实际融资比例需要根据境内目前的流动性来安排。按照 2.5%～5% 的融资比例进行测算,预计 CDR 初步融资规模达到 1700 亿～3500 亿元,而过去四年 A 股市场的 IPO 年均融资规模仅为 1500 亿元左右,**CDR 的发行显然将会直接分流目前 A 股市场存量资金**。

然而,发行 CDR 初心虽然是好的,但是是否按目前政策进行发行就可以起到应有的效果呢?

按照目前独角兽通过 CDR 回归 A 股和快速"邀请制"IPO 的思路,让中国投资者分享独角兽成长红利的善良愿望很可能适得其反。

首先,独角兽企业不是某些部委根据几个僵化指标筛选出来的,而是市场选择出来的。执行政策不能机械、教条、僵化,不能搞运动。让独角兽回归,既要考虑存量,也要考虑增量,要与资本市场改革结合起来。

其次,运动式的让所谓独角兽回归缺乏对市场影响的考量,这恰恰是我们的现行发审制度、交易制度、投资者结构之下的顽疾,对市场的存量资金冲击、情绪冲击是必然的。

最后,很多独角兽已经过了快速成长期,且境外股市高涨,这些独角兽股价已经很高,投资者分享独角兽成长红利的可能性不大,很容易出现上市之日就是历史最高价 48 元的中石油的情景。这种让投资者流血的情况不能再发生了!

基于以上原因,在中国 A 股市场进行 CDR 的推行需要整体规

划、全盘考虑。第一,稳步推进新经济独角兽回归,沪深交易所可
设计单独通道接纳独角兽企业,但是,必须用全新的发行制度和交
易制度,否则不但没有意义,而且一定会酿成惨剧。第二,认真考
虑设立第三家交易所的问题,按照注册制和新的交易制度以及交
易所企业化来设计,用增量改革倒逼存量。原有的利益盘根错节、
积重难返,改革要考虑难易和利益平衡。第三,针对独角兽回归和
快速 IPO,要进行投资者教育,既要提示投资机会,也要提示投资
风险。

因此,CDR 可以承载万亿市值的新经济独角兽回归,但仍需攻
克现有的一些问题。前途一定是光明的,道路一定是曲折的。

第五节　再融资:再融资新规的方向与影响

2017 年 2 月 17 日,一条来自证监会的新闻震惊了整个金融
圈:证监会对《上市公司非公开发行股票实施细则》进行修订,同时
发布了《发行监管问答——关于引导规范上市公司融资行为的监
管要求》,主要从规模、定价、间隔期等方面对非公开发行的模式进
行调整和限制,以受理函为界,实行新老划断,俗称"再融资新规"。

**再融资新规的目的是规范和引导上市公司理性融资,有三个
重点:**

一是上市公司申请非公开发行股票的,拟发行的股份数量不
得超过本次发行前总股本的 20%。

二是上市公司申请增发、配股、非公开发行股票的,本次发行

董事会决议日距离前次募集资金到位日原则上不得少于 18 个月。前次募集资金包括首发、增发、配股、非公开发行股票。上市公司发行可转债、优先股和创业板小额快速融资的，不适用本条规定。

三是上市公司申请再融资时，除金融类企业外，原则上最近一期末不得存在持有金额较大、期限较长的交易性金融资产和可供出售的金融资产、借予他人款项、委托理财等财务性投资的情形。

尽管采取了"新老划断"的原则，但再融资新规在正式施行之初就产生了明显影响。数十家上市公司"主动"终止定增，如兴业证券本已发出公告将停牌筹划定增，新规一出，便又火速公告取消了定增。另外，也有多家上市公司陆续修订并调整定增方案、重组配套融资方案。甚至有上市公司调整再融资品种，定增改为可转债的案例也逐渐增多。

那么，监管层为什么要发布再融资新规，并从规模、定价、间隔期等方面对非公开发行的模式进行调整和限制呢？

首先，之前的监管偏宽松，"过度再融资"问题突出，导致 IPO 和再融资规模失衡。在新规发布前的三年时间里，IPO 募资规模分别是 2014 年 669 亿元、2015 年 1576 亿元、2016 年 1469 亿元，而定增规模分别是 2014 年 6822 亿元、2015 年 13723 亿元、2016 年高达 16951 亿元，定增规模平均高出了 IPO 募资规模十倍左右，并且在 2016 年达到了 16951 亿元的"天量"。但是，我们仔细研究后发现，有些企业并不缺钱，定增融资后资金不仅没有用于自身业务发展，反而作为中长期的理财投资或进行了结构性存款，募集资金使用随意性很大。

其次,再融资方式以定增为主,而定增由于耗时较长,很容易成为利益输送的手段,解禁后也给市场带来了巨大压力。2014 年至再融资新规发布之前,共有 1444 例定增案例,共计融资 2.2 万亿元。其中,有 411 家占比达到 28.5% 的企业融资发行股份数量超过了发行前总股本的 20%,融资规模达 1.08 万亿元,占比 48.3%。定增如此受欢迎有一个重要原因,从定价基础日到完成融资耗时巨长,中间股价可能上涨数倍,这实际上给参与定增的机构提供了巨大的套利空间,容易成为利益输送的手段。如之前完成定增的龙生股份,其定增价基准日是 2015 年 4 月 1 日,而在此之前股票还曾停牌数月,最终定价为 7.13 元/股。该股票价格在 2015 年 6 月股灾前曾高达 120 元,即使经历股灾剧烈下跌,完成定增时仍有36.11 元,较发行价高出了 406.45%。而且,这种价差导致定增解禁后必然会给市场带来巨大压力。

那么,再融资新规出台后定增市场发生了哪些变化呢? 是否达到了我们所预期的要求呢?

第一,定增规模大幅缩减。我们以再融资新规发布为界,定增规模较之往年同期,在发行数量及规模上都大幅缩减,2017 年定增规模仅仅达到了 1.24 万亿元,较 2016 年下降了 25%。另外,目前已发行的定增项目主要以定价定增为主,而财务投资者能参与的以现金认购的一年期竞价定增项目非常少,与往年发行数量相比,仅为三分之一左右。

第二,再融资新规发布后增发接近市价发行。再融资新规发布前的定向增发因其定价模式的特点往往存在较大折扣,竞价定增在 2016 年前普遍低于九折,使得投资者可以用一个较低的成本拿票,从而吸引了一大批财务投资者,2017 年新规发布后逐渐攀升至九折,并向市价发行靠拢。

第三,融资目的有大幅改变。新规发布后,63%的企业融资目的为收购其他资产、23%为配套融资、11%为项目融资,其余的用于壳资源重组、补充流动资金及引入战略投资者等。资金的使用效率得到了大幅的提升。

第四,新规发布后大量定增项目终止实施。新规发布后半年内公布预案的上市公司陆续宣布定增项目终止的达 113 起,并且终止项目数量一直居高不下,直至 2018 年才有所缓解,可见市场已逐渐适应新规的影响,有效减少了上市公司通过定增进行过度再融资的现象。

第五,新规发布后定增审核速度放缓。监管环境正在日益趋严,前面章节也提到了,第十七届发审委上台后,IPO 环境就开始风云突变,过会率下降到了 50%左右。另一方面,证监会下发批文的速度自再融资新规发布后也是同样大幅放慢的。新规发布前从过审至拿到证监会批文的时间通常仅需一到两个月,而新规发布后时间间隔已逐渐拉长至三到四个月,这一情况也是直至 2018 年后才逐步有所缓解。

第六,定增市场供需不平衡,大股东兜底频现,融资环境变差。对于投资者而言,其参与定增的积极性受到新规极大的影响,主要原因为以下三点。一是竞价定增发行价格趋于市价,甚至溢价。尽管新规发布前定增市场折价水平已经缩小至九折以上,但观察近年定增项目可知,对于锁定一年期限的财务投资者而言,定增折价幅度之于收益率仍有很大的驱动。二是"减持新规"出台后,投资者的退出受限,解禁后首年如通过集中竞价交易仅能出售50%,否则通过大宗交易减持。三是"资管新规"的出台很大程度上限制了投资者参与定增投资的渠道。

而对于融资方而言,上市公司"真实"的融资需求是一直存在的,新规的出台虽然抑制了部分上市公司过度融资玩"资本运作",但也着实提高了通过定增进行融资的门槛。其次,再融资新规前已受理的老项目往往受到投资者的欢迎,发行价一般也不会太低,新规发布后的项目因定价规则的改变折价空间也很有限,此前定增的吸引力不再。

第七,可转债等融资方式逆势崛起,受到市场青睐。可转债是指上市公司发行的可转换为公司股票的债券。在约定的转股期内,债券持有人可选择将债券按约定的转股价格转换为上市公司的股份。转股之后,债券持有人将持有上市公司的股份并成为上市公司的股东。因此对于上市公司来说,发行可转债可替代股权融资。假设可转债成功转股,上市公司相当于进行了股权融资。2016年可转债发行规模仅约为140亿元,而受再融资新规的影响,2017年可转债发行规模约为2016年的四倍,达到了603亿元。

基于以上七点变化,我们看到了再融资新规从实质上规范并引导了上市公司进行理性融资,使得上市公司注重内生增长,也封堵了套利空间,保护了散户的利益。

因此,在严监管、控风险的大趋势下,想通过简单的投机套利已经越来越难，个人投资者如此，上市公司亦是如此。作为上市公司最重要的融资手段之一，定增也将逐步回归制度设计时的初心，为上市公司的理性融资引入长期战略投资者，也使得投资者回归价值投资。

第六节　市场化市值：注册制时代企业 IPO 的核心要求

自 1990 年沪深交易所相继成立后，我国企业 A 股 IPO 制度大致经历了两个主要阶段：第一阶段是审批制阶段，第二阶段是核准制和询价制阶段（见图 3.1）。伴随着 2019 年科创板及注册制的落地，我国 A 股 IPO 制度正处于全面向注册制转型的阶段。科创板及注册制的推出，长期将倒逼 A 股其他板块上市制度向注册制方向改革。在注册制下，上市的核心要求将不再是财务指标要求，实现市场化的市值将成为重点。而企业实现市场化的市值，重点便是在一级市场实现可持续的股权融资。

我国 A 股上市制度改革方向：全面市场化的注册制

从 1990 年至 2000 年，我国 A 股 IPO 一直处于审批制阶段。当时资本市场主要为大型国有企业提供融资服务。主要做法是由上至下把当年的上市总额度分配给各省市，企业上市最重要的部分是争取额度。在估值方面，1996 年至 1998 年，IPO 发行采取的是相对固定市盈率倍数法，由政府指导的固定价格/市盈率发行，即所有的上市公司的发行价都由 13～16 倍市盈率乘以公司的每股收益确定。这种行政指导在先的方式在一定的历史时期起到过重要作用,成功地帮助一些国企解决了资金问题,但很快就被时代所淘汰。

在 2000 年以后,IPO 先后实行了核准制与询价制。 这一阶段的核心是券商判断筛选与证监会的审查和一票否决权相结合。从上市制度来看,经历了一个审批权力不断下放给"个人"的过程。在 2004 年前,是券商占主导地位的通道制;2004 年开始,我国 IPO 定价机制逐步走向市场化的询价制度。此后经历了新股发行定价由证监会窗口指导、2009 年取消窗口指导、2014 年指导新股定价23 倍市盈率等阶段。

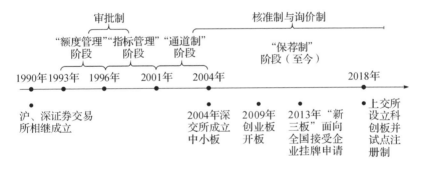

图 3.1　1990 年至今 A 股上市制度改革时间表

我国 A 股 IPO 定价机制虽在不断完善,向市场化的询价定价机制看齐,但都并非真正意义上实现了市场化的询价定价, 而科创板注册制发行阶段,将由券商投行进行市场询价,询价对象仅为机构投资者,定价将更加趋向价值化、理性化,科创板的落地将迎来全面的市场化询价制度。

核准制下 A 股 IPO 的核心重点：财务指标要求、全面规范性（2019 年以前）

企业上市是一个极其复杂的"系统性工程"。任何一家企业想成功实现 IPO，都要经历繁杂的流程。IPO 具体上市流程可分为六个阶段：准备筹划阶段、改制设立阶段、上市辅导阶段、材料申报阶段、发行审核阶段、促销和发行阶段。这六个阶段中最重要的便是准备筹划阶段。在准备筹划阶段，企业创始人需要与核心团队及外部顾问一同重新审视自身的企业，判断自身企业是否满足上市要求。在核准制的上市体系之下，企业上市的两大重点要求便是财务指标要求与全面规范性。

从财务指标要求来看，要达到利润指标要求，企业需要不断创新发展。2018 年利润规模小于 5000 万元的企业过会率仅为 18.37%，而大于一亿元的企业过会率为 93.9%。增强创新能力，进而提升品牌、扩大市场，拥有更多的市场占有率，获取更多的利润，逐步满足 IPO 的利润指标，是每一个希望实现 IPO 的企业的必经之路。

从规范性来看，企业需要早做准备，整体规划、分步实施。2018 年发审委主要关注财务真实性、毛利率相关问题、持续盈利能力、关联交易等问题。其中 49 家企业涉及财务真实性合理性质疑问题；37 家涉及持续盈利能力相关问题；39 家涉及关联交易与业务独立性质疑问题。此外，在 2019 年 4 月 27 日，证监会新闻发言人答记者问中提到"主要从公司治理、规范运行、信息披露等多个维度对首发企业严格把关,从源头上提高上市公司质量"。

注册制下 A 股 IPO 的新核心重点:市场化市值(2019 年以后)

科创板注册制下的五套上市标准为:

(1)预计市值不低于人民币十亿元,最近两年净利润均为正且累计净利润不低于人民币 5000 万元,或者预计市值不低于人民币十亿元,最近一年净利润为正且营业收入不低于人民币一亿元;

(2)预计市值不低于人民币 15 亿元,最近一年营业收入不低于人民币两亿元,且最近三年累计研发投入占最近三年累计营业收入的比例不低于 15%;

(3)预计市值不低于人民币 20 亿元,最近一年营业收入不低于人民币三亿元,且最近三年经营活动产生的现金流量净额累计不低于人民币一亿元;

(4)预计市值不低于人民币 30 亿元,且最近一年营业收入不低于人民币三亿元;

(5)预计市值不低于人民币 40 亿元,主要业务或产品需经国家有关部门批准,市场空间大,目前已取得阶段性成果。医药行业企业需至少有一项核心产品获准开展二期临床试验,其他符合科创板定位的企业需具备明显的技术优势并满足相应条件。

从这五套上市标准中可以明显看出,其弱化了对企业利润的考核、财务指标要求,允许尚未盈利的企业上市,上市条件更加多元化,而重点则在如何达到市场化市值要求。科创板企业上市采取注册制,上市定价采取市场化的询价定价方式,所以,如何在理性市场的状态下满足上市市值要求是核心,企业需具备可支撑上市市值标准的核心价值。对于拟选择科创板上市的企业而言,在上市前需不断修炼提升自身的"内功",不断提升企业的真实价值。

随着科创板及注册制的平稳发展,其将倒逼 A 股主板、中小板及创业板上市制度的改革,向注册制全面靠拢,**A 股 IPO 的审核重点将由此前的财务指标要求转向实现市场化的市值。而企业真实价值在未上市前的体现,便是在一级市场实现合理的股权融资**。当企业按照一定的估值进行股权融资后,这估值便是对企业实现 IPO 具有参考价值的市场化市值。

合理的股权融资对于企业 IPO 的必要性:企业 IPO 与股权融资第一模型

在注册制的上市制度下,市场化市值将成为企业上市的核心重点。而对于希望能够实现上市的企业而言,要达到市场化市值及财务指标要求,合理的股权融资则成为其实现这两大要求的加速剂。以如是资本为例,其提出了企业 IPO 与股权融资第一模型。通过企业 IPO 与股权融资第一模型,便可看出股权融资对于企业加速实现 IPO 的必要性。

企业 IPO 与股权融资第一模型(见图 3.2):

第一步:成功实施股权融资。当企业成功实现股权融资后,企业便初步具备了一定的市场化价值。

第二步:增加专业人才、增强技术创新能力。具有一定市场化价值的企业便可以通过有价值的股权来吸引更多的外部优秀专业人才,通过股权激励留下内部的核心人才。

第三步:产品与服务能力得到提升。拥有更多专业优秀人才的企业便具备更强的技术创新能力与服务能力。

第四步:获得更高的市场占有率。当企业的产品与服务能力升级后,便会在原有客户的基础上,满足更多目标客户的痛点与需求,从而扩大市场,拥有更高的市场占有率。

第五步:营收与利润可持续增长。拥有更高的市场占有率后,其营收及利润便实现增长。

第六步:资本市场上估值提升。当企业营收与利润实现增长后,其估值,也就是市场化的价值将得到提升。

循环回第一步:成功实施下一轮股权融资。拥有更高的估值、市场化价值的企业,便可以通过更高的估值进行下一轮股权融资,如此循环。

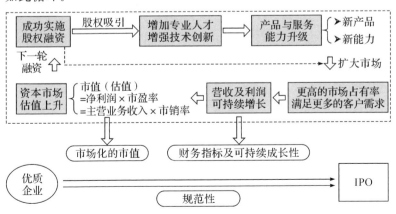

图 3.2 企业 IPO 与股权融资第一模型

通过这样的循环，企业可以不断地实现成长、获取更多的利润，逐步满足IPO的财务指标要求，不断地提升其估值，达到IPO的市场化市值要求。当然，此循环中并不是所有类型的企业都需要完成每一步，例如长期处于研发阶段的生物医药类企业，它们短期实现商业化、实现营收及利润的可能性很小，而其实现更高的市场化市值的前提便是有更专业的技术人才投入企业的研发生产当中，专业技术人才增加的前提便是企业具有市场化价值的股权来吸引这些专业技术人才。所以对于生物医药类企业而言，图中的第四步、第五步便可以略过。这也正是为其起名为"企业IPO与股权融资第一模型"的原因，围绕第一模型，还可以衍生出属于不同行业、不同类型企业的第二、第三模型。

第四章　科创板

第一节　战略意义：重构中国资本市场生态体系

我国资本市场由 1990 年发展至今已有近 30 年的历史,初步构建了以沪深交易所主板、中小板、创业板为主,新三板、新四板为辅的多层次资本市场体系。围绕我国多层次资本市场体系,也已形成了由监管机构、企业、投资机构、中介机构等各方主体所构成的较为完善的生态体系。2018 年 11 月 5 日上午,首届中国国际进口博览会开幕,国家主席习近平出席开幕式并发表主旨演讲。习近平表示,将在上海证券交易所设立科创板并试点注册制。作为资本市场的增量改革,如 2004 年推出中小板、2009 年推出创业板、2013 年新三板市场扩容全国一样,科创板的设立将重构我国资本市场生态体系。

对监管机构的影响：让监管回归本质

自 2001 年以来,我国内地资本市场证券发行一直采用的是非市场化的核准制,即证券发行权利通过证券审核机构批准获得,发行人的股票发行权是由证券监管机构以法定形式所授予,其充分体现了行政权力对证券发行的监管。而全球成熟的资本市场中大多数采用的是注册制的模式,其主要存在两种类型。一种是美国、日本等地的注册制模式,发行与上市是相对独立的过程,发行由证券交易委员会审查并注册,上市由证交所审查。另一种是英国、中国香港等国家和地区的模式,证交所同时拥有发行与上市审核权。这两种模式皆强调发挥证券交易所的作用,体现了证券监管以自律为主的原则,证监会可以将更多的时间与精力用于对证券上市后的事中、事后监管。证券监管机构的分工更加精细化,整体上细化了上市审核流程,提高了效率。

随着我国内地资本市场的发展,股票发行核准制的弊端已有所显现。第一,核准制会出现权力的"寻租"行为及不当审核的现象。第二,核准制造成了IPO节奏行政化,经常暂停,这导致过多的企业排队而形成"IPO堰塞湖"难题。第三,核准制造成了A股IPO资源的稀缺性,扭曲了资本市场供求关系,使得资本市场长久以来存在市盈率过高、股票定价过高、超募资金高的乱象。所以,设立科创板并将证券发行非市场化的核准制转变为市场化的注册制,可以实质性地解决上述问题,而这也将改变目前证券监管机构的职责,**证监会的工作重点将会由企业上市审核转移至上市后的监管,重点监管打击上市公司财务造假、内幕交易等违法违规的现象**。

对企业的影响：分化加剧，科技创新为王

对比发达经济体中的企业而言，我国企业的科技创新能力一直较弱，其主要表现在以下三点：

第一，有效专利数量少，且发明专利数量占比低。中国目前八万多家高新技术企业中，高达97.3％的企业的有效专利数不足100件，有效专利数超过1000件的企业占比仅为0.1％。专利包括发明专利、实用新型专利和外观设计专利三大类，其中发明专利可代表核心创新能力。美日欧等发达经济体的发明专利占全部专利的比重能够达到90％左右，而我国全部八万多家高新技术企业有效发明专利数占全部有效专利数的比重仅有25％。

第二，关键领域核心技术掌握不足。我国企业在关键领域的核心技术常常受制于人，如我国90％的芯片都是源自进口，汽车制造中的发动机动力组成、自动变速箱等重要零部件仍然高度依赖于进口。

第三，我国企业研发投入强度较弱。国际上一般以"研发投入/主营业务收入"来衡量企业的研发投入强度。中国规模以上工业企业及制造业企业的平均研发投入强度仅为1％左右，而美国制造业的研发投入强度高达4.0％，日本为3.4％，英国为2.6％，德国为2.3％。

而我国企业长期科技创新能力不足，原因主要有以下两点：第一点是科技创新需要前期大量的资金投入研发，我国大部分企业处于"解决温饱"的状态，盈利常常用于快速占领市场、扩大规

模，很难有充裕的资金投入技术研发及吸纳人才。第二点是科技创新本质上需要科技创新型人才作为支撑，而科技创新型人才的成本往往很高，其更多的是期待通过企业的股权价值变现。而此前我国资本市场中缺少科技创新型企业的专属市场，科技创新型企业无法体现其股权价值，因此也很难吸引到科技创新型人才。

科创板的推出是为落实我国创新驱动和科技强国战略，其将帮助我国更多的科技创新型企业打通融资渠道，对接资本市场融资发展，将市场更多的资金有效配置到科技创新型企业中，直接或间接地增强其科研能力与吸引科技创新型人才的能力。除此以外，科创板的推出及优质科技创新型企业登陆科创板也将对更多的企业产生科技创新的示范效应，倒逼更多的企业实现创新发展、转型升级。而不具有核心技术研发能力，习惯于靠不断扩大市场规模成长的企业将逐渐被资本市场淘汰。

对股权投资机构（VC/PE）的影响：拓宽退出渠道，价值投资时代来临

股权投资机构一直以来都是科技创新型企业的重要资本支撑，参与在企业初创期至成熟期的各个阶段，为企业提供直接的资金支持。科创板的设立和注册制试点，将重点在以下两个方面对私募股权投资机构带来影响。

首先，将拓宽股权投资机构的退出渠道。2018年上半年，在境内市场上市的中国企业中，股权投资机构渗透率高达77.8%；在境

外市场上市的中国企业中,股权投资机构渗透率只有 31.8%。可见大部分获得股权投资的企业上市退出是在我国的 A 股市场。而 2018 年以来,随着我国 A 股 IPO 放缓,对股权投资机构退出的影响已经有所显现。2018 年上半年,中国股权投资基金退出案例数量达到 889 笔,同比下降 50.4%,其中,被投企业 IPO 数量 332 笔,占退出总数量的 37.3%。在此背景下,赴境外上市成为诸多科技创新型企业的选择。科创板及注册制试点的推出将为我国科技创新型企业找到一条在 A 股上市的新出路,也将拓宽股权投资机构更为市场化的退出渠道。

其次,股权投资将迎来价值投资时代。股权投资具有投资周期长、专业性强、高回报和高风险性等特征。被投企业需要较长的培育期,才能通过价值挖掘提升后退出实现投资回报。而因我国 A 股市场 IPO 资源的稀缺性,一、二级市场长期存在较大的企业估值价差,股权投资机构则习惯于投资有上市预期及 IPO 逻辑更为清晰的企业,赚取一、二级市场的企业估值价差。科创板及注册制试点将会减少一、二级市场估值价差,企业成长性将是未来股权投资的核心盈利来源,这将有利于投资机构专注于公司基本面的价值挖掘,也有利于一级市场的发展与成熟,迎来真正的价值投资时代。

对券商投行等中介机构的影响:新的业务机会与挑战

科创板及注册制的推行对券商投行的服务模式将产生颠覆式的影响。一是券商投行原有的项目选择和价值评判体系将发生实质性的改变,从监管导向转为市场导向,投行的核心职能将真正回归价值挖掘和价值判断,关注企业是否能长期为投资者及社会创造价值。二是券商投行的项目承销能力将成为其核心竞争力。此前因企业 A 股上市实行非市场化的核准制,A 股资源是稀缺的,这使得企业上市融资是较为简单的,券商在上市融资中的承销能力无法得到体现。而注册制会将上市流程缩短、审核提速,注册获准后股票发行工作变得至关重要,如何选择发行时机、如何定出让买卖双方都满意的价格,这需要券商投行有强大的行业研究团队及机构投资者资源做支持。

对一级市场中解决企业融资的融资顾问(FA)而言,同样是机会与挑战并存。因为在我国资本市场中 FA 机构尚无金融牌照,其核心竞争力便是其专业性与资源性。专业性代表了 FA 机构对未上市企业的理解深度与对企业合理估值定价的能力,资源性则代表对优质项目的承销能力。科创板的推出,给予了此前重点布局在科技创新领域的 FA 机构更多机会,更多资金、资源会涌入科技创新赛道。而挑战便是由于科技创新型企业前期投入研发周期都较长,短期很难有利润的释放,这需要 FA 机构在企业进行前期的立项筛选时,拥有足够强的专业行业研究及判断能力。当项目立项后,则需要长时间地孵化项目,助力企业快速成长。

对二级市场基金及个人投资者的影响：投资范围扩宽，收益与风险相伴

科创板的推出将扩宽我国基金公司及个人投资者的投资范围，使其可分享更多科技创新型企业快速成长的红利。但从中长期来看，科创板及试点注册制，如美国的纳斯达克市场一样，会是一个退市制度完善、"有进有出"的市场。大量的科技创新型企业快速上市的同时，也会有不具备在资本市场持续发展能力的企业退市，被市场所淘汰。在这样的一个"有进有出"的良性发展过程中，投资者虽然能分享企业快速成长的红利，但其风险与收益也是相匹配的。与一级市场股权投资同样，当二级市场投资者逐渐适应了这种新的市场规律，投机性行为也将会逐渐减少，价值投资时代来临。

科创板的推出及注册制试点将使得市场各方主体行为产生极大的改变，重构资本市场生态体系。其不仅会加速实现我国企业走向新一轮的科技创新的进程，也将引领我国资本市场由发展期阶段逐步走向成熟阶段。

第二节 对比分析：科创板 vs 香港主板 vs 纳斯达克

2018年11月5日，国家主席习近平在首届中国国际进口博览会开幕式主题演讲中提出，在上海证券交易所设立科创板并试点注册制。上交所科创板将面向世界科技前沿、面向经济

主战场、面向国家重大需求,主要服务于符合国家战略、突破关键核心技术、市场认可度高的科技创新企业。2019 年 3 月 1 日,证监会正式发布了《科创板首次公开发行股票注册管理办法(试行)》和《科创板上市公司持续监管办法(试行)》。随后,3 月 22 日,上交所首次公布科创板 IPO 受理企业。自 3 月 22 日至 4 月 12 日,20 天左右的时间,科创板已受理申报企业数量高达 72 家,其中 40 家已进入问询阶段。另外,上交所表示,拟于 4 月 22 日起再组织一轮科创板业务专项测试,含最新发布的技术接口、业务规则及主板的各项业务测试。科创板为我国科技创新型企业在国内实现 IPO,开辟了一条全新的道路,更多的企业开始谋划申报科创板。而相对于同样面向科技创新型企业的香港主板市场、纳斯达克市场,科创板在企业上市条件、上市成本、融资效率等方面具有很大的不同(见表 4.1)。

表 4.1 科创板、香港主板、纳斯达克上市全对比

上市地点	上市条件			上市成本		融资效率		
	行业定位	发行制度	上市指标	时间成本	财务成本	IPO融资定价	再融资原则	持股锁定期
科创板	精准针对科技创新	趋向成熟	针对快速成长期	最快6个月	相对较低	趋向市场化	一次一审	较严格

续表

上市地点	上市条件			上市成本		融资效率		
	行业定位	发行制度	上市指标	时间成本	财务成本	IPO融资定价	再融资原则	持股锁定期
香港主板	宽泛	成熟	针对快速成长期	9～12个月	相对较高	市场化	一次授权,多次募集	较宽松
纳斯达克	宽泛	成熟	全周期	6～9个月	相对较高	市场化	一次授权,多次募集	较宽松

资料来源:如是金融研究院,如是资本有限公司。

上市条件对比

第一,如表4.2所示,从行业定位上来看,三地均明确瞄准了新兴科技创新型企业,科创板更加精准、细分,香港主板及纳斯达克行业定位更宽泛。其中,科创板重点支持新一代信息技术、高端装备、新材料、新能源、节能环保以及生物医药等高新技术产业和战略性新兴产业,推动互联网、大数据、云计算、人工智能和制造业的深度融合。纳斯达克的定位较为宽泛,立足于服务生化、生技、医药、科技、加盟、制造及零售连锁服务等公司,以及具有创新性、反传统商业模式的新兴企业。相较于前两者,香港主板对于行业并没有特殊规定,"港股新政"针对生物科技公司、同股不同权架构的科技创新型企业在门槛上有一定程度的放宽。

表 4.2　三地上市行业定位

上市地点	行业定位
科创板	符合国家战略、突破关键核心技术、市场认可度高
	新一代信息技术、高端装备、新材料、新能源、节能环保,以及生物医药等高新技术产业和战略性新兴产业
	推动互联网、大数据、云计算、人工智能和制造业深度融合的科技创新企业
香港主板	无特殊行业规定。"港股新政"落地后,针对生物科技公司、同股不同权架构的科技创新型企业在门槛上有一定放宽
纳斯达克	立足于服务生化、生技、医药、科技、加盟、制造及零售连锁服务等企业及具有创新性、反传统商业模式的新兴企业

资料来源:上交所,港交所,纳斯达克,如是金融研究院,如是资本有限公司。

　　第二,如表 4.3 所示,**从发行制度来看,香港主板及纳斯达克更成熟,科创板正在逐步向国际成熟市场看齐**。纳斯达克市场自 1971 年成立至今,经历了两次市场分层,不同层级的发行上市制度不断细化,其目前已成为全球科技创新型知名企业的聚集地;香港主板市场也于 2018 年 4 月 30 日起正式实施"港股新政",同年,我国更多的优秀科技创新型企业选择登陆港股,其中包括小米、美团等新经济独角兽。科创板及试点注册制作为中国 A 股市场发展近 30 年来的重大改革,其发行制度的重大突破包括:首次将 A 股 IPO 的核准制改为注册制;允许尚未盈利的企业在科创板上市;允许同股不同权、VIE 架构及红筹股在满足一定条件的情况下上市；承销环节定价采取询价机制；保荐机构子公司跟投；等等。这些制度的改革也使得科创板进一步向港股和纳斯达克市场等成熟资本市场制度靠拢。

表 4.3　三地部分发行制度

地点	发行规模要求	投资者门槛	定价方式	保荐机构子公司跟投	交易制度
科创板	发行后股本总额不低于人民币 3000 万元 公开发行的股份达到公司股份总数的 25％以上 公司股本总额超过人民币四亿元的，公开发行股份的比例为 10％以上	个人投资者参与科创板股票交易，应满足前 20 个交易日证券账户及资金账户内的资产日均不低于人民币 50 万元，且参与证券交易 24 个月以上，不满足要求的中小投资者也可通过公募基金等产品参与科创板。	询价	有	竞价交易 20％涨跌幅限制，上市后的前五天不设价格涨跌幅，五日后涨跌幅限制在 20％ T＋1

续表

地点	发行规模要求	投资者门槛	定价方式	保荐机构子公司跟投	交易制度
香港主板	市值 100 亿港元以下的企业,发行股数必须占已发行总股数的 25%	无门槛	询价	无	无涨跌幅限制,不设做市商制度
	市值 100 亿港元以上的企业,可以发行 15%~20%新股				T+0
纳斯达克	需符合各分层市场的要求	无门槛	询价	无	做市商制度
					T+0

资料来源:上交所,港交所,纳斯达克,如是金融研究院,如是资本有限公司。

第三,如表 4.4 所示,从上市指标来看,科创板及香港主板偏向处于快速成长期、有一定规模的科技创新型企业,纳斯达克市场涉及企业阶段更广。上交所科创板市场五套上市指标中最低市值要求为预计市值不低于人民币十亿元,最近两年净利润均为正且累计净利润不低于人民币 5000 万元,或者预计市值不低于人民币十亿元,最近一年净利润为正且营业收入不低于人民币一亿元;香港主板市场三项财务准则中最低市值要求为市值/收益/现金流测试,即上市时市值至少为 20 亿港元、经审计的最近一个会计年度的收益至少为五亿港元、新申请人或其集团拟上市的业务于前三个会计年度的现金流入合计至少为一亿港元；纳斯达克市场三个层级中吸引大盘蓝筹企业的全球精选市场四项标准中最低市值要求为不低于1.6亿美元、总资产不低于8000万美元、股东权益不低于5500万美元，除全球精选市场以外还有吸引中等规模企业的"全球市场"及吸引规模较小、风险较高企业的"资本市场"，其上市指标要求更低。通过以上最低市值要求比较，可以看出，科创板及香港主板市场相较于纳斯达克市场而言，更加偏向助力处于快速成长期的科技创新型企业对接资本市场、融资发展。

表4.4　三地部分上市条件指标

地点	条件	部分上市条件指标	共同标准
科创板	五项满足其一	预计市值不低于人民币十亿元，最近两年净利润均为正且累计净利润不低于人民币5000万元，或者预计市值不低于人民币十亿元，最近一年净利润为正且营业收入不低于人民币一亿元	
		预计市值不低于人民币15亿元，最近一年营业收入不低于人民币两亿元，且最近三年累计研发投入占最近三年累计营业收入的比例不低于15%	
		预计市值不低于人民币20亿元，最近一年营业收入不低于人民币三亿元，且最近三年经营活动产生的现金流量净额累计不低于人民币一亿元	

续表

地点	条件	部分上市条件指标	共同标准
科创板	五项满足其一	预计市值不低于人民币 30 亿元,且最近一年营业收入不低于人民币三亿元	
		预计市值不低于人民币 40 亿元,主要业务或产品需经国家有关部门批准,市场空间大,目前已取得阶段性成果。医药行业企业需至少有一项核心产品获准开展二期临床试验,其他符合科创板定位的企业需具备明显的技术优势并满足相应条件	
香港主板	符合下列其中一项	标准一(盈利测试): 最近一年的股东应占盈利不得低于 2000 万港元,及其前两年累计的股东应占盈利亦不低于 3000 万港元	具备不少于三个会计年度的营业记录; 至少前三个会计年度的管理层维持不变; 至少经审计的最近一个会计年度的拥有权和控制权维持不变(对生物科技公司、同股不同权架构的创新产业公司降低一定上市门槛)
		标准二(市值/收益/现金流测试) 上市时市值至少为 20 亿港元; 经审计的最近一个会计年度的收益至少为五亿港元; 新申请人或其集团拟上市的业务于前三个会计年度的现金流入合计至少为一亿港元	
		标准三(市值/收益测试): 上市时市值至少为 40 亿港元;经审计的最近一个会计年度的收益至少为五亿港元	

地点	条件		部分上市条件指标	共同标准
纳斯达克	全球精选市场	四项标准必须满足其一	近三个会计年度税前收入总计不低于1100万美元且近两个会计年度每个年度不低于220万美元,同时每个会计年度不得为负	投标询价最低价格不低于四美元
			近三个会计年度税前收入总计不低于2750万美元,同时每个会计年度不得为负;最近一年平均市值不低于5.5亿美元;最近一个会计年度收入不低于1.1亿美元	
			最近一年平均市值不低于8.5亿美元;最近一个会计年度收入不低于0.9亿美元	
			公司市值不低于1.6亿美元;总资产不低于8000万美元;股东权益不低于5500万美元	
	全球市场	收入标准	最近一个会计年度或者最近三年中的二年税前收入不低于100万美元;股东权益不低于1500万美元;公众流通股市值不低于800万美元;做市商不低于三个	公众流通股数不低于110万股;拥有股东数不低于400个;投标询价不低于四美元
		股东权益标准	股东权益不低于3000万美元;公众流通股市值不低于1800万美元;做市商不低于三个;公司持续经营两年	

续表

地点	条件		部分上市条件指标	共同标准
纳斯达克	全球市场	市值标准	最近一个会计年度或者最近三年中的两年总资产和总收入均不低于 7500 万美元; 公众流通股市值不低于 2000 万美元; 做市商不低于四个	公众流通股数不低于 110 万股; 拥有股东数不低于 400 个; 投标询价不低于四美元
		总资产/总收入标准	最近一个会计年度或者最近三年中的两年总资产和总收入均不低于 7500 万美元; 公众流通股市值不低于 2000 万美元;做市商不低于四个	
	资本市场	股东权益标准	股东权益不低于 500 万美元; 公众流通股市值不低于 1500 万美元; 公司持续经营两年; 投标询价不低于四美元或收盘价不低于三美元	公众流通股数不低于 100 万股; 拥有股东数不低于 300 个; 做市商不低于三个
		市值标准	股东权益不低于 400 万美元; 公众流通股市值不低于 1500 万美元; 发行证券市值不低于 5000 万美元; 投标询价不低于四美元或收盘价不低于两美元	
		净收入标准	股东权益不低于 400 万美元; 公众流通股市值不低于 500 万美元; 最近一个会计年度或者过去三年中持续两年净收入不低于 75 万美元; 投标询价不低于四美元或收盘价不低于三美元	

资料来源:上交所,港交所,纳斯达克,如是金融研究院,如是资本有限公司。

上市成本对比

第一，从上市的时间成本来看，此前国内 A 股上市相比香港主板、纳斯达克上市时间成本较高，也曾多次经历"IPO 堰塞湖"，而科创板及注册制的落地将改变这一局面。以往中国企业若想在 A 股主板、中小板及创业板实现上市短则需要三到四年的时间（包括三年财务规范期），对企业发展而言时间就是机遇，无法快速实现上市、融资发展，会错过更多的商业机会。香港主板及纳斯达克上市比国内 A 股上市手续简便、周期短。在纳斯达克上市，从拟写可行性报告准备上市时起，到通过审核上市，大约需六到九个月的时间。而在香港主板上市时间则一般在九到 12 个月。科创板企业上市采取注册制，完成注册制上市需经历以下八个步骤：

第一步，交易所受理。在五个工作日之内决定是否受理；齐备性检查、资格检查。

第二步，交易所审核问询。在 20 个工作日内，提出首轮审核问询；通过提出问题、回答问题等方式进行；审核问询可进行多轮。

第三步，发行人回复问询。及时、逐条回复审核问询；可申请豁免披露属于国家秘密、商业机密的信息。

第四步，上市委审议。审核机构出具审核报告提交上市委员会审议；上市委员会通过合议形成审议意见。

第五步，交易所出具审核意见。三个月内，出具同意或不同意发行上市的审核意见。

第六步，向证监会报送材料。交易所审核通过的，将同意发行上市的审核意见、相关审核材料和发行人的发行上市申请文件报送证监会。

第七步，证监会履行发行注册程序。20 个工作日内，证监会做出同意注册或者不予注册的决定；可要求交易所进一步问询或退回交易所补充审核。

第八步，股票发行 IPO。在证监会同意注册的一年有效期内发行股票。

科技创新型企业通过以上八步实现科创板注册上市最快仅需要不到六个月的时间，大幅降低了科技创新型企业在国内 A 股市场上市的时间成本，提高了上市效率。

第二，从上市财务成本来看，科创板及香港主板上市财务成本相对较低，纳斯达克市场财务成本相对较高。 企业上市成本包括上市初费、上市中介服务费用以及上市年费。在上市初费方面，上交所暂免总股本四亿股（含）以下的上市初费与年费。在上市中介服务费方面，一般而言，券商需要 2500 万～5000 万元的保荐与承销费，会所需要 100 万～500 万元审计费，律所需要 150 万～300 万元费用。不过，相较于纳斯达克或香港主板市场，券商、会所、律所相对选择范围宽泛，收费相对低。在美国资本市场，中介费用要比国内收费高，同时，上市初费根据发行的股票数量不同，费用最低在 100 万美元。在上市年费方面，例如就五年期限而言，一家流通盘超过两亿股的上市公司，在纳斯达克需缴纳 30 万美元的年费。香港上市成本则较美股低，上市企业支付给港交所的首次上市费用及中介费用平均在 2000 万～3000 万港元，上市年费则需 15 万港元。与此同时,为鼓励当地企业赴科创板上市,多个省市出台多项补贴政策。上海市最高补贴达到 2000 万元,补贴最低的省市也有 100 万～200 万元。可见各地方政府对科创板的重视程度,这也将大大减少科创板上市财务成本。

融资效率对比

第一,从 IPO 阶段融资来看,香港主板及纳斯达克市场更加成熟完善,科创板将引领我国 A 股市场走向市场化发行定价之路。香港主板及纳斯达克市场因其投资者结构中更多的是价值投资型机构投资者,IPO 融资阶段通过市场化的询价制进行 IPO 估值定价,其 IPO 定价融资功能更加完善。而我国 A 股 IPO 市场在 1990—2000 年的审批制下是由政府指导的固定价格/市盈率发行。2000 年,我国 IPO 制度从审批制改为核准制。2004 年开始,我国 IPO 定价机制逐步走向市场化的询价制度,IPO 定价机制得到进一步发展。此后经历了新股发行定价由证监会窗口指导、2009 年取消窗口指导、2014 年指导新股定价 23 倍市盈率等阶段。我国 A 股 IPO 定价机制虽在不断完善,向市场化的询价定价机制看齐,但都并非真正意义上实现了市场化的询价定价,而科创板注册制发行阶段,将由券商投行进行市场询价,询价对象仅为机构投资者,定价将更加趋向价值化、理性化,科创板将迎来全面的市场化询价制度。

第二,从上市后再融资来看,科创板依照主板再融资,实行"一次一审"原则,香港主板、纳斯达克实行"一次授权,多次募集"原

则。在再融资政策方面，我国 A 股市场施行"一次一审"的原则，企业每次进行股权再融资时均需要经过证监会的核准方可实行。再融资的条件主要参照 A 股首次公开发行的条件设置，要求同样较高，就一般性规定而言，对上市公司的盈利能力是否具有可持续性做出了严格的规定。要求上市公司符合以下条件：最近三个会计年度连续盈利；业务和盈利来源相对稳定；现有主营业务或投资方向能够可持续发展；高管和核心技术人员稳定，且最近 12 个月内未发生重大不利变化；上市公司最近 24 个月内曾公开发行证券的，不存在发行当年营业利润比上年下降 50％以上的情形等。纳斯达克市场和香港主板市场依托于证券注册发行制，企业均可采用"一次授权，多次募集"的证券再发行制度。以香港主板的配售再融资为例，香港主板市场的配售类似于 A 股的定向增发，均是向指定的机构或投资人发行新股并募集资金。但与 A 股定向增发不同的是，当香港主板上市公司获得一般性授权后，只要增发的比例不超过批准当天股本的 20％，同时发行价折让不超过 20％，就可在该年度内进行任何次数的配股。

第三，从锁定期情况来看，香港主板市场和纳斯达克市场更为灵活。A 股的锁定期相对香港主板市场、纳斯达克市场时间较长（见表 4.5）。科创板应当遵守交易所有关减持方式、程序、价格、比例以及后续转让等事项的规定。按 A 股锁定期规定：上市前持有股份的股东，上市交易之日起一年不得转让；公司董事、监事、高级管理人员，上市交易之日起一年不得转让；控股股东和实际控制人，上市交易之日起 36 个月不得转让。在申报材料前六个月内突击入股的股东,该增资部分的股份自完成增资工商变更登记之日起应锁定 36 个月(注:科创板与创业板突击入股标准一致)。另外,上市时未盈利的科创公司,其控股股东、实际控制人、董事、监事、高级管理人员、核心技术人员所持首发前股份的股份锁定期应适当延长,具体期限由交易所规定。科创公司核心技术人员所持首发前股份的股份锁定期应适当延长,具体期限由交易所规定。

表 4.5　A 股锁定期规定

股份持有者	限售期
上市前持有股份的股东	上市交易之日起一年不得转让
公司董事、监事、高级管理人员	上市交易之日起一年不得转让
持股股东和实际控制人	上市交易之日起 36 个月不得转让

资料来源:证监会,如是金融研究院,如是资本有限公司。

香港主板市场锁定期要求方面,规定 IPO 项目必须有锁定期,要求控股股东在公司上市之日起六个月内不得转让,七至 12 个月内不得丧失控股地位。纳斯达克市场方面,美国证监会规定了原始股东在上市、管理层股权激励和并购后一定时期内不得售出其持有的股票在二级市场上套现,锁定期或限售期一般为六个月。

在上交所科创板尚未推出之前,香港主板和纳斯达克是我国快速成长期科技创新型企业仅有的选择。科创板作为助力科技创新型企业发展的精准市场,无疑也是国内资本市场改革的一块试金石,其将引领我国资本市场向成熟资本市场看齐。但对企业上市市场选择而言，还是需要根据企业自身的情况、实力和长期发展战略规划等多种因素来进行综合理性考虑。一个正确的上市市场选择，能够促进并推动企业的发展，符合企业长远的战略部署；而一个错误的上市市场选择，则会致使企业"一着不慎，满盘皆输"的悲剧发生。

第三节　细则解读：定位、审核标准、注册制及影响

2019 年 1 月 30 日，《关于在上海证券交易所设立科创板并试点注册制的实施意见》（以下简称《实施意见》）推出，2019 年 3 月 1 日，《科创板上市公司持续监管办法（试行）》施行，上交所发布了六个监管细则，明确了科创板的上市审核规则、发行与承销办法、上市委员会管理办法等，就实操性内容进行了规定。与此同时，中国证券登记结算有限责任公司（下文简称中登公司）发布了《中国证券登记结算有限责任公司科创板股票登记结算业务细则（试行）》。引领中国资本市场重大变革的上交所科创板正式到来。

科创板的定位

《实施意见》强调，在上交所新设科创板，坚持面向世界科技前沿、面向经济主战场、面向国家重大需求，主要服务于符合国家战略、突破关键核心技术、市场认可度高的科技创新企业。证监会也曾表示，在上交所设立科创板是落实创新驱动和科技强国战略、推动高质量发展、支持上海国际金融中心和科技创新中心建设的重

大改革举措,是完善资本市场基础制度、激发市场活力和保护投资者合法权益的重要安排。科创板旨在补齐资本市场服务科技创新的短板,是资本市场的增量改革,将在盈利状况、股权结构等方面做出更为妥善的差异化安排,增强对创新企业的包容性和适应性。

由此可见,科创板是专属于科技创新型企业对接资本发展的专属市场。对内是对我国多层次资本市场体系的补充,弥补此前大量科技创新型企业无法对接资本市场发展的空白。对外将会与港交所、纳斯达克市场竞争科技创新型新经济企业,避免此前众多科创型新经济独角兽流失海外而造成我国投资者无法分享其快速成长的红利的现象。

科创板企业审核标准

行业属性

科创板将重点聚焦服务于符合国家战略并且突破关键核心技术的"硬科技"类企业。其包括:信息技术、高端装备、新材料、新能源、节能环保以及生物医药等高新技术产业和战略性新兴产业。互联网、大数据、云计算、人工智能类企业若想实现科创板上市,则需尽可能地与制造业深度融合。除此以外,还需要有较高的市场认可度且商业模式可被市场验证。

科创板五套差异化的上市标准

(1)预计市值不低于人民币十亿元,最近两年净利润均为正且累计净利润不低于人民币5000万元,或者预计市值不低于人民币

十亿元,最近一年净利润为正且营业收入不低于人民币一亿元;

(2)预计市值不低于人民币 15 亿元,最近一年营业收入不低于人民币两亿元,且最近三年累计研发投入占最近三年累计营业收入的比例不低于 15%;

(3)预计市值不低于人民币 20 亿元,最近一年营业收入不低于人民币三亿元,且最近三年经营活动产生的现金流量净额累计不低于人民币一亿元;

(4)预计市值不低于人民币 30 亿元,且最近一年营业收入不低于人民币三亿元;

(5)预计市值不低于人民币 40 亿元,主要业务或产品需经国家有关部门批准,市场空间大,目前已取得阶段性成果。医药行业企业需至少有一项核心产品获准开展二期临床试验,其他符合科创板定位的企业需具备明显的技术优势并满足相应条件。

这五套上市标准弱化了企业前期盈利能力、财务指标要求,上市条件更加多元化。允许符合科创板定位、尚未盈利或存在累计未弥补亏损的企业在科创板上市,允许同股不同权红筹企业上市,标准为 CDR 意见稿,对市值、营收及研发投入占比、市场空间大小、知名投资机构投资等进行要求。相比于 A 股其他板块及新三板而言,更加符合处于快速成长期科技创新型企业特征。

科创板试点注册制的重点

《实施意见》中明确:在科创板试点注册制,上交所负责科创板发行上市审核,中国证监会负责科创板股票发行注册,发审权下放至上交所。

除此以外，证监会明确了科创板试点注册制工作，将在五个方面完善资本市场基础制度：一是构建科创板股票市场化发行承销机制；二是进一步强化信息披露监管；三是基于科创板上市公司特点和投资者适当性要求，建立更加市场化的交易机制；四是建立更加高效的并购重组机制；五是严格实施退市制度。

从五个方面可看出三大变化。第一，发行承销机制将向成熟资本市场（美股、港股）机制靠拢，新股发行价格不做限制，更加市场化，投行的承销及估值定价能力将更为重要。第二，强化了新股发行上市事中事后的监管，强化信息披露监管、严格退市制度与投资者适当性要求，这是因为处于快速成长期的科技创新型企业商业模式较新、业绩波动可能较大、经营风险较高，需要在对企业做好监管、风险防控的同时防范投资者风险。第三，并购重组的效率将会有显著提升。

科创板带来的六大影响

第一，对企业而言，分化加剧，科技创新型企业的春天已至。科创板将服务科技创新型企业对接资本市场发展。而未来不具有核心技术研发能力、习惯于靠技术复制来扩大市场规模的企业将逐渐被资本市场所淘汰。

第二，对 A 股其他板块而言，短期有轻微"抽血效应"、估值下移，长期将促使 A 股各板块间的良性竞争。短期科创板会对市场存量资金产生"抽血效应"，但会吸引更多的增量资金进入科创板。

长期来看,将倒逼已经趋于同质化的主板、中小板、创业板改革,通过差异化的制度改革,吸引优质企业上市。

第三,对新三板市场而言,会产生局部灾难效应。科创板将吸引新三板优质头部科技创新型企业"转板"科创板。但此类企业数量并不多,即便没有科创板,此类企业若长期在新三板市场难以实现融资发展,也会逐步选择赴美或赴港上市。

第四,对股权投资机构而言,迎来新的价值投资机会。科创板企业上市实行注册制与我国 A 股其他板块上市审核逻辑不同,不会存在 Pre-IPO 的投资套利机会,因为注册制长期实行必然会打消资本市场一二级间存在的估值差,长期价值投资时代降临。

第五,对中介机构而言,头部化趋势加重。首先,头部券商投行已储备了较多的拟科创板项目。其次,参与科创板保荐的券商投行要对保荐企业进行投资,成为其基石投资者,这将券商投行与科创板上市公司进行深度绑定,小券商投行目前此种能力偏弱。

第六,对二级市场投资者而言,收益与风险相伴。科创板使更多个人投资者可以分享科技创新型企业的成长红利,但处于快速成长期的科技创新型企业有高成长、高风险的特点,科创板要求证券账户及资金账户的资产不低于人民币 50 万元且证券交易满 24 个月,未满足适当性要求的投资者,可通过购买公募基金等方式参与科创板。可见,投资科创板的收益与风险相伴。

第四节　核心要点:科创板七大重点全解析

2019 年 3 月 1 日,证监会发布《科创板首次公开发行股票注册管理办法(试行)》(以下简称《注册管理办法》)和《科创板上市公司持续监管办法(试行)》(以下简称《持续监管办法》),自公布之日起实施。引领中国资本市场重大变革、完善我国多层次资本市场体系的上交所科创板正式落地。

重点一: 注册制开启中国资本市场新一轮改革

科创板试点的注册制审核重点分为两个环节:一是上交所进行发行、上市、信息披露的全面审核,二是证监会对企业发行上市进行注册。

完成注册制上市的七个步骤:

第一步:发行人董事会应当依法就股票发行的具体方案、本次募集资金使用的可行性及其他必须明确的事项做出决议,并提请股东大会批准。

第二步:发行人申请首次公开发行股票并在科创板上市,应当按照中国证监会有关规定制作注册申请文件,由保荐人保荐并向交易所申报。交易所收到注册申请文件后,五个工作日内做出是否受理的决定。

第三步:交易所接受申报后,主要通过向发行人提出审核问询、发行人回答问题的方式开展审核工作,基于科创板定位,判断发行人是否符合发行条件、上市条件和信息披露要求。

第四步:交易所应当自受理注册申请文件之日起三个月内形成审核意见。同意发行人股票公开发行并上市的,将审核意见、发行人注册申请文件及相关审核资料报送中国证监会履行发行注册程序。不同意发行人股票公开发行并上市的,做出终止发行上市审核决定。

第五步:中国证监会收到交易所报送的审核意见、发行人注册申请文件及相关审核资料后,履行发行注册程序。发行注册主要关注交易所发行上市审核内容有无遗漏,审核程序是否符合规定,以及发行人在发行条件和信息披露要求的重大方面是否符合相关规定。中国证监会认为存在需要进一步说明或者落实事项的,可以要求交易所进一步问询。

第六步:中国证监会在 20 个工作日内对发行人的注册申请做出同意注册或者不予注册的决定。

第七步:中国证监会同意注册的决定自做出之日起一年内有效,发行人应当在注册决定有效期内发行股票,发行时点由发行人自主选择。

注册制是更多成熟资本市场所采取的上市制度,如美国、欧洲、日本等地的资本市场,其简化了企业上市流程,提高了企业上市效率,也更加体现了市场化的上市制度。注册制的推出也打破了 A 股 IPO 资源的稀缺性,将有利于提升企业上市后的真实价值发现功能,有利于创投市场良性发展、形成闭环。一级市场项目通过注册制科创板 IPO 后,不会再因 IPO 的稀缺性而产生一级市场与二级市场的价差套利空间,其要求更多的一级股权投资机构真正回归到价值投资的主线。科创板注册制的推出及完善也将逐步倒逼 A 股其他板块上市制度的改革。

重点二:科创板行业重点聚焦硬科技

《注册管理办法》要求,发行人申请首次公开发行股票并在科创板上市,应当符合科创板定位,面向世界科技前沿、面向经济主战场、面向国家重大需求。优先支持符合国家战略,拥有关键核心技术,科技创新能力突出,主要依靠核心技术开展生产经营,具有稳定的商业模式,市场认可度高,社会形象良好,具有较强成长性的企业。

具体行业上,科创板需重点支持新一代信息技术、高端装备、新材料、新能源、节能环保以及生物医药等高新技术产业和战略性新兴产业,推动互联网、大数据、云计算、人工智能和制造业深度融合,引领中高端消费,推动质量变革、效率变革、动力变革。

目前来看,科创板行业定位将聚焦于有关键核心技术突破的硬科技产业,新一代信息技术、高端装备、新材料、新能源、节能环保以及生物医药这六大行业将成为科创板上市行业重点。而具体行业认定上,虽重点聚焦了此六大硬科技产业,上市委员会后续也可就发行人是否符合科创板定位进行审核,根据需要向科技创新咨询委员会提出咨询,给予更多的行业企业认定空间。

重点三：五套差异化科创板上市指标，市场化市值为重点

五套上市标准重点在如何达到市场化市值要求。科创板企业上市采取注册制,上市定价采取市场化的询价定价方式,所以,如何在市场理性状态下满足上市市值要求是核心,企业需具备可支撑上市市值标准的核心价值,避免非理性定价后破发的情况出现。

此外,除允许符合科创板定位、尚未盈利的企业在科创板上市,还将允许同股不同权、红筹企业和 VIE 架构企业上市。这是我国资本市场运行近 30 年的重大历史性突破。

重点四：强化信息披露制度，增强针对性

信息披露的总体要求:发行人作为信息披露第一责任人,应当诚实守信,依法充分披露投资者做出价值判断和投资决策所必需的信息,所披露信息必须真实、准确、完整,不得有虚假记载、误导性陈述或者重大遗漏。科创公司要结合行业特点,充分披露行业经营信息,尤其是科研水平、科研人员、科研投入等能够反映行业竞争力的信息以及核心技术人员任职及持股情况,便于投资者合理决策。科创公司应该披露可能对公司核心竞争力、经营活动和未来发展产生重大不利影响的风险因素。科创公司尚未盈利的,应当披露尚未盈利的成因,以及对公司现金流、业务拓展、人才吸引、团队稳定性、研发投入、战略性投入、生产经营可持续性等方面的影响。

信息披露制度是注册制的核心制度。科创板总体沿用了现行

信息披露的基本规范,同时针对科创板上市企业特点进行了差异化的制度安排。其一,从真实性、准确性和完整性逐步过渡到充分性、一致性和可理解性,这是从保荐人、证券服务机构承担底线责任逐步向站在投资者立场上开展信息披露工作的转变。其二,重点关注尚未盈利企业的信息披露。因尚未盈利企业商业模式并未被市场所验证,存在较大的风险性,对尚未盈利企业进行差异化的信息披露要求则会降低市场风险。其三,强化了股权质押、关联交易等披露要求。

重点五:史上最严退市制度

上市公司股票被实施退市风险警示的,在公司股票简称前冠以"＊ST"字样,以区别于其他股票。

其中,重大违法强制退市,包括下列情形:

(1)上市公司存在欺诈发行、重大信息披露违法或者其他严重损害证券市场秩序的重大违法行为,且严重影响上市地位,其股票应当被终止上市的情形;

(2)上市公司存在涉及国家安全、公共安全、生态安全、生产安全和公众健康安全等领域的违法行为,情节恶劣,严重损害国家利益、社会公共利益,或者严重影响上市地位,其股票应当被终止上市的情形。

另外,还有交易类强制退市,包括:

(1)通过本所交易系统连续 120 个交易日实现的累计股票成交量低于 200 万股;

（2）连续 20 个交易日股票收盘价均低于股票面值；

（3）连续 20 个交易日股票市值均低于三亿元；

（4）连续 20 个交易日股东数量均低于 400 人。

可以看到，科创板借鉴了最新的退市改革成果，将执行史上最严的退市制度，有执行强、标准严、程序简等特征。如取消暂停上市和恢复上市程序，对应当退市的企业直接终止上市；退市时间缩短为两年，触及财务类退市指标的公司，第一年实施退市风险警示，第两年仍然触及将直接退市，不再设置专门的重新上市环节等。任何成熟健康的资本市场，必须是一个"有进有出"的市场。科创板因实行注册制上市制度，则需要更加完善、严格的退市制度与其配合才可以实现良性的持续发展。

重点六：发行承销制度市场化

科创板企业发行承销制度以市场化为原则，重点内容包括：降低战略配售门槛、提高网下配售比例、扩大配售范围、允许跟投、引入"绿鞋机制"等。其主要影响在于：第一，利于新股成功发行，发行价格实现市场化；第二，将引入长期资金，引导市场走向价值投资；第三，强化保荐机构责任，允许股票配售给保荐机构，将其利益、风险同发行价格直接挂钩；第四，形成多方共赢，完善市场生态体系。

重点七："50 万元＋两年"交易门槛，兼顾风险与流动性

50 万元资产门槛和两年证券交易经验的投资者适当性要求是兼顾了投资者风险和市场的流动性的。

第一,处于快速成长期的科技创新型企业风险性高于 A 股其他板块上市企业,而目前来看,市场中 15％～20％的投资者是满足此交易门槛的,其投资能力与风险承受能力更强。第二,未满足要求的投资者,可通过购买公募基金等方式参与,这将使得市场中更多的个人机构投资者通过机构投资的方式参与,机构投资者具备更加专业的价值判断能力,可引导市场进行价值投资。而纵观全球成熟的资本市场,都是机构投资者占多数的市场。

第五节　企业定位:硬科技产业如何才能实现科创板上市?

2018 年 12 月 1 日,上交所副总经理刘绍统在 2018 年第 14 届中国(深圳)国际期货大会发言时表示:目前上交所正在证监会指导下,依据相关的法律法规,研究起草科创板和注册制的相关方案、业务规则和配套制度,开发相应的技术系统,积极抓紧推进各项工作,争取能够积极稳妥落实落地。资本市场应支持拥有核心技术、市场占有率高、属于高新技术产业并且达到一定条件的企业上市。可以看到,科创板对企业的定位已基本明晰,前期将重点聚焦于我国拥有核心技术的"硬科技"产业,而非靠商业模式创新等的"软科技"产业。

硬科技,具体来讲是指对人类经济社会产生深远而广泛影响的革命性技术,其底层是由科学研究创新支撑,具有较高技术门槛和技术壁垒,难以被复制和模仿。目前,硬科技产业主要包含八大领域,分别是以人工智能、航空航天、生物技术、光电芯片、信息技术、新材料、新能源、智能制造为代表的高精尖科技产业。

硬科技产业整体股权投融资情况

近年来,我国硬科技产业股权投资案例数量及投资金额均呈现快速增长趋势。投资案例数由 2013 年的 345 起快速增长至 2017 年的 1628 起,五年增长了 3.7 倍;投资金额也相应地由 227.9 亿元增至 1727.9 亿元,增长了 6.6 倍。而 2018 年上半年,尽管受资本寒冬、募资难等因素影响,硬科技产业所披露的投资案例数和投资金额并未出现大幅下滑,仍达到了 2017 年全年一半的水平,分别为 854 起、860.2 亿元(见图 4.1)。

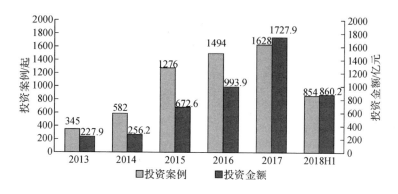

图 4.1　2013—2018 H1 硬科技产业投资案例数量及金额情况

资料来源:私募通,如是金融研究院。

硬科技产业细分行业股权投融资情况

2013 年至 2018 年上半年,信息技术领域投资案例数最多,累

计达到 2391 起,大幅领先于其他行业,所占比重接近 40％。其次
是人工智能领域,累计投资案例数为 1121 起,占比为 18％左右;
其他六大领域数量则在 600 起以下,最低为生物技术领域,共
374 起。

　　而从投资金额来看,2013 年至 2018 年上半年期间,新能源领
域累计投资额最高,高达 1259 亿元,超过了信息技术领域;第二为
信息技术领域,累计投资额为 1180 亿元;人工智能领域排在第三,
累计投资额 835 亿元(见图 4.2)。从平均单笔投资额来看,新能源

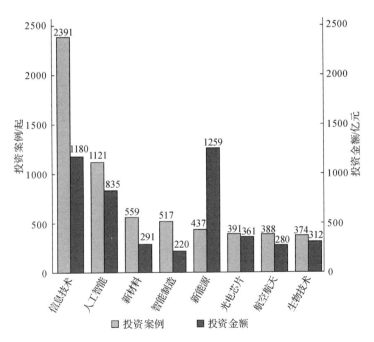

图 4.2　2013—2018 H1 硬科技产业细分行业投资情况

资料来源:私募通,如是金融研究院。

领域平均单笔投资额最高,达到 2.88 亿元。智能制造领域平均单
笔投资额最少,为 4255 万元。

硬科技产业股权投融资地区分布情况

硬科技产业投资地区分布与地区的经济发展水平呈正相关。
2013 年至 2018 年上半年,北京、广东、上海、江苏、浙江五大省市股权
投资案例数 4819 起,达到总投资案例数的近八成,投资总金额合计超
过 3500 亿元,占比 75% 左右。其中,北京无疑是硬科技产业投融资的
聚集地,从投资金额上看,北京是第二名上海的约两倍(见图 4.3)。

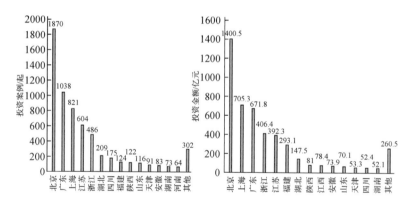

图 4.3 2013—2018 H1 硬科技产业地区投资案例数量及金额情况

资料来源:私募通,如是金融研究院。

硬科技产业重点领域股权投融资情况

信息技术领域投融资情况

当前,世界正在进入以新一代信息产业为主导的新经济发展

时期,信息产业核心技术已成为世界各国战略竞争的制高点。信息技术是用于管理和处理信息所采用的各种技术的总称。它主要是应用计算机科学和通信技术来设计、开发、安装和实施信息系统及应用软件。主要包括传感技术、计算机与智能技术、通信技术和控制技术。信息技术是我国近年重点鼓励支持发展的领域之一,股权投资案例数及投资金额均保持持续增长。2013—2017 年,信息技术领域投资案例数增长 4.7 倍,年均投资额增长率在 32% 左右;投资额也从 2013 年的 82.7 亿元增至 2017 年的 331.4 亿元,5年增长了 3 倍;2018 年上半年,信息技术领域投资案例数及金额分别为 362 起、182.7 亿元(见图 4.4)。

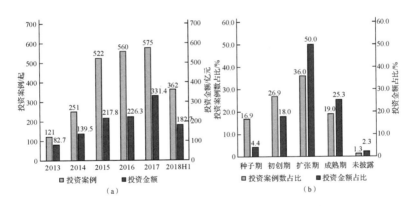

图 4.4 2013—2018 H1 信息技术领域投融资情况

资料来源:如是金融研究院。

从投资阶段上看,2013 年至 2018 年上半年,信息技术领域投资阶段主要分布在扩张期、初创期,占比分别为 36.0%、26.9%;从投资金额看,扩张期企业占比最大,达到 50.0%,其次是成熟期,占比达到 25.3%。

新能源领域投融资情况

新能源是指传统能源之外的各种能源形式,指刚开始开发利用或正在积极研究、有待推广的能源,如太阳能、地热能、风能、海洋能、生物质能和核聚变能等。目前全球能源市场正处于转型期,能源需求的快速增长和加速繁荣更多来自于以亚洲为代表的发展中经济体。随着能源效率的不断提高,在科技进步和环境需求的共同驱动下,能源结构正在向更清洁、更低碳的燃料转型。我国新能源产业与国家政策支持密切相关,尤其是价格、财政补贴和税收优惠等方面政策,对解决新能源产能成本过高、产业竞争力不足、市场需求薄弱等问题发挥了巨大的作用。受支持政策的影响,新能源领域的投资同样呈现出快速增长的态势(见图 4.5)。2013—

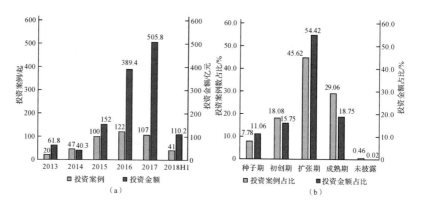

图 4.5 2013—2018 H1 新能源领域投融资情况

资料来源:如是金融研究院。

2017年,中国新能源领域股权投资案例数从20起增长至107起,投资额从61.8亿元人民币,增长至505.8亿元人民币,年均增长率达到52.3%。

而相比其他领域不同的是,新能源领域投资阶段主要分布在扩张期、成熟期。其中,扩张期、成熟期投资案例数占比分别为45.62%、29.06%,合计比重达到74.7%;扩张期、成熟期投资金额合计占比也在七成以上,分别为685.4亿元、236.1亿元。

人工智能领域投融资情况

人工智能是指研究、开发用于模拟、延伸和扩展人的智能的理论、方法、技术及应用系统的一门新的技术科学。它企图了解智能的实质,并生产出一种新的能与人类智能相似的方式做出反应的智能机器,该领域的研究包括机器人、语言识别、图像识别、自然语言处理和专家系统等。我国目前已进入新一代人工智能发展的重要阶段。近年来,凭着广泛的应用领域及巨大的发展空间,人工智能领域股权投资呈现喷薄式增长的态势。2017年,人工智能领域投资案例数达到373起,较2013年增长12倍;投资额335.2亿元,年均增长率高达70%。2018年上半年,人工智能领域更是出现了多起大额投资事件,十亿元级以上事件七起,亿元级以上事件多达40多起,上半年涉及的总投资额达338.1亿元,超过2017年全年投资额(见图4.6)。

但是,我国人工智能产业处于初期阶段,投资也相对集中在早期。2013年至2018年上半年,投资案例数在初创期、种子期的占比分别达到42.6%、26.0%,合计占比68.6%;从投资金额上看,人工智能领域投资阶段主要分布在扩张期及初创期,占比分别达到53.2%、35.4%。

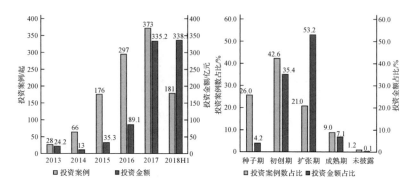

图 4.6 2013—2018 H1 人工智能领域投融资情况

资料来源:如是金融研究院。

第六节 案例分析:28 家科创板 IPO 受理企业全梳理

一张表看懂科创板首批 9 家受理企业(见表 4.6)

表 4.6　科创板首批 9 家受理企业信息

信息	晶晨半导体	睿创微纳	和舰芯片	容百科技	江苏北人	利元亨	安翰科技	科前生物	天奈科技
地域	上海	山东	江苏	浙江	江苏	广东	湖北	湖北	江苏
保荐机构	国泰君安	中信证券	长江证券	中信证券	东吴证券	民生证券	招商证券	招商证券	民生证券
所属推荐行业	新一代信息技术	新一代信息技术	新一代信息技术	新能源	高端装备	高端装备	生物医药	生物医药	新材料
细分行业	计算机、通信和其他电子设备制造业	计算机、通信和其他电子设备制造业	计算机、通信和其他电子设备制造业	计算机、通信和其他电子设备制造业	专用设备制造业	专用设备制造业	专用设备制造业	医药制造业	化学原料和化学制品制造业
业务范围	多媒体智能终端SoC芯片研发、设计与制售	致力于专用集成电路、MEMS传感器及红外成像产品的设计与制造	主要从事12英寸及8英寸晶圆研发制造业务	从事锂电池材料、动力电池相关产业	提供工业机器人自动化、智能化的系统集成整体解决方案	从事高端智能成套装备定制研发、工厂自动化整体集成和工业机器人系统应用	研制胶囊内镜机器人系统和应用的中外合资高新技术企业，主打产品胶囊胃镜机器人	专注于兽用生物制品的研发、生产、销售和动物防疫技术服务，主要产品包括猪用疫苗和禽用疫苗	纳米级碳材料及相关产品的研发、生产及销售

续表

信息	晶晨半导体	睿创微纳	和舰芯片	容百科技	江苏北人	利元亨	安翰科技	科前生物	天奈科技
主营业务构成	智能机顶盒芯片(55.62%)、智能电视芯片(33.13%)、AI音视频系统终端芯片(11.21%)	探测器(42%)、整机(29%)、机芯(28%)	8英寸晶圆(62.21%)、12英寸晶圆(36.85%)	三元正极材料(87.9%)	工业机器人系统集成(90%)、工装夹具(8%)	锂电池设备制造(89%)、汽车零部件制造设备(8%)、配件及服务(2%)	胶囊(59%)、设备(41%)	猪用活疫苗(49.67%)、猪用灭活疫苗(46.84%)	碳纳米管导电浆料(99.3%)、碳纳米管粉体(0.7%)
业内地位	电视芯片国产化进程中的主力,"红外之眼"的拓荒者,成像芯片龙头,晶晨半导体打破国外产品垄断,占据了机顶盒市场近50%市场份额		国内第四大晶圆制造企业	三元正极材料龙头企业	新三板首家获受理企业,在国内工业机器人系统集成及智能装备行业占据一席之地,产品服务于一汽大众、吉利等厂商	国内锂电池制造装备行业领先企业之一,具备动力电池电芯装配、电池模组组装及箱体成套装备整线智能成套装备研发制造能力的少数厂商之一	安翰胶囊胃镜机器人拥有CFDA颁发的全国唯一一张属于胶囊胃镜的三类医疗器械注册证	2017年非洲国家强制免疫兽用和猪用生物制品市场之一;2017年用生物制品销售收入均排名全国第一	全球最早成功将碳纳米管通过浆料形式导入锂电池的企业之一;2017年全球碳纳米管出货量第一;全球最大的碳纳米管生产企业

续表

信息	晶晨半导体	睿创微纳	和舰芯片	容百科技	江苏北人	利元亨	安翰科技	科前生物	天奈科技
亮点	产品的技术先进性，市场覆盖率以产品的技术先进、居行业前列，获知名厂商青睐	所有关键核心技术为自主研发、可独立生产国内外MEMS芯片、红外探测器、机芯和红外热成像仪等产品	以产定采、以销定产、直销为主	产能大，2017年成为国内首家实现高镍 NCM811 大规模量产的正极材料企业	在汽车金属零部件柔性自动化焊接和高端装备制造业智能化焊接领域拥有突出的竞争优势	知名企业供应商、按订单生产、直销的经营模式	单一主营产品"磁控胶囊胃镜系统"和单一客户美年大健康（销售占比超过70%），技术领先、磁控胶囊胃镜做胃镜；上市标准除了第三项都符合	研发优势大、专利多	技术优势、与清华大学合作研发并彻底解决了碳纳米管连续化宏量制备生产的难题
上市选择标准	标准四	标准一	标准四（仅此一家未盈利）	标准四	标准一	标准一	标准一	标准一	标准一

155

续表

信息	晶晨半导体	睿创微纳	和舰芯片	容百科技	江苏北人	利元亨	安翰科技	科前生物	天奈科技
融资额/亿元	15.1	4.5	25	16	3.6	7.5	12	17.47	8.7
公司治理特殊安排	无	无	无	无	无	无	无	无	无
A股相关公司	华胜天成、创维数字、TCL集团、泰达股份、华域汽车、新湖中宝	宏达股份、安徽水利、嫌缘药业、中国核建、四川成渝、空港股份、大众公用、粤电力A、深圳能源	江丰电子	兆驰股份、银亿蓄、药业、软控股份、卓翼科技	股份、联明股份	TCL集团、有研新材、宁德时代、联明股份	新希望、新华人寿、沙钢股份、天孵蓝生物、力生、壤环境、上海医药、张江高科	新华人、天蔚蓝生物、力生制药	新宙邦、大港股份、洋河股份、华闻传媒

数据来源：招股说明书、公开资料整理，如是金融研究院。

根据上交所公布的招股说明书和答记者问,对这首批九家企业进行了八大维度的对比分析,结论如下:

第一,受理企业集中在长三角经济圈。从注册地来看,九家企业中,有五家企业位于长三角经济圈,其中数量最多的江苏省有三家(和舰芯片、江苏北人、天奈科技)、浙江省一家(容百科技)、上海市(晶晨半导体)一家。另外四家企业分别位于湖北(科前生物、安翰科技)、广东(利元亨)、山东(睿创微纳)。

第二,保荐机构多为头部券商。首批九家企业涉及的保荐机构共七家,其中中信证券、招商证券和民生证券分别保荐两家,国泰君安、东吴证券分别保荐一家企业,长江证券联合保荐一家。

第三,首批企业科创属性明显,新一代信息技术企业占比最高。在九家受理企业中,新一代信息技术领域占三家,高端装备和生物医药领域各两家,新材料、新能源领域各一家,目前暂无节能环保领域的企业被受理。

第四,企业具备核心竞争力,自主研发优势明显。受理企业均属于行业内的龙头企业,在市场份额、研发技术等方面有明显优势。

第五,上市标准优于官方标准,整体盈利较好。从选择的上市标准来看,六家选择"市值+净利润/收入"的第一套上市标准,三家选择"市值+收入"的第四套上市标准,其中仅有一家为未盈利企业。

虽然九家企业中2/3的企业选择了低市值档上市指标,但企业平均预计市值、平均营业收入、平均扣除非经常性损益后净利润都较高,财务指标优于官方最低上市标准。

首批九家企业预计市值平均为 72.76 亿元,扣除预计市值最大的一家(180 亿元)后预计市值平均为 59.35 亿元。盈利方面,剔除一家亏损企业(最近一年总资产为 241.94 亿元,营业收入为 36.94 亿元,净利润为 −26.02 亿元),其他八家企业最近一年年末平均总资产为 15.32 亿元,最近一个会计年度平均营业收入为 10.34 亿元,最近一个会计年度平均扣非后净利润为 1.64 亿元,最近一个会计年度各家企业平均营收增速为 61.43%,研发投入占营业收入比例范围为 5%~20%。

第六,融资金额多在十亿元以上。九个项目拟合计融资金额为 109.88 亿元,2/3 的企业拟融资金额超过十亿元。其中,和舰芯片融资金额最高,达到 25 亿元;科前生物位居第二,融资金额为 17.47 亿元;容百科技融资金额为 16 亿元,排在第三。

第七,首批九家企业均无公司治理特殊安排。虽然科创板企业允许特别表决权企业、VIE 架构企业上市,但首批受理企业在公司治理方面均没有特殊安排。

第八,背后普遍有 A 股上市公司参投。在九家上市企业的股东中均可以发现 A 股上市企业的身影。其中最多的是睿创微纳,背后有八家 A 股上市公司。

一张表看懂科创板第二批 8 家受理企业(见表 4.7)

表4.7　科创板第二批8家受理企业信息

信息	华兴源创	微芯生物	特宝生物	国盾量子	虹软科技	世纪空间	光峰科技	贝斯达
地域	江苏	广东	福建	安徽	浙江	北京	广东	广东
保荐机构	华泰联合	安信证券	国金证券	国元证券	华泰联合、中信建投	中信建投	华泰联合	东兴证券
所属推荐行业	高端装备	生物医药	生物医药	新一代信息技术	新一代信息技术	新一代信息技术	新一代信息技术	高端装备
细分行业	专用设备制造业	医药制造业	医药制造业	计算机、通信和其他电子设备制造业	软件和信息技术服务业	软件和信息技术服务业	计算机、通信和其他电子设备制造业	专用设备制造业
业务范围	平板显示及集成电路的监测设备研发、生产和销售；主要产品应用于LCD平板显示与OLED平板显示、汽车电子集成电路、汽车电子等	从事提供可承受的、临床所需的原创分子实体药物	重组蛋白质及其长效修饰药物	量子通信产品，为各类光纤量子保密通信网络以及星地一体广域量子保密通信地面站的建设系统地提供软硬件及产品，提供量子安全应用解决方案	致力于计算机视觉人工智能技术的研发与应用，坚持原创技术。基于在全球范围内为智能手机、智能汽车、物联网等智能设备提供一站式视觉人工智能综合解决方案	自主遥感卫星运控及地球空间信息大数据服务。基于自主运控自有遥感卫星的数据获取、处理分析及销售和空间信息综合应用服务	激光显示示技术和产品的研究创新	专注于大型医学影像诊断设备产品，包括磁共振成像系统、医用X射线设备、彩色超声诊断系统

续表

信息	华兴源创	微芯生物	国盾量子	特宝生物	虹软科技	世纪空间	光峰科技	贝斯达
业内地位	国内领先的检测设备与整线检测系统解决方案提供商	具备完整的从药物作用靶点发现与确证,先导分子的发现与评价到新药临床开发、产业化、学术推广及销售的能力	我国量子通信领域行业领先企业	国内首个拥有自主知识产权的长效产品的企业	全球最大的智能手机视觉人工智能算法供应商之一	中国首家与国际技术领先的卫星系统研建机构合作并自主拥有和独立运营卫星系统的企业;国内商业卫星遥感开拓者	激光电影光源部署量第一;激光电视、激光教育投影机销售量第二	集研发、制造、销售、服务为一体的大型医学影像诊断设备提供商
亮点	技术研发优势,在LCD与柔性OLED触控检测上突破国外垄断;平板显示检测产品得到苹果、三星、LG等海外知名企业的认可;在8家企业中盈利状况最好	研发技术优势,新药派格列汀是国内自主研发的全球首个;创新研发能力强,开发了西达本胺一系列原创新药	量子保密通信网络设计、供货和部署全能力的企业之一;产品市场占有率居国内第一	主研发的全球首个40kD Y型聚乙二醇α2b长效干扰素注射液,突破了国外医药巨头的专利封锁	2018年全球出货量前五的手机品牌中,除苹果外,其余安卓系统手机如华为、小米、OPPO的主要机型均搭载有虹软视觉能手机视觉解决方案	行业先发优势,具备空间段—地面段全产业链一服务安全产业链优势	技术优势,首创可商业化的荧光激光显示技术,ALPD技术广泛应用于电影、电视、教育领域;客户优势,与海内外知名企业合作	原新三板挂牌企业;拥有核心技术团队,具备自主研发优势;产品线丰富

续表

信息	华兴源创	微芯生物	特宝生物	国盾量子	虹软科技	世纪空间	光峰科技	贝斯达
上市选择标准	标准一	标准一	标准四	标准二	标准四	标准一	标准一	标准一
融资额/亿元	10.9	8.04	6.08	3.04	11.32	8.08	10	3.38
公司治理特殊安排	无	无	无	无	无	无	无	无
A股相关公司		搜于特,江苏国信	通化东宝	神州信息,浙江东方,银轮股份,光迅科技	华昌化工,美盛文化,思美传媒,中超控股,通鼎互联	北京城建	中信证券	

数据来源:招股说明书,公开资料整理,如是金融研究院。

根据上交所公布的招股说明书，我们对第二批受理的八家企业进行了八大维度的对比分析，结论如下：

第一，受理企业仍集中在长三角、珠三角经济圈，尤其是广东地区独占鳌头。从注册地来看，八家企业中，有三家企业位于广东（微芯生物、贝斯达医疗、光峰科技），长三角经济圈江苏（华兴源创）、安徽（国盾量子）、浙江（虹软科技）各有一家。

第二，保荐机构相对集中，无首批保荐机构参与。第二批企业涉及的保荐机构共七家，其中华泰证券三家（与中信建投联合保荐虹软科技），中信建投保荐两家，东兴、国金、国元、安信各保荐一家。

第三，同首批一样，科创属性明显，全部属于科创板所推荐的6大领域，其中新一代信息技术领域占1／2。在八家受理企业中，新一代信息技术领域占四家，高端装备和生物医药领域各两家，在第二批受理名单中无新材料、新能源、节能环保领域的企业。

第四，企业技术优势明显。受理企业的技术优势明显，多家受理企业是国内该行业首家突破核心技术的企业。

第五，无亏损企业，盈利状况好。从选择的上市标准来看，五家选择"市值＋净利润／收入"的第一套上市标准，一家选择"市值＋收入＋研发投入"的第二套上市标准，两家选择"市值＋收入"的第四套上市标准。虽然科创板放开了盈利要求，但第二批的八家受理企业均实现了盈利。

第六，融资金额普遍低于首批企业。八个项目拟合计融资金额为60.84亿元，平均每家融资7.6亿元，融资额最高的是虹软科技的11.32亿元。而首批企业平均融资额达12.2亿元，最高的和舰芯片融资为 25 亿元。

第七,均无公司治理特殊安排。第二批受理企业和首批受理企业一样,在公司治理方面均没有特殊安排。

第八,大多数有 A 股上市公司直接或间接参与。第二批八家受理企业中除了华兴源创和贝斯达外,其他六家背后都有 A 股公司的身影。

科创板第三批两家受理企业全梳理(见表 4.8)

表 4.8　科创板第三批 2 家受理企业信息

信息	福光股份	鸿泉物联
地域	福建	浙江
保荐机构	兴业证券	东方花旗证券
所属推荐行业	高端装备	新一代信息技术
细分行业	仪器仪表制造业	计算机、通信和其他电子设备制造业
业务范围	从事军用、民用特种光学镜头及光电系统、民用光学镜头、光学元组件等产品的科研生产	计算机软件,办公自动化设备,光纤通信设备,数据接入设备,视频通信设备的技术开发、技术服务、成果转让,承接计算机网络工程;批发、零售;集成电路、通信设备及零部件

续表

信息	福光股份	鸿泉物联
业内地位	国内光学行业龙头；国内重要的专业从事光学镜头研发生产的军民融合企业；全球光学镜头的重要制造商；2017 年 TSR 的报告在全球安防视频监控镜头销量市场占有率达到 11.8%，全球排名第三	国内行业先行者，率先开发"G-BOS 智慧运营系统"应用于客车领域
亮点	一项国防专利、175 项发明专利、166 项实用新型专利和四项外观专利；全球首创大口径大视场透射式光学系统的设计与加工技术，且在多个领域实现国内领先；变焦镜头作为国内优势产品，全球销量排名第二，市场占有率约 8.9%	形成了人在回路的智能增强驾驶技术、基于人工智能的商用车辅助驾驶技术、专项作业车智能感知及主动干预技术和商用车大数据与云平台技术等核心技术
上市选择标准	标准一	标准一
融资额/亿元	6.51	5.82
公司治理特殊安排	无	无
A 股相关公司	兴业证券，兴业银行，厦门国贸	千方科技

数据来源：招股说明书，公开资料整理，如是金融研究院。

科创板第四批 9 家受理企业全梳理（见表 4.9）

表 4.9 科创板第四批 9 家受理企业信息

信息	传音控股	当虹科技	中科星图	交控科技	赛诺医疗	安集科技	中微半导体	木瓜移动	新光光电
地域	广东	浙江	北京	北京	天津	上海	上海	北京	黑龙江
保荐机构	中信证券	中信证券	中信建投	中金公司	中信证券	申万宏源	海通证券	中天国富	中信建投
所属推荐行业	新一代信息技术	新一代信息技术	新一代信息技术	高端装备	生物医药	新一代信息技术	新一代信息技术	新一代信息技术	新一代信息技术
细分行业	计算机、通信和其他电子设备制造	软件和信息技术服务业	软件和信息技术服务业	铁路、传播、航空航天和其他运输设备制造业	专用设备制造业	计算机、通信和其他电子设备制造 专用设备制造业	专用设备制造业	互联网和相关服务 计算机、通信和其他电子设备制造	计算机、通信和其他电子设备制造

续表

信息	传音控股	当虹科技	中科星图	交控科技	赛诺医疗	安集科技	中微半导体	木瓜移动	新光光电
业务范围	以手机为核心的智能终端设计、研发、生产销售	面向传媒文化和公共安全等行业，提供智能视频云服务解决方案和视频生产服务	面向国防、政府、企业、大众等用户提供数字地球产品和技术开发、服务	以具有自主知识产权的CBTC技术为核心，从事城市轨道交通信号系统的研发、关键设备的研发、生产及销售及信号系统总承包业务	心脑血管介入医疗器械的研发、生产及销售	关键半导体材料的研发和产业化，产品包括不同系列的化学机械抛光液和光刻胶去除剂	高端半导体设备的研发、生产和销售，聚焦用于微观器件领域的等离子体刻蚀设备、深硅刻蚀设备、MOCVD设备等关键设备	利用全球大数据资源和大数据处理分析技术为广大国内企业提供海外营销服务	国防科技工业先进武器系统研制领域，专注提供光学目标与场景仿真、光学制导和激光对抗用测试和激光对抗等方向的高精尖组件装置、系统和解决方案、军转民衍生出多类先进智能光电产品

续表

信息	传音控股	当虹科技	中科星图	交控科技	赛诺医疗	安集科技	中微半导体	木瓜移动	新光光电
亮点	非洲、印度市场占有率高；产品多，TECNO连续多年居中国"最受喜爱品牌"，入选中国品牌之首；itel位居中国品牌第二名	软件自主研发优势；中国数字音视频解码技术标准工作组成员；实时4K超高清视频编码器产品的核心供应商	形成从数据获取到行业应用的完整数字地球技术体系。在大数据、人工智能、云计算及高性能计算、空天大数据处理和应用等方面具备核心技术优势	国内率先掌握CBTC的核心技术并在北京亦庄线实现工程应用，打破国外的技术封锁	平台化生产能力优势；被评为天津市重点实验室和天津市工程技术中心；创始人入选"千人计划"	成功打破了国外厂商对集成电路领域化学机械抛光液的垄断，实现了进口替代，在半导体行业有知名度	创始人及技术团队；研发优势；客户认证及全球服务优势；全球化采购体系优势；产品性价比优势；产品覆盖优势；公司运营成本优势	中国首批涉足全球程序化投放的企业之一；国内较早涉足全球大数据营销的企业之一	其光学目标与场景模拟仿真系统能够用于武器装备研制的全过程，应用于武器装备研发的不同阶段；可覆盖可见光、红外、激光及毫米波等波段。已成功应用于多个国家重点型号研制
上市选择标准	标准一	标准一	标准一	标准一	标准二	标准一	标准四	标准一	标准一

续表

信息	传音控股	当虹科技	中科星图	交控科技	赛诺医疗	安集科技	中微半导体	木瓜移动	新光光电
融资额/亿元	30.11	6.00	7.00	5.50	2.67	3.03	10.00	11.76	8.76
公司治理特殊安排	无	无	无	无	无	无	无	无	无
A股相关公司	厦门国贸、厦门信达、领益智造、信利电连技术、紫光国微	光线传媒、中信证券、金固股份、华策影视、美盛文化、华数传媒、财通证券	中科曙光	京投发展、鼎汉技术	达安基因、中信证券、中信建投、兴业银行、财通证券	南天信息、新易盛、中兴通讯、光迅科技集团	可立克、中原高速、四川双马	中颖高兴业银行、达安基因	江苏海南海药、苏常柴、A.江苏阳光

数据来源：招股说明书、公开资料整理，如是金融研究院。

根据上交所公布的招股说明书,我们对第三、四批受理的11家企业进行了八大维度的对比分析,结论如下:

第一,受理企业集中于长三角和首都经济圈,未延续第二批广东地区独占鳌头的特点。11家企业中,仅一家企业位于广东(传音控股),有四家企业位于首都经济圈,北京三家(中科星图、木瓜移动、交控科技),天津一家(赛诺医疗);长三角经济圈中浙江两家(当虹科技、鸿泉物联)、上海两家(安集科技、中微半导体);其余两家分别位于黑龙江(新光光电)与福建(福光股份)。

第二,保荐机构相对第二批较为分散,头部券商中信证券与中信建投二次参与。第三、四批企业涉及的保荐机构共八家,其中中信证券继第一批参与保荐后再次保荐三家,中信建投继第二批保荐后再次保荐两家,中金、兴业、海通、申万宏源、东方花旗、中天国富各保荐一家。

第三,科创属性依旧凸显,全部属于科创板所推荐的六大领域,其中新一代信息技术领域约占2/3。在总共11家受理企业中,新一代信息技术领域占八家,高端装备两家和生物医药领域一家,同样无新材料、新能源领域、节能环保领域的企业被受理。

第四,企业技术带头优势依旧明显,核心产品国内外市场占有率可观。多家受理企业是国内该行业首家突破核心技术的企业,产品创新研发的软硬实力兼备。

第五,无亏损企业,盈利状况好。从选择的上市标准来看,两批共 11 家中有九家选择"市值＋净利润/收入"的第一套上市标准,一家选择"市值＋收入＋研发投入"的第二套上市标准,一家选择"市值＋收入"的第四套上市标准,延续了第二批的所有受理企业均实现盈利的特点。

第六,融资金额低于首批,高于第二批企业。第三、四批项目拟合计融资金额分别为 12.33 亿元与 84.83 亿元,两批 11 个项目共 97.16 亿元,平均每家融资 8.83 亿元,融资额最高的是传音控股的 30.11 亿元。相较于首批企业平均融资额 12.2 亿元、最高融资 25 亿元以及第二批企业平均融资额 7.6 亿元、最高融资额 11.32 亿元,第三、四批受理企业的融资额整体来看低于首批企业,但高于第二批企业。

第七,均无公司治理特殊安排。同前两批受理企业一样,在公司治理方面均没有特殊安排。

第八,背后普遍有 A 股上市公司直接或间接参与。同首批,11 家受理企业中均可以发现 A 股上市企业的身影。

第七节 科创板 IPO:企业必须认清的四大重点

2018 年 11 月 5 日,国家主席习近平在首届中国国际进口博览会开幕式主旨演讲中提出,在上海证券交易所设立科创板并试点注册制。2019 年 3 月 1 日,证监会正式发布了《科创板首次公开发行股票注册管理办法(试行)》和《科创板上市公司持续监管办法(试行)》。截至 5 月 6 日,距离 3 月 22 日上交所首次公布科创板受理企业不到一个半月的时间,科创板已受理申报企业数量高达 100 家,其中 79 家已进入多轮问询阶段。科创板推进速度之快,远超市场预期。同时,更多的企业开始谋求实现科创板IPO,而对于选择科创板 IPO 的企业而言,以下四大重点仍需认清。

重点一:科创板上市注册制不代表不审核

注册制作为我国资本市场从 1990 年沪深交易所建立以来的重大发行制度改革,其简化了企业上市流程,提升了企业上市效率,也更加体现了市场化的上市制度。具体来看,企业完成科创板注册制上市需要经过以下八个步骤:交易所受理;交易所审核问询;发行人回复问询;上市委审议;交易所出具审核意见;向证监会报送材料;证监会履行发行注册程序;股票发行 IPO。**从交易所问询阶段来看,询问将遵循"全面问询、突出重点、合理怀疑、压实责任"的原则**。首先,全面问询将覆盖招股说明书的全部内容,包括财务、法律、行业等不同层面,每个问题中,还将包括多个分点。其次,将重点突出放在发行上市条件、发行人核心技术、发行人业务及经营模式、发行人独立持续经营能力等相关的重大事项上,重点问询。再次,对信息披露的真实性保持合理怀疑的态度,通过互相勾稽、互相印证、行业对比等方式,防范和震慑欺诈发行、虚假陈述等恶意违法行为。最后,压实责任将通过约谈相关保荐机构的方式,纠正中介机构核查把关不严的问题。从已进入多轮问询的 78 家受理企业来看,平均每家企业都有 50 个左右的问询问题。问询阶段的全部问题也将向全市场公开,投资者通过了解交易所对申报企业的整个问询过程,将对企业有更透彻的理解,对企业真实价值的判断将更加全面。

在经过问询阶段后,拟科创板上市企业还需要经过上市委审议;三个月内交易所出具审核意见;证监会履行发行注册程序,做出同意注册或者不予注册的决定等。可见,科创板上市所实行的注册制发行制度并不代表不审核,也不代表不会上市失败。对于企业而言,绝不可以抱有闯关的心态申请科创板上市。

重点二:强化信息披露与史上最严退市制度并行

全面的信息披露制度是注册制的核心配套制度。科创板总体沿用了现行信息披露的基本规范,同时针对科创板上市企业特点进行了差异化的制度安排。其一,重点关注尚未盈利企业的信息披露。因尚未盈利企业的商业模式并未被市场所验证,存在较大的风险性,对尚未盈利企业进行差异化的信息披露要求则会降低市场风险。其二,强化了企业股权质押、关联交易等披露要求。

同时,更加强化的信息披露与史上最严的退市制度并行,其主要原因便是上市实行注册制,证监会的监管职能将会更多地转移至上市中与上市后的监管环节之中,企业绝不可以再出现上市后财务造假等情况,否则将直接判处企业在资本市场中的"死刑"。而对于并不具备可持续成长能力的企业而言,即便初期成功登陆科创板,长期也将被资本市场所淘汰。

重点三：行业标准聚焦硬科技，关键核心技术需可实现商业化

科创板虽重点瞄准了信息技术、高端装备、新材料、新能源、节能环保和生物医药这六大高新科技行业，但并不代表这六大行业企业均可以实现科创板上市。企业需重点关注以下六个是否：企业是否拥有自主知识产权；是否有一套研发体系，包括人员设备管理的制度等；是否有比较好的研发成果或研发专利，或国家机关颁发的奖励；是否有相对竞争力、在行业里有地位；是否具备将经营成果转化为持续经营的条件；是否符合国家的重点政策。以上六点可以简单归纳为：**企业需在国家重点支持的政策行业中，在行业内处于相对头部地位，拥有独立的知识产权与研发成果，并且具备可持续研发创新的能力及其成果可以实现商业化的能力。** 只有满足以上要求并且处于以上六大行业之中的企业才在真正意义上符合科创板上市的标准。

重点四：上市指标重点为实现市场化的市值

前文已多次提到五套差异化科创板上市指标，从中可以明显看出，其弱化了对企业利润的考核、财务指标要求，上市条件更加多元化，而重点则在如何达到市场化市值要求。科创板企业上市采取注册制，上市定价采取市场化的询价定价方式，所以，如何在理性市场的状态下满足上市市值要求是核心，企业需具备可支撑上市市值标准的核心价值，避免非理性定价后的破发情况出现。对于拟选择科创板上市的企业而言，在上市前需不断修炼提升自身的"内功",不断提升企业的真实价值。

此外,对于存在同股不同股权、红筹或有 VIE 架构的企业而言,科创板上市标准进行了有条件的放开。如对红筹企业而言,共四套上市标准。第一,已经在境外上市的大型红筹企业,市值不低于 2000 亿元的,没有其他要素要求;第二,尚未在境外上市的红筹企业,估值不低于 200 亿元,最近一年营业收入应不低于 30 亿元;第三,尚未在境外上市的红筹企业,预计市值不低于 100 亿元,须符合营业收入快速增长,拥有自主研发、国际领先技术,同行业竞争中处于相对优势地位等条件;第四,尚未在境外上市的红筹企业,预计市值不低于 50 亿元,除上述第三条中提及的"营业收入快速增长,拥有自主研发、国际领先技术,同行业竞争中处于相对优势地位"要求外,还应满足最近一年营业收入不低于五亿元的条件。针对红筹企业的这四套标准同样都对企业的市值进行了严格的规定。

第八节 未来趋势:科创板及注册制将带来市场全面分化

2019 年 7 月 22 日,上海证券交易所举行科创板首批公司上市仪式,首批 25 家科创板企业实现上市。从 2018 年 11 月 5 日到 2019 年 7 月 22 日,从宣布设立科创板并试点注册制到科创板正式开市,仅仅历时 259 天。而快速实现落地的科创板及注册制,将带来市场各主体的全面的分化。

企业上市前后将产生分化，价值创造为王

首先，过去我国更多的企业在上市前，习惯于通过把全球领先的技术、产品直接复制过来，推向市场，通过技术复制、价值复制路线发展，不断扩大营收、利润规模。在过去核准制作为核心上市制度时代下，企业只要符合财务指标要求与全面的规范性，都可以实现上市，到资本市场融资发展。而伴随着科创板及注册制的落地，技术复制、价值复制类企业将不具备实现市场化市值的能力，此类企业很难在注册制作为核心上市制度的情况下实现上市，在资本市场融资发展。

其次，通过注册制在科创板实现上市后的企业，同样会产生分化。在科创板的市场建设初期，在非理性投资的情况之下，大部分企业的估值可能会提高。但是中长期回归价值投资、理性判断之后，真正具有科技创新型能力、有充足的基本面支撑的企业，在资本市场上会持续产生高估值的溢价。如果是"伪科技"类企业，即此类企业上市前概念非常好，因科创板采取注册制，放宽了上市财务指标门槛要求，因此实现了上市。上市之后，企业长期无法实现市场化，不能提供市场所需要的产品或服务，未形成可持续发展的商业模式，终将会被资本市场所淘汰。在同样将注册制作为上市制度的港股市场，5％的头部公司占据着70％以上的交易和市值，仅腾讯一家市值占比就超过10％，交易额最高的时候能占到整个港股市场的一半以上。所以，在注册制作为核心上市制度的时代，企业在资本市场的分化将是必然结果。

一级市场股权投资机构将产生分化，价值投资为王

科创板及注册制并不是所有投资机构的蛋糕。

一方面，科创板及注册制将利好坚持长期价值投资型 VC 机构。初创期科技创新型企业多处于研发阶段，未正式进入商业化阶段，尚无更多的利润支撑其估值，而长期价值投资型 VC 机构是对企业的长期成长价值进行判断，其能够在更早阶段捕捉到优质项目，在企业发展的初创期投资介入。此前 VC 机构投资项目若想实现在 A 股 IPO 退出，只能等企业已发展到一定规模的成熟阶段，周期较长，形成了退出"堰塞湖"；而科创板更多支持的是处于快速成长期的科技创新型企业，其为 VC 机构打开了一条新的退出渠道。同时，价值投资型 VC 机构的定价逻辑与科创板 IPO 注册制下市场化的询价定价机制逻辑相符，这也使得此类机构的投资项目能在二级市场上更有效地退出。

另一方面，科创板及注册制将利空 Pre-IPO 投资型 PE 机构。Pre-IPO 投资型 PE 更多是套取一二级市场估值价差的利润，而科创板实行的注册制及市场化的询价定价机制将打消掉一二级市场的估值价差。其一，保荐券商如果在 IPO 承销阶段因定价过高承销失败则会造成发行失败；其二，企业科创板 IPO 要求保荐券商跟投，需要按照股票发行价格认购发行人首次公开发行股票数量 2% 至 5% 的股票，并且锁定期为两年。因此保荐券商需要为企业的成功发行及发行后企业价值的不断成长而负责，其需要在发行阶段为企业做出市场化的价值判断，而企业市场化的价值判断必然不

会存在一二级市场的估值价差。此外,上交所科创板及注册制的成功运行长期将倒逼深交所的中小板及创业板发行制度改革,A股IPO核准制下的一二级市场估值价差将消失。所以,Pre-IPO投资模式也将不复存在。

券商等中介机构将产生分化,价值判断能力为王

在核准制作为核心上市制度之下,券商投行重保荐能力,轻承销能力与对企业真实价值判断的能力。**在注册制作为核心上市制度之下,其不再仅仅要求券商投行为企业保荐上市,而是要求券商投行能为科创板拟上市企业进行合理的估值定价,**并且要求保荐券商跟投,这将考验券商投行对企业的价值判断及承销的能力。

同样,对于会所、律所、FA等中介机构而言,同样需要其具有对科创板拟上市企业的价值判断能力,判断哪类企业是在注册制下能够长期实现价值成长的企业,因而长期服务于此类企业,伴随着此类企业的价值成长而实现自身的成长与收益。不具备价值判断能力的中介机构,将很难在早期布局服务于此类企业,而伴随着企业的快速分化,服务于不同类型企业的中介机构也将产生分化。

科创板及注册制的落地,可谓我国资本市场发展近30年的大变局。大变局之中必然造成市场各主体的分化加剧,只有认清变化,顺应时代的潮流,改革创新、务实发展,才可以不被市场所淘汰。

第九节　资本市场大变局:"突破式变革"元年,企业抓住时代机遇的两大重点

中国资本市场自 1990 年沪深交易所相继成立后,发展至今已30 年。其间中国资本市场经历了多次变革,如上市制度由审批制改为核准制、股权分置改革、中小板及创业板的成立、新三板扩容全国、科创板及试点注册制等。每一次变革都带给了企业不同的时代机遇。2019 年,中国资本市场迎来了不同于历次变革的"突破式变革",即全面的注册制改革。全面的注册制改革并非仅仅是上市制度的改革,这使企业在上市前、上市后的资本化发展,甚至是从企业初创期到后期的股权融资价值判断思路,都产生了根本的变化。

全面注册制改革开启: 创业板注册制改革加速

如今,科创板试点注册制发展平稳,长期将倒逼其他板块开启注册制改革,实行差异化竞争。而从目前改革进程来看,最快实行注册制改革的板块将是创业板。深圳证券交易所理事长王建军曾表示,"当前,注册制改革事关资本市场大局,万众瞩目,务期必成"。《中共中央、国务院关于支持深圳建设中国特色社会主义先行示范区的意见》提出了提高金融服务实体经济能力,研究完善创业板发行上市、再融资和并购重组制度,创造条件推动注册制改革。2019 年 10月 20 日,中国证监会副主席李超公开表示,证监会已制定了全面深

化资本市场改革总体方案,其中之一就是"加快创业板改革"。从以上监管机构的表态及官方文件中,可以看出,创业板注册制改革渐行渐近,创业板注册制改革落地后也将实行与科创板注册制差异化的竞争,如在行业标准及企业阶段上制定差异化的上市标准。

伴随着科创板试点注册制的落地及创业板注册制改革的快速推进,中国资本市场将迎来全面注册制时代,未来中小板、主板也将实行注册制改革。在短期的双轨制阶段,企业必须认清未来两到三年的资本市场改革趋势,才可以良好应对,抓住时代的机遇。

全面注册制改革时代下企业抓住时代机遇的两大重点

1.实现市场化市值及长期价值创造能力重于创造低效营收的能力

首先,上市阶段在实行核准制下,企业上市的核心重点为财务指标要求,2018 年利润规模小于 5000 万元的企业过会率仅为 18.37%,而大于一亿元的企业过会率为 93.9%。而在注册制下,企业 IPO 的核心重点将由满足财务指标要求转变为实现市场化市值要求。即便企业没有营收及利润,只要具备机构投资者认可的价值,其价值达到注册制下对企业市值的要求,便可以在注册制下实现上市。其次,完成注册制上市并不是终点,具备长期价值创造能力才可以实现持久发展。如纳斯达克市场,一方面诞生了万亿美金市值的企业,如苹果、微软、亚马逊等,而另一方面,75%左右的企业在上市后三年内便会因为公司破产、私有化等原因而退市。所以,注册制下对于不具备长期价值创造能力的企业而言,即便初期通过注册制成功登陆资本市场,长期也将被资本市场所淘汰。

而关于企业的长期价值创造能力,简单总结为:对于科技创新类企业而言,你是否是真正的"硬科技",你的科研产品是否能够实现商业化落地、被市场所接受,你是否具有持续的科技研发能力等将代表你的长期价值创造能力。对于消费服务类企业而言,你是否能在衣、食、住、行或服务上提升人们使用产品或服务的长期真实满意度,是否能够持续提升产品生产及使用的效率等将代表你的长期价值创造能力。

2.一级市场股权融资已成为企业长期价值的"试金石"

首先,注册制改革并非仅仅改变了企业上市及上市后阶段的资本化发展核心,而在上市前便改变了企业股权融资的核心思路。核准制下,企业股权融资往往同债权融资一样,仅是出于资金需求的考虑,而忽视了资金以外带来的人才、资源等价值。而注册制下,股权融资已成为企业长期价值的"试金石",科创板上市的首批25家企业当中,90％以上都曾获得知名投资机构的投资;首家尚未盈利但已通过上市委员会的泽璟生物,从2016年到2018年,也不断地获得股权投资,其中有深创投、国中创投、分享投资等十余家知名VC、PE机构参与。所以,在一级市场实现股权融资,已成为注册制下企业实现市场化市值的重要支撑。如果企业在一级市场中,没有投资机构认可企业的价值,企业无法获得机构投资,便很难在注册发行阶段达到市场化市值的要求,如果企业在一级市场中便有众多知名机构为其市场化市值"背书",企业在注册发行阶段便可以轻松过关。

其次,伴随着注册制改革,投资机构的投资逻辑也产生很大变化,长期价值投资时代正式来临。注册制下 A 股上市企业的稀缺性将被打破,一二级市场的估值边界将不复存在,估值价差将逐步缩小,甚至产生倒挂,企业上市不再会是投资的终点,上市也并不意味着可以实现退出。所以,在注册制时代,投资机构将站在更长期的视角下判断企业是否具备长期价值创造能力。未来也只有具备长期价值创造能力的企业,才可以在一级市场实现股权融资,实现企业资本价值的不断成长。

第五章　债权融资

第一节　杠杆相对论：加杠杆不加风险，去杠杆不去机会

资金是企业生存与发展必不可缺少的血液，其主要来源有两种途径：股权融资和债权融资。债权融资也就是所谓的加杠杆，这在当下去杠杆的政策环境下是个非常重要和敏感的话题，每个企业都应该保持清醒的认识。

债权融资是企业有偿使用外部资金的一种融资方式。债权融资按渠道的不同主要分为银行信用、民间信贷、债券融资、信托融资、项目融资、商业信用及租赁等。企业发生债权融资后，需要承担所获资金产生的利息，并且在借款到期时向债权人偿还本金。其与股权融资最大的不同是债权融资只拥有资金的使用权而非所有权。当企业的资本结构不再仅仅是股权融资时，企业就产生了杠杆。

之所以把债务叫作杠杆，是因为债务有明显的杠杆效应。阿基米德曾这样解释过物理学中的杠杆："给我一个支点，我就能撬起整个地球！"经济学中的杠杆也是如此。当某一财务变量以较小

幅度变动时,企业中的固定费用如同支点般存在,此时另一相关变量会以较大幅度变动。依据杠杆效应,由于借款所产生的利息等财务费用固定不变,当息税前利润增加时,每股普通股负担的固定财务费用将相对减少,从而给投资者带来更多的好处。**有效合理地"加杠杆"会使企业资本结构得到优化并为企业创造更多的投资机会及利润,回报投资者,进一步提高公司的竞争力。**具体说来,主要有以下两点优势:

第一,企业可运用负债经营以较少本金获取较大投资收益。一方面,对于资金不足但又想扩大生产的企业来说,利用债权融资,例如银行贷款等,对目标企业进行收购,可加速促进企业规模的扩大,以吸引更多的投资者,从而支持企业的加快创新及发展。另一方面,对于资金充裕的企业来说,可以通过举债的方式,扩大投资范围,搜寻投资规模大且相对稳定的投资机会。从企业长期发展来看,投资规模大且期限长的项目一般能够在未来为企业带来极大的收益。

第二,以债权融资的方式进行企业兼并改组,有助于促进企业优胜劣汰。尚未成熟的中国金融市场,企业经营状况和信用质量等可谓是良莠不齐。效益好的企业可通过举债的方式收购兼并其他企业或是其优势部门以壮大自身实力,从而进一步增强市场竞争力。与此同时,经营不良且效益低下的企业被迅速淘汰,从而进一步规整了市场,提高市场有效性和资本流通能力。

但是,**加杠杆必须有"度",过度杠杆化会给企业带来巨大的风险**。如果一家企业的举债总额超过了企业本身可以承担债务的能力,无法按时偿付借款利息和本金,企业将陷入支付困境,甚至是破产。不管是何种结局,企业都要付出巨大的财务困境成本。

首先,就直接成本而言,主要包括清算或重组的法律成本和管理成本。在破产前和破产期间,企业本身是无法从专业客观的角度出发,分析现有情况的。此时,第三方中介机构,包括律师事务所及会计师事务所等将介入。众所周知,支付给第三方中介机构的费用是一掷千金的。

其次,就间接成本而言,主要包括因债务困扰而使经营行为受阻所带来的企业信誉丢失。商誉作为企业资产的重要组成部分,是与政府或其他企业合作的基础。资不抵债所导致的经营能力直线下降,将对公司商誉产生重大的负面影响。在谈合作时,企业也许会因曾经或目前的财务困境而失去合作机会。

历史上因为过度杠杆而倒下的企业不计其数,甚至是曾经大家认为大而不倒的巨头也难逃杠杆的厄运。最有名的就是韩国的大宇集团。大宇创办于1967年,曾经为仅次于现代集团的韩国第二大企业,世界前20家大企业之一,资产达650亿美元。1997年年底,韩国发生金融危机,依据杠杆原理,为了降低企业的财务及经营风险,企业应减少利息支出,偿还债务。但大宇集团非但没有减少债务,反而一意孤行地持续大量发债,继续着"借债式经营",此时,其借款利率已经远大于资产利润率。过度的负债导致了大宇集团债务负担过大,不能够按期足额还本付息,使其信誉丢失,银行便不再愿意给其提供贷款,从而影响了大宇集团再筹资的能力。至1999年年初,其因资产负债率一直居高不下,资不抵债,面临倒闭。当年 7 月该集团则被韩国四家银行接管，一度辉煌的大宇集团实质上已经"倒闭"。

中国的企业在全球金融危机之后快速加杠杆，成为全球企业杠杆率最高的国家之一，所以从 2015 年年底开始，中央已经下定决心去杠杆。在这种政策导向下，一批违规、过度加杠杆的企业成为政策打击的对象。最有名的应该就是赵薇事件。2016 年 12 月 23 日，万家文化的控股股东万家集团与赵薇夫妇的龙薇传媒签订股份转让协议，向龙薇传媒转让其持有的 1.85 亿股万家文化无限售条件流通股，占万家文化已发行股份的 29%，股份转让价款合计 30 亿元。但是，这 30 亿元是赵薇夫妇用 6000 万元资金、50 倍的杠杆所撬动的。然而，在龙薇传媒与多家银行就该项目开展融资合作进行沟通时，银行均明确答复无法完成审批，赵薇夫妇的这项收购计划最终流产。事后告知书显示，在控股权转让过程中，龙薇传媒通过万家文化在 2017 年 1 月 12 日、2017 年 2 月 16 日公告中披露的信息存在虚假记载、误导性陈述及重大遗漏。万家文化股价随即从暴涨变为暴跌，个人投资者损失惨重，赵薇夫妇也被处 5 年证券市场禁入的处罚。

不难看出，杠杆是一把双刃剑，加杠杆没有错，但不是借的钱越多越好，不能不顾风险。去杠杆也没有错，过程中也会有新的机会。对企业来说，必须树立理性科学的杠杆思维，这里是几点建议：

第一，要及时控制好负债规模，把握住负债率和偿债能力的指标。负债虽然是企业筹资的重要方式，但并不等同于企业负债越多越好。企业应在借入资金之前便对自身的经营情况及财务情况进行全面具体的分析,结合自身情况确定适当合理的负债比率。

第二,增强企业自身的经营能力,提高资金的周转效率。企业负债经营的目的是使企业更好地发展,因此企业需要不断加强自身的经营管理能力及盈利的能力,加速资金周转,降低资金的占用率。

第三,根据企业实际情况,提前制订负债财务管理计划。任何企业经营不善及到期无法偿还债务的情况发生,都是因为前期没有完善的负债财务管理计划。企业一定要未雨绸缪,提前储备或预备偿还债务的资金,以保证债务到期时可以有足够的资金偿还给债务人。

第四,通过股权融资与债权融资并行的方式,实现企业融资发展。过去负债端不顾一切地加杠杆,搞资本运作,使中国非金融企业杠杆率飙升到160%以上,在全球主要经济体中是最高的,远远超出发达国家91.7%和新兴市场104.3%的平均水平。未来,为引导资金的"脱虚向实",国家将大力发展股权融资市场。企业需要学会运用股权融资的方式,逐步缩小自身企业经营时的债权融资规模,降低杠杆经营的风险。

杠杆效应在过去极大地推动了中国企业的发展,众多企业从中受益良多,但快速发展的背后往往伴随着风险。在未来中国监管逐步趋严、去杠杆的大环境下,企业更加需要不断修炼自己的内功,学会主动控制杠杆。资本永远是锦上添花,不会雪中送炭的。

第二节　银行融资:真贷款与假贷款,以后怎么玩?

银行是大部分企业最熟悉的金融机构,贷款是企业最熟悉的融资方式。所谓真贷款,就是商业银行通过直接放款收回本金和利息,扣除成本后获得利润的表内传统信贷业务,也是商业银行最重要的资产业务及主要盈利手段。

由于监管指标的限制,真贷款的资源有限,商业银行为了向自己的客户间接授信,通过增加非银行金融机构的通道,如信托、券商、基金、保险等,并且以各种兜底、远期回购承诺、抽屉协议等方式,将这些业务打包成为同业业务,即让这类业务在资产负债中不以信贷资产科目出现,或者不在资产负债表中出现,**这类表外非标类信贷业务就是所谓的"假贷款"**。

我国的非标类信贷业务诞生于 2010 年,原先是为了"绕道放款"给地方融资平台、房地产、"两高一剩"行业。2008 年的四万亿财政刺激计划,促使地方政府开启了很多周期长、回报率低的基建项目,其资金来源主要是银行贷款。但 2010 年银信合作和信贷政策都开始收紧,信贷资金难以按计划发放给地方政府的投资项目,地方政府为追求政绩,需要维持项目的运转,转而通过地方融资平台,以更高的利率通过银行类信贷业务变相获取银行贷款。同时,2010 年政府对房地产开启了密集的政策调控,银监会限制银行对房地产企业的贷款,房地产企业也开始变相从银行非标类信贷业务中获取扩张资金。因此,银行的非标存量中,大部分都是投向了地方政府平台和房地产。

2011年到2012年,类信贷业务进入了快速扩张期。这一时期地方融资平台对利率并不敏感,房地产企业利润空间大,对资金成本的承受力较高,因此类信贷业务的收益明显高于同期的其他贷款,对银行吸引力大。另外,由于非标类信贷交易模式中充当SPV(特殊目的载体)的机构通常为各类非银机构,不归属银监会管辖,难以穿透,部分银行利用类信贷隐藏了问题资产,或者利用其增加杠杆水平、减少计提资本,类信贷也成了美化监管指标的万能工具,滋生了大量的监管套利空间。

进入2013年后,类信贷业务的扩张逐步放缓,监管开始着手规范类信贷业务。一是对银行表外理财投资非标的规模设定上限。2013年3月,银监会出台《中国银监会关于规范商业银行理财业务投资运作有关问题的通知》(银监发〔2013〕8号),要求理财资金投资类信贷等非标的余额在任何时点均以理财产品余额的35%与商业银行上一年度审计报告披露总资产的4%之间孰低者为上限。二是对表内利用同业资金投资非标进行限制。2014年5月,一行三会和外汇局出台《关于规范金融机构同业业务的通知》(银发〔2014〕127号)等。原本在"买入返售"的科目项下,非标资产只需按25%的风险权重计提资本,不计提拨备,127号文发布后,必须按基础资产性质来计提资本和拨备。

2017年至今,包括"资管新规"在内的一系列监管文件陆续出台,"去杠杆、去嵌套、去通道、破刚兑"的金融严监管格局已经形成,银行资管和同业投资都不能再像过去一样任意投非标资产,大部分的表外非标业务将逐步转回表内，类信贷业务也将逐步退出历史的舞台。

而商业银行的"真贷款"——表内贷款业务，又是怎样的情况呢？

首先，从贷款占总资产比例来看。截至 2017 年第四季度，25 家上市银行总发放贷款及垫款项占总资产的比例与三季度持平，维持在 50.9%，而 2018 年一季度则进一步上升至 51.3%。这与前面我们提到的监管打击表外"影子银行"业务和金融去杠杆持续推进的背景下，倡导"关偏门、走正门"的政策思路一致，部分表外类信贷业务回归表内贷款，银行业资产端"表外让表内、表内让信贷"的变化趋势明显。

其次，从贷款的质量来看。从 2014 年起，随着宏观经济下行压力增大，商业银行不良贷款率上升明显，但自 2016 年不良贷款余额增速达到高点后，随着银行信贷资产质量不断改善，不良贷款率开始企稳，整体不良贷款率基本稳定在 1.74% 左右。而进入 2018 年后，截至 5 月末，商业银行不良贷款余额为 1.9 万亿元，不良贷款率增至 1.9%，较一季度末上升了 0.15 个百分点，银行的不良率在稳定一年有余之后再度反弹，其主要与监管部门鼓励商业银行暴露真实不良贷款率、进而加大不良贷款处置力度的工作有关，并非是新增不良贷款规模，而是银行业存量不良贷款加快暴露。

最后，从银行表内资本充足率来看。随着金融严监管的推进，一是表外非标回表内带来的增量信贷会使银行资本计提压力显著增大。二是在现有的监管环境下，过去一些利用同业科目或通道间接放贷以减少资本计提的做法会被禁止，银行未来将面对最为纯粹的考核压力。三是一行三会共同下发《关于规范债券市场参与者债券交易业务的通知》(银发〔2017〕302号)等监管文件让过去"代持"、抽屉协议等灰色的出表方式失去了意义，考核时点更高的资产总额与不良率将给银行带来更大的资本考核压力。基于以上三点压力，虽然截至2017年年底共67家银行的资本充足率达到银监会的过渡期要求(即2018年年底前，国内系统性重要银行的核心一级资本充足率、一级资本充足率、资本充足率需达到8.5%、9.5%、11.5%，其他银行需分别达到7.5%、8.5%、10.5%)，但若将资本充足率与监管要求的差值在0.5%以内算作"有较大达标压力"的话，那么将新增七家银行落入该区间；若将差值扩大至1%以内，将新增十家银行，合计共17家银行有达标压力，占比高达25.37%。

综合来看，未来银行表内贷款业务，随着表外非标类信贷业务回到表内、不良率的回升及更高的资本充足率要求，贷款额度会越来越紧张，银行也会更加"惜贷"。

那么，企业在面临"假贷款"走不通、"真贷款"很难走的现状，未来将如何实现银行融资呢？

第一，要不断提升企业自身的硬实力并提前规划贷款融资安排。实际上，许多企业能够成功获贷的主要原因就是依靠企业的硬实力，银行是很难拒绝这类优质企业的。银行一般会通过企业的流水、财务报告、征信情况等判断该企业放贷的风险，实力越强的企业其风险就越低，即使是无抵押贷款也能轻松获贷。另外，提前明确借款资金的用途、规划贷款时间节点及贷款后资金偿还方案有助于企业实现贷款，一般情况下，企业在出现资金周转危机、负债率过高时是很难实现贷款的，而合理的贷款规划将会避免危机情况的发生。

第二，要学会及时利用地方信贷优惠政策。如 2019 年江苏省发布的省级现代服务业发展专项资金支持政策，其主要面向省内符合要求的文化产业类项目提供专项资金的支持，专项资金通过项目补贴、贷款贴息、奖励等方式，优先扶持符合标准的现代服务业的项目；再如此前青岛建立重点企业专项信贷支持机制，实施名单库差别化信贷政策，重点支持纳入名单库中的优质企业，并且名单库采取滚动筛选的方式，定期进行补充和更新等。企业要及时通过各种渠道了解并掌握对自己企业有利的信贷支持政策，以免错过政策红利，后悔莫及。

第三，要学会使用直接债务融资工具。直接债务融资工具包括企业债、公司债、短期融资券、中期票据、资产证券化（ABS）等。这些大类工具中也包含很多小工具，如商业地产抵押贷款支持证券（CMBS）便是资产证券化工具中的一种。举个例子来说，2017 年 8 月 9 日，保利置业以上海公司持有物业保利广场 E 座为目标资产，成功设立"华泰资管－保利置业一期资产支持专项计划"，发行规模为 16.21 亿元，票面利率 5.40％。产品票面利率远低于市场同期限同级别证券，当时认购倍数超过了 1.9 倍，体现了市场对该项目的认可。在房地产融资渠道逐渐收紧、融资成本逐渐上行的市场环境中,保利广场的 CMBS 项目便是一种债权融资类型的创新,对企业实现融资、盘活存量资产、优化负债结构起到了重要作用。

因此,在防控金融风险的大环境下,银行融资势必会越来越难,此时,企业家需要不断学习,提升自身的认知。当企业自身足够强大,这一切也便不再是难题。

第三节　债券市场:标准化时代百万亿资金的选择

随着"资管新规"等一系列监管文件陆续出台,银行资管和同业投资都不能再像过去一样任意投非标资产,大部分的表外非标业务也将逐步转回表内,标准化时代正式来临。那么在标准化时代,债券市场将会是银行资金在内的百万亿资金的主要选择。

债券市场是指发行和买卖债券的场所,是传导中央银行货币政策的重要载体,统一并且成熟的债券市场构成了一个国家金融市场的基础。与我国的股票市场相比,债券市场起步更早,其波动方向常常与之相反。截至 2017 年年底,我国债券市场托管余额为 74 万亿元,其中银行间债券市场托管余额为 65.4 万亿元。

债券市场产品种类繁多,一般都是如何进行分类的呢?

首先,根据债券性质是单纯还是复合,分为一般债券和类固收产品。

其中一般债券根据发行主体信用程度分为利率债和信用债。利率债是指收益率主要受利率变动影响的债券,包括国债、地方政府债、中央票据、政策银行债等。而信用债则是收益率受发行人信用状况影响的债券，具体包括企业债、公司债、短期融资券、中期票据、次级债等。

另外，类固收产品又包括可转债、资产支持证券等，这些产品规模不大但近期市场关注度较高。

重点介绍一下与企业有关的债券品种。

第一，企业债指的是具有法人资格的企业发行的债券，发行主体多为国企和非上市公司。截至 2017 年年底，我国企业债存量为 4.9 万亿元。企业债可以在单个市场上市交易，也可以跨市场上市交易。根据 2017 年的统计数据，所有企业债中跨市场交易的占比达 80％以上，约 55％的企业债在银行间市场交易，44％在上交所交易。

根据发行主体的不同，企业债又可以细分为城投债和产业债。城投债是由地方城投平台发行的企业债，债券融资资金主要投向地方基础设施建设。其余的企业债所融资金主要投向各个产业中企业的生产活动，因此称为产业债。随着城投债的刚性兑付被打破，其不能再寄希望于政府兜底，在 2018 年城投债加速提前兑付和融资紧缩的环境下，个别信用事件的发生引发了整体估值的大幅调整。在地方和城投去杠杆转型中，地方政府目前着重于对前期债务存量的清理，以降低地方政府杠杆率。

企业债的优点是资金成本低、利息在税前支付，从而可发挥更多的财务杠杆效应。而缺点便是限制条件严格、融资数量有限。《公司法》规定了只有公司实力强并且经济效益好的企业才有资格发行企业债融资,而债券的总面额不得大于企业的自有资金。

第二,公司债指的是有限责任公司和股份有限公司发行的债券。目前,发行主体以国有企业为主,占比达一半以上,若以上市与否来划分,则以非上市公司为主,占比达80%。根据发行对象的不同,公司债又可以分为公募公司债和私募公司债,而公募债又分为大公募和小公募。大公募公司债面向公众投资者,而小公募和私募公司债则仅面向合格投资者。2017年沪深两市发行公司债共计1199只,发行规模为1.1万亿元。其具备的优点是发行利率无限制、发行条件宽松并且发行时间更加宽泛,而缺点便是其财务风险偏高。

第三,常见的信用债还包括短期融资券和中期票据。两种都是具有法人资格的非金融企业在银行间债券市场发行并约定在一定期限内还本付息的债务融资工具,其主要是按期限的不同划分,短期融资券的期限为一年以内(其中超短期融资券为270天以内),而中票票据期限则为一年以上,三到五年为主,基金公司和商业银行是它们最主要的投资者。

第四,还有与企业有关的类固收产品——资产证券化。随着市场需求的增加、制度的完善,资产证券化在不断扩大发展,由试点逐渐走向常规。截至2017年年底,累计共有118家机构备案确认1125只资产支持专项计划,总发行规模达1.6万亿元,较2016年年底累计规模增长了133%。

另一常见的类固收产品是可转债。其指的是在一定条件下可以转换为发债公司股票的债券,本质上相当于债券和期权的组合。

2010 年以后可转债市场规模有一定扩大,主要原因是金融行业和能源行业的单只可转债发行规模较大。截至 2017 年年底,可转债存量规模 57 只,余额 1198 亿元。

我国的债券市场从 2005 年开始进入扩张阶段。2005 年《信贷资产证券化试点管理办法》颁布,标志着资产证券化正式进入中国的资本市场;同年短期融资券试水并在发审上实行注册制,为企业债的市场化发行奠定了基础,也是信用债市场开始加速发展的起点。2007 年公司债面世交易所市场。2008 年中期票据发行,丰富了企业债券品种。2009 年地方政府债问世,填补了我国地方债的空白,企业债也进一步完善。2010 年超短期融资债券推出。2011 年至 2012 年,由于金融危机而暂停的各资产证券化试点陆续重启。2015 年公司债发行爆发式增长,同年地方政府债也大幅增加。

未来债券市场发展将会呈现出哪些特点呢?

第一,债券市场规模会继续扩大。虽然中国经济整体在去杠杆,利率提升也不利于债券市场的发展,但长期来看,标准化债券市场未来依然有很大的发展空间。未来几年,债券市场的规模与GDP(国内生产总值)规模可能达到 1∶1 的比例。债券市场成为企业债务融资的主要方式。

第二,表内债券配置资金将会减少。由于贷款基准利率未变,债券利率上升对实体融资需求的影响较慢。监管政策要求"金融机构业务要以服务实体为核心",重存贷业务对银行来说是相对正确的选择方向。所以,在融资需求较强的情况下,银行资金会优先流向信贷资产。同时,正如上一节所讲,表外监管趋严,企业融资会选择银行贷款。贷款金额的高额增加带来的存款负债只会消耗银行的超储,将其不断转化为法定存款准备金,表内的债券配置资金就会相应减少。

第三,债券市场风险管控将加强。2017 年年末以及 2018 年年初监管层陆续出台了债券交易新规及银行委托贷款新规等,进一步加强风险防范。随着债券市场违约事件频发,未来监管层将继续加强债市风险管控,债券市场将会进入平稳发展阶段。

第四,创新品种将加速发展。随着相关政策法规不断完善,绿色债券迎来了发展机遇,资产证券化市场也将获得更多的政策支持。另外,随着人民币加入 SDR(特别提款权)的推动作用,我国熊猫债券发行人的范围有望进一步扩大。

对于不同类型的企业来说,债券融资面临的问题是不一样的。

首先,上市公司整体发债诉求增长,但难度将加大。在以定增为代表的再融资收紧的背景下,发行债券进行融资将成为上市公司争抢的渠道,但成功发行的难度将会增大。在 2018 年的债券违约潮中,前四个月就有 19 只信用债违约,违约金额合计 171 亿元,就连曾经资质优良的发行主体都接连"爆雷"。投资者看到以上情况发生,投资将会十分谨慎,使债券的发行难度增大。例如,明星企业东方园林公告拟发行十亿元公司债,最终却只募集到 5000 万元。

其次,民企发债将呈现两极分化。截至 2019 年 5 月,取消、推迟发行的各类债券累计已经达到 305 只,涉及金额高达 1864.8 亿元,其中债券评级 AA＋级以下的金额为 1621.8 亿元,占比高达

86.97％，涉及的发行主体则以民企和平台公司为主。金融机构资金愈发"嫌贫爱富"，民企发债出现"AAA级抢不到，AA级没人要"的情况。其主要原因为以下三点：第一，民企债券违约事件频发，降低了投资者对低评级债的信心。第二，"资管新规"对我国长期以来形成的债务隐性担保、刚性兑付体系造成了巨大的冲击。第三，中国债市的信贷利差飙升至近两年新高，使得低评级品种尤其是民企发债面临持续重压。

最后总结一下，虽然短期内我国的债券市场需要经历市场出清的阶段，但长远来看，在"标准化的时代"，债券作为企业的重要融资工具及我国金融市场的重要基础，将会不断地创新、发展。

第四节　资产证券化：如何让你的资产动起来？

2017年3月，政府工作报告中提出："要在控制总杠杆率的前提下，把降低企业杠杆率作为重中之重。促进企业盘活存量资产，推进资产证券化，支持市场化法治化债转股，发展多层次资本市场，加大股权融资力度，强化企业特别是国有企业财务杠杆约束，逐步将企业负债降到合理水平。"报告中强调了"推进资产证券化"对"去杠杆"的作用，相对于之前的"探索基础设施等资产证券化"提法，这意味着对资产证券化已不再单纯重视其融资功能，而是赋予其更多意义。

那么，什么是资产证券化呢？资产证券化，就是将缺乏即期流动性、但具有可预见未来稳定现金流的基础资产，通过结构化的设计进行信用增级,在此基础上发行可流通资产支持证券来进行融资活动的过程。

在我国,资产证券化市场主要分为由央行和银监会主管的信贷资产证券化、由证监会主管的企业资产证券化以及由交易商协会主管的资产支持票据(ABN)三种。

信贷资产证券化主要是指银行业金融机构所持有的债权类资产,包括企业贷款、住房抵押贷款、汽车抵押贷款、消费性贷款、信用卡分期、金融租赁等品种丰富的市场。截至 2018 年 6 月,信贷ABS 市场累计发行 486 单,累计发行规模达 2 万亿元,存量规模有7000 亿元。其中,企业贷款发行规模最大,约为 9000 亿元,但其存量规模较低,约为 1000 亿元;住房抵押贷款发行规模次之,约为5000 亿元,但其存量规模最大,约为 4000 亿元;汽车抵押贷款和信用卡分期的累计发行规模位于第三和第四名。总体而言,期限越短的偿付频率越高,产品的清偿速度越快。

企业资产证券化基础资产可以分为债权类型、收益权类型以及权益类型等。

债权类的基础资产,是企业应收账款、融资租赁债权、消费贷款等。而收益权类的基础资产,是公用事业收入、企业经营收入等。权益类基础资产,则是如商业物业、租赁住房等不动产财产。

截至 2018 年 6 月,企业 ABS 市场累计发行 1312 单 ABS 产品,累计发行规模 1.84 万亿元,存量规模 1.2 万亿元。其中,个人消费贷款发行规模最大,融资租赁的发行规模次之,信托受益权、应收账款、收费收益权的发行规模分别位于第三、第四和第五名。

而资产支持票据市场截至 2018 年 6 月，累计发行了 94 单 ABN 产品，累计发行规模 1333 亿元，存量规模 1086 亿元。其中，融资租赁发行规模最大，应收账款发行规模次之，CMBS 发行规模位于第三名。

在市场中，企业是如何运用资产证券化工具进行融资的呢？

首先，我们来看国内首单 O2O 汽车电商平台资产证券化案例。2018 年 5 月，中金－神州优车应收账款第 1－25 期资产支持专项计划获深交所评审通过，其基础资产是消费者在 O2O 汽车电商平台神州买买车上购买新车及准新车分期付款所产生的应收账款债权，首期发行规模约 4.54 亿元。神州买买车是神州优车集团旗下的汽车电商平台，入驻了国内众多知名平台，通过大流量网站平台获取客户，流量资源丰富。同时，神州买买车在汽车零售金融业务中占有重要地位，与神州租车、神州专车及神州闪贷共同组成神州优车集团的四大业务板块，所以也受集团的大力支持。神州优车活用债权，通过资产证券化收回现金流，保证了现金流的顺畅以实现快速扩展。

其次，再来看国内首单长租公寓储架发行的 CMBS 产品。2018 年 2 月 13 日，作为全国首单长租公寓储架发行 CMBS 产品，"招商创融－招商蛇口长租公寓第一期资产支持专项计划"成功发行。本专项计划率先在 CMBS 领域引入了储架发行的交易结构，以位于深圳市南山区蛇口、出租情况良好的长租公寓作为基础资产。作为国家发展长租公寓产业，该实践帮助住房租赁企业盘活了存量资产，为企业融资也提供了新的思路。

最后,看一个国内首单"交通出行领域"新型供应链资产证券化产品。2018年3月19日,"中信证券—滴滴第【N】期CP资产支持专项计划"取得上海证券交易所无异议函,该项目为全国交通出行领域新型供应链首单ABS产品。本次ABS融资依托于滴滴出行生态内相关业务板块,以业务链条中的合作伙伴汽车租赁公司向司机出租车辆所产生的租赁债权为基础资产。募集的资金将用于合作伙伴购置新车,进而扩大滴滴平台的运营能力,带动交通出行生态链企业发展。该项目为解决企业融资难方面提供了参考,同时为促进网约车行业发展注入了新动力。随后,新经济领域的供应链金融ABS也迎来增长风口,包括小米公司、比亚迪集团、蚂蚁金服在内的三大新经济产业巨头旗下供应链金融ABS均已快速获批。供应链金融ABS有助于为上游企业开辟新的融资渠道,降低对传统银行的信贷依赖,并加快资金回笼,对企业盘活应收账款资产、解决企业融资与服务实体经济有重要意义。

那么,资产证券化所面临的监管环境是怎样的呢?

目前的监管环境整体利好ABS的发展。"资管新规"发布后,理财投资非标难度加大。但资产证券化业务被排除在"资管新规"之外,为非标受限提供了其他可行的方法。目前,已经有不少银行通过发行ABS产品,腾挪低收益资产转入高收益资产,实现现金回笼。除此以外仍有其他多重利好政策,如:鼓励资产证券化继续助力供给侧结构性改革;推动资产证券化业务有序发展;积极推动基础设施类资产证券化发展,同时鼓励住房租赁企业发行资产证券化业务;等等。

面对当前有利的市场及监管环境,资产证券化未来发展前景又是怎样的呢?

一是不良资产证券化将不断扩展。2016 年,交易商协会重新启动不良资产证券化试点,随着近几年银行不良资产证券化的参与及其他机构的扩展,不良资产证券化将更加多元化。

二是绿色资产证券化将进一步推进发展。绿色环保产业的兴起和成长是 2019 年的一大热点。随着我国成为全球最大的绿色债券市场,绿色债券的种类也更加多样化。资产证券化作为绿色能源领域重要的新型融资方式之一,有利于吸引更多社会资本参与到绿色能源项目建设中,从而提高绿色能源项目的社会关注度和融资效率。监管部门为推动绿色债券的发展也提供了更多的政策支持。未来兼具安全性与收益的绿色 ABS 产品范围将进一步扩大。

三是 PPP 资产证券化市场进入规范发展的新阶段。十八届三中全会后,PPP 模式成为我国发展基础设施建设和公共服务项目的重要投融资方式。截至 2017 年 12 月底,全国 PPP 综合信息平台收录管理库和储备清单 PPP 项目共 14424 个,总投资额 18.2 万亿元。然而,部分地区违法违规的举债担保行为使 PPP 项目质量参差不齐,成为地方政府债务风险的重大隐患。为整治 PPP 行业内的乱象,财政部下发相关文件进行整治,PPP 项目也将通过资产证券化的手段,逐步进入规范发展的阶段。

四是住房租赁 REITs(房地产信托投资基金)市场将持续扩容。继十九大报告提出"房子是用来住的,不是用来炒的"的定位后,为践行租售并举的房地产长效调控机制,持续推进住房租赁业务,政府政策陆续出台。"租售并举"将是未来我国房地产发展的主基调,租赁将逐渐成为我国住房体系重要组成部分,而住房租赁REITs 也将作为重要的融资手段,该市场也将持续扩容。

五是非金融企业资产支持票据指引发布,ABN 将成为融资重要工具。2017 年 10 月,中国银行间交易商协会发布《非金融企业资产支持票据指引》,明确资产支持票据可以公开或定向发行。这也是第一类可公开发行资产证券化产品,在保留既有操作模式的基础上,发行载体除了发起机构,还可以为特定目的公司,或其他特定目的载体,丰富了合格基础资产类型,非金融企业融资渠道得到进一步扩充。此前在 2016 年,远东租赁已经成功发行首单信托型 ABN 产品,支持资产出表,基础资产范围拓宽,成为银行间市场和交易所市场竞争的新工具。

灵活有效的资产证券化为企业获取现金流及融资提供了一个有利的选项,那么企业应如何利用好这一工具,让自己的资产动起来呢?

第一,企业若想通过资产证券化的方式融资,关键在于其拥有的基础资产是否优质。要明确基础资产的类别,鉴定基础资产对应的风险模式和级别,不能为融资而随意进行资产结构设计,要筛选真正可独立、可预见未来现金流的优质资产。可以让投资者相信他们未来可以即时充分地获得资金。

第二,灵活利用多种类的基础资产。非金融企业可进行证券化的基础资产种类众多,包括 PPP 项目、REITs、企业债权、应收账款等。企业需要依据目前自身的情况,选择适合自己的基础资产,这也是资产证券化产品成功发行的基础。

第三,要积极融入资产证券化生态圈。未来中国资产证券化生态圈将继续立足于科技驱动金融的愿景,通过基础设施建设、专家交流与合作、社交与应用及行业会议等方式进行全方位的布局,推动整个中国资产证券化行业的发展。企业应借机积极融入该生态圈,充分利用圈内资源,学会并积极利用资产证券化工具进行融资。

第四,要避免违约情况的发生。ABS违约事件较少,但违约造成的后果也是十分严重的。如成立于2014年5月的"大成西黄河大桥通行费收入收益权专项资产管理计划"以大成西黄河大桥2014年至2019年每年3月至12月的通行费收入收益权为基础资产,优先级证券共五亿元,均获得了AA十的信用评级,而最终却造成了违约。从大城西黄河大桥ABS违约问题来看,大成西黄河大桥通行费收入主要依赖于当地煤炭运输,主要客户单一,基础资产质量取决于煤炭行业的整体景气度和大城西煤矿的运营状况,经营风险和集中度风险都较高,现金流预测有很大的偏差风险。所以要从全局性出发,充分考虑现金流的稳定性。除此之外,增信效果并不显著。原始权益人的收入主要来自大城西黄河大桥的过桥费,一旦基础资产出现问题,原始权益人经营状况也会变差,增信效果基本丧失,所以可考虑让券商等中介机构部分持有。

因此,在监管愈加完善、国家政策支持的大趋势下,企业应学会充分利用资产证券化融资新渠道,让自身资产动起来,真正最大化地保证现金流的顺畅,增强投资者的信心。

第五节 股权质押：如何规避股权质押的"雷"？

股权质押融资，我们也称为股票质押融资，其是指一种权利的质押，是股东以自身持有的股票作为标的物进行质押，向银行、券商等金融机构或个人取得资金的一种行为。股权质押式融资是在融资担保方式上的一种创新，增加了企业的融资机会，目前，股权质押融资已逐渐成为企业的主要融资方式。

举个例子说明一下企业如何进行股权质押融资。

假设上市公司的大股东拿出了十元的股票进行质押融资，如果质押率为 40%，则上市公司就可以通过银行、券商等金融机构获得四元的贷款。如果预警线设置为 160%，则股价 4 元×160%＝6.4 元时就会预警，如果平仓线设置为 140%，则股价 4 元×140%＝5.6 元时就会强制平仓。

我国的股权质押业务起步较晚。2013 年以前，股票质押业务主要集中在场外。2013 年 5 月，沪深交易所和中登公司发布了《股票质押式回购交易及登记结算业务办法（试行）》，对股票质押式回购交易进行了规范。同年 6 月 24 日，上交所和深交所正式启动了股票质押式回购业务，拉开了股票质押业务在场内蓬勃发展的序幕。国泰君安、海通证券、国信证券等九家券商获得第一批试点资格。6 月 25 日，场内股票质押式回购业务启动首日融资金额便达 17 亿元左右。

2013 年以来,股权质押规模不断上升。Wind 数据显示,截至 2018 年 7 月下旬,A 股共有 3338 家企业进行了股权质押,约占 A 股上市公司总数的 94.5％,质押股票的市值规模约五万亿元,占 A 股总市值的 10％。从质押规模来看,2015 年到 2017 年上半年是股权质押规模快速增长的时期,2015 年是股权质押规模增长最多的年份,其质押市值为 4.9 万亿元,同比增长了 91％;2018 年 1—8 月共有 1693 家公司新增 11224 笔股权质押,股权质押规模 8486 亿元。目前 A 股市场可以说是"无股不押"。

另外,场内股权质押已逐渐成为最主要的质押方式。在 2013 年以前,股票质押业务主要集中在场外质押,以银行和信托等为主体。2013 年开放场内质押以来,约 2290 只个股进行了股权质押,股权质押规模不断上升。通过过去几年的股权质押数据来看,以证券公司为代表的场内股权质押规模为两万亿元,以银行和信托为质押方的场外质押规模为 1.3 万亿元。截至 2018 年 6 月,场内股权质押规模占比 60％,成为股权质押的主要方式。2018 年上半年,场内股权质押规模新增 4164 亿元,是场外质押规模的 9.6 倍。

当然,任何事物快速的发展,总会伴随着风险,股权质押式融资也是一样。我们看到了近两年股权质押违约的消息在市场上不断出现,为规避风险事件的发生,经中国证监会批准,上交所与中登公司于 2018 年 1 月 12 日发布了《股票质押式回购交易及登记结算业务办法(2018 年修订)》,并自 2018 年 3 月 12 日起正式实施,其主要对股票质押业务中质押率、融入方、券商及时间节点进行了重要的改变,如股票质押率上限不得超过 60％,单一证券公司、单一资管产品作为融出方接受单只 A 股股票质押比例分别不得超过 30％与 15％,单只 A 股股票市场整体质押比例不超过 50％等。新规采用"新老划断"原则,相关修订内容仅适用于新增合约,此前已存续的合约可以按照原有规定执行和办理延期,不需要提前了结。增量业务有新规进行风险防控,但大规模的存量现已遍地是"雷"。

下面通过三个案例具体感受一下股权质押的"雷"。

首先,我们来看昔日的创业板第一股乐视网股权质押违约的案例。从 2016 年 4 月起,贾跃亭与西部证券股份有限公司(简称西部证券)陆续签订股票质押式回购交易协议及相关补充协议,贾跃亭将其持有的 2150 万股乐视网股票质押给西部证券,融入初始交易本金 5 亿元,双方约定购回交易日为 2017 年 7 月 24 日。而到 2017 年 6 月 20 日,贾跃亭未按约定支付利息,且未能依约履行提前购回的合同义务,构成违约。2017 年 7 月,西部证券向陕西高院提起民事诉讼,要求贾跃亭支付融资本金、利息、违约金共计约 4.83 亿元等。除起诉贾跃亭外,西部证券还相应起诉了贾跃民、刘弘、杨丽杰,涉及金额总计约十亿元。西部证券依据市场标准评估认为,截至 2018 年 2 月 26 日依据加权平均价每股 4.74 元测算,对信用交易业务质押股票乐视网融出资金本金作为单项金融资产需计提减值准备 4.39 亿元,超过公司最近一个会计年度经审计归属于母公司所有者净利润的 30％。通过初步核算,此次计提单项金融资产减值准备中,西部证券将减少公司合并净利润高达 3.3 亿元。

再来看一下中国节能环保领域的领军企业，神雾科技集团股份有限公司由股权质押违约引发的一系列连锁反应。2018年1月16日，已停牌六个月的神雾环保发布公告，终止与神雾节能的重大重组事项。2018年1月17日，两只股票复牌后双双暴跌。在此之前，母公司神雾集团进行了大规模股权质押操作，此次股价下跌导致大部分股票质押触及平仓线，被提示存在平仓风险。同时，神雾集团与华融证券的股票质押式回购展期后仍未能按协议约定完成回购交易，构成逾期违约，华融证券启动了违约处置程序。股票质押式回购违约、部分银行债务及融资租赁逾期支付等问题导致神雾集团大量上市子公司股票被冻结。至2018年2月28日，神雾集团持有神雾环保股份4.31亿股，持股比例42.67％，质押比例高达99.78％，且质押部分已触及平仓线，导致被司法冻结的股份3.17亿股，占持股比例的73.46％；持有神雾节能3.49亿股，持股比例54.83％，质押比例高达97.22％，且质押部分已触及平仓线，导致所有股票已被申请司法冻结和轮候冻结。母公司的负面行为也导致了子公司评级不断下调，其中神雾环保信用级别2018年经两次下调从AA下调至BBB。神雾集团主体信用级别则经三次由AA-下调至B，并被列入观察名单。股价的暴跌以及信用评级的下降使得公司市值大幅缩水的同时也降低了公司信用。神雾环保发行的"16环保债"在所有投资者都选择了回售的情况下，发生了本息4.86亿元的违约，部分银行债务及融资租赁债务出现逾期，职工薪酬未能按时支付，部分银行账户被冻结。与此同时，神雾环保也发生流动性困难。2017年年报显示，神雾环保期内净亏损10.21亿元,相比 2016 年下滑 456.99%。此外,在 2016 年至 2017 年,神雾集团连续两年归属母公司股东净利润为负,分别为负 2.29 亿元和负 13.83 亿元。截至 2017 年年末,神雾环保现金及现金等价物金额为 3.69 亿元。

最后再讲一个中国影视娱乐第一股——华谊兄弟深陷股票质押漩涡给市场所带来的负面情绪。2018 年 6 月 6 日,华谊兄弟一则实际控制人股权质押公告引发市场恐慌情绪。据公告所示,交易完成后,王中军作为华谊兄弟第一大股东、公司法人,手里仅剩 2.21% 的股份,而王中磊所持股份也仅剩 1.04%。公告指明股权质押的用途为"个人融资需求,拟用于项目投资及股权投资"。一时间,"华谊兄弟俩股权质押套现跑路"的质疑席卷而来。6 月 11 日,公司股票开盘后大跌 3.25%,6.85 元的股价也创了 2013 年 6 月以来新低。当晚华谊兄弟董事长王中军公开回应:"股权质押不是抛售股票,更不等同于'套现'。股权质押既不会影响华谊兄弟的股权结构,也不会影响上市公司的正常经营。"为了平息外界的争议,王中军解除了部分质押,且 12 日晚间,华谊兄弟连发 14 条公告,内容涉及更新公司两位实控人的股权质押比例、全资子公司及实控人为上市公司提供综合授信担保等。在如此强心剂下,华谊兄弟股价 12 日微涨 1.61%,收报 6.96 元。尽管如此,依据最新公告,王中军、王中磊的股权质押率皆仍保持在 85% 以上。其实市场面对华谊兄弟股权质押问题的反应不难理解。股权质押作为最常见的筹资方式之一,如若还款能力跟不上,股权被平仓,将导致上市公司无人承担经营发展责任。此外,如果有人利用股权质押套现，也会给上市公司带来风险或者不良后果。

下面，再来具体讲一下股权质押的"雷"所带来的风险。

其一，股权质押引发的连环平仓和爆仓风险，这也是最严重的风险。

质押比例较高的个股在股价下跌时易形成较强的负反馈机制，即平仓导致股价下跌，使得部分质押股票爆仓从而股价进一步下跌，那么就会有更多的股票质押达到平仓线，进一步平仓，形成恶性循环。同时若此人是大股东，那么冒着控制权转移的风险选择股权质押，往往意味着其缺乏足够资金或其他融资手段进行补仓，因此质押比例高对应着更高的强制平仓风险。

其二，丧失股权与控制权的风险。

目前，上市公司持股 5％ 以上的大股东是股权质押的"主力军"，质押次数多且质押规模大。高比例股权被大股东质押出去后，就存在着被冻结、拍卖的风险，进而可能导致上市公司控股权转移。控制权的变更往往引起上市公司经营、人员等的重大变动，会对上市公司正常的生产经营形成巨大的冲击，进而形成对上市公司股价的进一步打压。

其三，高比例股权质押还会面临回购需求带来现金流压力。

控股股东如果是母公司或者同为发债企业，对持有股权进行了高比例的质押，那么在进入解押期时，大规模的现金流需求可能会造成上市公司或者股东的信用压力，甚至出现违约风险。还可能会由此引发连锁反应，暴露存在的风险，影响企业整体信用等级。

那么在知道了股权质押的风险性后,应如何有效规避呢?

第一,企业自身应明确主体责任,完善信息披露制度。

强化公司实际控制人的主体责任。明确大股东和实际控制人属于信息披露义务人的范畴,承担信息披露的主体责任,必须配合上市公司履行披露义务,及时、准确地告知公司股权质押情况,做好信息披露工作。对在信息披露过程中的违法违规行为要严肃追责。

第二,构建企业风险隔离屏障,提高治理水平。采取有效措施防范和隔离股权质押引发的相关风险。保持上市公司独立性,不断强化内部控制和规范运作,通过引入专业职业经理人及战略融资负责人的方式,进行专业化管理。

第三,针对大股东建立风险防控机制,适当控制大股东股权质押规模。

管理层应将大股东高比例股权质押纳入风险监测范围,并时刻关注股票价格、市场行情及大股东所持股份的变动情况,准确掌握大股东的偿债能力、现金流及所融资金的使用状况,评估补充质押股票或其他依法可以担保的财产。同时建议大股东实行逆周期调节,当股价处于高位时,适当控制质押比例,避免因股价突然暴跌引发潜在风险。

因此,企业在做股权质押融资时,只有提前预判并防范其背后的风险,才可有效避"雷"。

第六章　价值管理

第一节 从市值管理到价值管理：让你的企业更值钱

当你的企业有了足够的资金后，更为重要的是如何利用好这些资金，让你的企业不断发展、更加值钱。从价值管理与市值管理的角度来看，如何让你的企业更值钱？

顾名思义，价值管理对企业来说就是以股东价值创造为导向进行的企业管理。价值管理将企业资源最优化配置，以股东价值最大化为根本目标，重视企业可持续发展能力。

价值管理重点包括以下四个方面内容。

第一个方面，价值决定。其包括公司战略、公司治理、股权或物质激励三个部分。

公司战略，即企业应制订有效的战略规划，结合实际情况实施全面或局部的战略控制，从而形成战略评价体系，保障实现价值最大化目标；公司治理，即企业应完善内部治理框架，建立基于企业利益相关者共同治理机制的内部控制体系；最后，企业应通过采取股权奖励或物质激励的方式，激发管理者及全体员工创造价值的动力。

第二个方面,价值创造。包括经营业务、公司盈余、现金流量三个部分。

经营业务即公司应确定一套有效方案,对每个业务单位的经营分别设置匹配目标;公司盈余即公司应不断强化经营手段和方法,使公司能够持续性产出超过资金成本的收益,实现盈余累积,从而创造出真正价值;最后,企业应对现金流量做好管控。有效的现金流量管理和分析体系能提高企业盈利水平,降低财务和信用风险,最终实现企业价值增长。

第三个方面,价值传递。包括投资者关系及其他关系。

公司在寻求最大化利润与股东价值的过程中,应协调均衡好多方利益关系,努力满足管理者、股东、债权人、供应商、顾客、员工、政府等的共同价值需求。

第四个方面,价值评估。

企业价值评估可对企业长期现金流以及可持续性做出估算,为管理层等相关主体提供改善决策的信息,实现管理企业价值的目标。

下面分享一家企业通过价值管理实现价值增长的案例。

中国电建集团海外投资有限公司(以下简称电建海投)成立于2012年,专业从事海外投资业务的市场开发、风险管理与项目建设运营。这个公司发展基础夯实,成立时间不长却已连续五年实现规模两位数以上的增长。究其原因,要归功于电建海投通过开创投资、设计、施工、制造"四位一体"的经营模式,将价值管理成功运用到公司项目全生命周期、全产业链中,从而实现了产业链附加值升级。其采取的主要措施可从以下四个方面来看。

首先,电建海投充分利用海外投资机构,并成功搭建海外投融资平台,在满足企业资金需求的同时降低了企业的融资成本和投资风险,带动实现了企业的投融资优化和产业升级。

其次,电建海投通过几年的摸索,实现了全产业链一体化运营模式。通过整合集团各部门优势资源,提高了管理效率以及建设效率,缩短了建设周期,实现了企业价值最大化。

再次,电建海投将风险管控提升到全局战略高度,健全自身投资评价及决策体系,通过多种风险分析方式对项目不同阶段的潜在风险实现有效管控并积极应对风险。同时通过多元化股权投资等举措有效规避风险,实现风险分散,从而达成了全周期、全方位的精细化风险管控。

最后,电建海投通过建立实施哈佛大学教授卡普兰于 1992 年提出的"平衡计分卡绩效考核体系",从多个维度平衡考核绩效指标,将企业战略与具体操作实际联系在一起。

到 2017 年,电建海投已在 13 个国家和地区设有各层级全资及控股子公司 28 个,预计还会持续增加。电建海投之所以能取得如今的成果,离不开其始终以企业价值增值为目标,对企业价值管理模式的不断调整与完善。

理解了什么是价值管理,下面来讲一讲企业的市值管理。

首先,市值管理的对象即为市值,更具体地说是那些影响市值的因素。2007 年,中国上市公司市值管理研究中心对市值管理做出了较为精确的定义。市值管理，就是上市公司基于公司市值信号，有意识地主动运用多种科学合规的方法和手段，以达到公司价值创造最大化、价值经营及价值实现最优化，努力实现风险最低化，最终实现股东价值的最大化。从这个定义中我们看到市值管理的目标同价值管理是一致的，也是股东价值最大化，但市值管理的关注点不仅在此，市值管理是以价值管理为基础延伸出来的。两者的差别在于价值管理重点致力于价值创造，但市值管理在此基础上还关注企业创造价值的基本经营活动和价值的实现过程。

三一重工被称为中国"股改第一股"，是成功实现市值不断提升的案例。

三一重工在 2010 年，通过采取资本整合手段，将包括三一重机、三一汽车制造有限公司等在内的一系列优质资产注入公司内部，从而使得公司的产业高度、资产规模和经营能力都得到快速提升。此外，三一重工的目光不仅局限于国内，通过建设国外产业园，三一重工利用国际资源有效缓解了国内的产能压力，并进一步提升了海外市场占有率。三一重工通过提升公司价值从而提高了公司市值。这便是成功的价值创造体现。

此外，市值管理的另一个重要层面是价值经营。三一重工在这方面做得也极为成功。

首先，在 2008 年股市低迷时期，三一重工的股价受到影响被低估。此时，三一重工的大股东三一集团承诺将 5.18 亿元已解禁流通的股份锁定两年，且其余股份股价两年内不翻倍不减持，从而在低迷期振奋了市场信心，一举扭转了其股价"十连阴"的困境。

这种自愿锁定的承诺便是市值管理的一种体现。

其次,三一重工董事长梁稳根在 2009 年主动承诺只领一元年薪,公司全体董事及高管也主动提出减免 90％和 50％的年薪要求,并将减下来的薪酬全部转为利润回报给投资者。三一重工将与投资者关系的处理放在市值管理的核心位置,与股东形成了和谐的互动关系。

最后,三一重工热心公益事业。在 2008 年四川汶川地震发生后,公司的救灾服务队和救援机械在第一时间赶赴灾区;2010 年出资 1500 万元发起设立孤儿救助基金会。这些做法都成功提升了企业品牌美誉度,也为"市值大厦"的构建起到了添砖加瓦的作用。由此,我们不难看出正是价值创造和价值经营的双轮驱动成就了三一重工成功的市值管理。

那么,在学习了价值管理和市值管理的有关概念和成功案例后,企业应如何做好自身的价值管理与市值管理呢?

首先,从全局来看企业应树立正确的价值管理和市值管理理念。

第一,我们要明白,市值管理的核心应当是价值管理,即提升企业的内在价值才是根本目的。企业应当关注股价,但决不能为了迎合市场而去操纵股价,只有不断提升企业本身的综合实力才是企业市值持续性增长的唯一办法。

第二,股东价值最大化是"双值管理"的统一目标,但并不是唯一的目标。要为股东持续不断地创造最大化价值,需要不断地优化企业的经营战略、提升治理水平、改善外部关系尤其是投资者关系,努力实现公司可持续的科学发展。

第三,市值管理是一种长效机制,价值管理同样。两者都不是可以毕其功于一役的事情,需要企业在经营及治理等各方面协同进行长期规划与实施。

其次,从价值创造方面来看。

第一,每个企业都应当为自己"量身定制"长期经营战略和目标,并能结合公司在不同阶段时期的实际任务目标对短期经营战略不断地进行动态调整。此外,企业要学会结合自身所拥有的资源与目标客户,不断增强自身业务能力和盈利能力,从而构建出自己的商业模式并持续进行优化。

第二,应懂得如何把握企业价值链的关键环节。每个公司都应当有自己的特定业务,但并非所有的业务和业务环节都能创造等同的价值。因此,企业应当懂得筛选出自身最擅长的领域并在该领域中进行深耕细作,这样才能在市场的不断更新变化中,保持自身业务的深化与创新。决不能分散精力,四处开花。

第三,要实现价值最大化,那么企业一定要达到最优的资本结构。企业家要充分学习如何使用各种金融工具进行融资及了解各种工具的优劣,并结合自身实际情况,合理安排股权和债务的比例,尽可能使用资本成本最低的融资手段。

第四,良好的公司治理架构能够保证企业的正常运转和良性发展,而股权激励便是提升公司治理水平的有效途径。良好的股权激励机制,可以将管理层和员工也变为公司的所有者,使得企业的市值直接关系到他们的个人利益,从而使得企业发展能力和价值不断提高。企业可结合自身的实际情况,设计出适合自身情况的股权激励模式,如业绩股票模式、股票期权模式、限制性股票模式等。

最后,从价值经营方面来看。

第一,企业应当做好投资者关系管理,良好的投资者关系会使得企业价值不断提升。具体做法包括做好信息披露工作、媒体公关工作、社会责任履行工作、股利分配工作、投资者沟通工作以及公司危机管理工作等。

第二,我国的资本市场在很大程度上是一个"政策市",这就意味着公司价值受到如货币供应量、国家政策等外部因素的影响。因此,除了做好内部价值创造与实现之外,还应当时刻关注我国宏观经济政策的动向,及时做出相应的调整。

因此,企业在进行价值管理和市值管理的过程中,应找到适合自身各个发展阶段的方式,才能不断地提升企业价值,让自己的企业更值钱。

第二节　决定企业价值的三大因素

企业价值合理的增长会为企业带来良好的现金流,为股东带来较高的收益,自然也是我们企业经营管理的核心目标。

企业价值的金融学定义为该企业预期自由现金流量以其加权平均资本成本为贴现率折现的现值,它与企业的财务决策密切相关,体现企业资金的货币时间价值、风险及其持续发展能力。说得通俗一点，企业价值指的就是企业本身的价值，是企业有形资产和无形资产价值的市场评价。企业价值在面对不同关系人的不同需要时会有多种表现形式，如账面价值、市场价值、评估价值、清算价值、拍卖价值等。客观来讲，每一种价值形式都有其合理性与适用性。

那么决定企业价值的三大因素分别是什么，企业又该如何把握呢？

首先，其直接决定因素是企业的获利能力。可以分为以下六个方面：

一是经营水平。企业的经营水平是决定企业价值的直接和最终决定因素，是从产出的角度来衡量的。企业经营状况的直接表现就是企业经营现金流量的多少和折现率的高低，二者同时决定了企业的价值。因此提高企业经营现金流量便要求企业不断提升自身经营能力。

二是融资成本。企业的资金来源主要是自有资金及后续的融资，如债权融资和股权融资。应当努力将企业融资结构最优化，不断评估不同筹资方式间的风险和成本差异，寻求最佳平衡点，最大限度地利用好企业资金，从而降低资金成本，间接提升企业获利能力。

三是技术创新能力，即提高企业技术水平的能力。直观来说就是等量的投入可以获得更多产出，或者产出不变但产品的质量有所提高。技术创新可以提高自身产品的质量与竞争力，从而与市场上其他同类型产品区别开来，进一步创造市场需求，增加企业价值。企业的技术创新主要体现在企业核心技术人员的技术创新上。因此,企业应谨慎恰当地选择主要和次要部门中技术和产品研究开发人员的数量、比例。

四是规模经济潜力。企业利用规模经济的程度也是决定企业成长性的一个重要变量。当企业处于规模经济递增时期,企业的长期平均成本正处于递减阶段,可以通过增加生产要素的投入从而获得更高的经济效益,实现企业的快速成长。

五是多元化水平。一方面多元化经营的水平可以决定企业产品的需求增长率;另一方面多元化经营可以帮助企业成功进入新领域从而占有更多利润,及有效防止因单一市场条件的恶化而使企业利益受损,增加企业成长的安全性。多元化水平能否成功运用取决于企业能否生产出与消费者需求相关的产品质量与种类,及能否运用好广告、促销活动等外部手段。

六是资源配置。有效的资源配置可以使得企业在核心产品与服务上实现最高效的产出与供给。企业应坚持优序投资原则,保证核心业务领域资源配置充足、有效。

其次是企业的内部因素。包括企业家才能、企业制度、社会责任披露和企业激励机制。

企业家才能可理解为企业经营者的素质,其主要是经营管理能力和创新能力。企业经营者为实现企业目标必须具备极强的领导、组织、决策及协调控制等一系列经营管理能力。除此之外,企业经营者还要懂得如何把握企业潜在发展机会,勇于创新,这样才能维持企业的生存发展、不断成长。想要提升企业家才能可以从经营者的受教育程度、价值取向、经营管理经验和社会关系网络等方面着手。

企业制度指企业的内部制度,是以产权制度为基础和核心的企业管理制度和企业组织制度。良好的企业内部制度可以衍生出企业良好的治理架构,从而保证企业的正常运转和良性发展。企业可通过节约交易费用和组织管理费用等方法来促进企业成长。

企业社会责任披露对企业价值有正向影响关系,可以增强企业的竞争力和可持续发展的能力。有效及时的信息披露一方面有利于提高公司的透明度,促进公司加强内控制度建设,提高公司经营管理能力;另一方面也可以帮助投资者对企业经营状况有全面真实的了解,从而在维护了投资者权益的同时,也使得投资者与企业间形成良性关系,提高企业市场地位。

企业可通过激励机制吸引、维系和激励企业经营者和员工,使其目标集中在企业价值的创造上,并通过激励组合来平衡各利益相关者之间长期利益和短期利益的冲突,最常见的激励组合是年薪激励、股权激励、权利激励和声誉激励等。

最后是企业的外部环境因素,包括外部市场环境和产业环境。

市场环境预期稳定,将有利于企业提升成长性。市场环境中的市场需求、市场结构和市场秩序等都会影响到企业价值。其中市场需求取决于消费者对产品的偏好、商品的价格、消费者的收入水平、替代品的价格等。而市场结构则可以反映出市场的集中程度、产品差异化程度和进入、退出壁垒。现如今我国大部分行业都存在集中度较高、产品差异化程度低的现象,这也是企业发展过程中面临的不可避免的瓶颈地带。因此如果企业可以利用产品差异化，适应产业和市场结构的变化趋势，从大企业细分的市场中寻找产品空间，将有利于提升企业的成长性。

产业环境可大体分为两类：一是新兴的朝阳产业，二是传统的夕阳产业。朝阳产业的产业环境具有较强成长性，行业内大厂商数目少，市场份额分散；相反，夕阳行业的行业集中度高，若是后加入的中小企业，其成长性并不乐观。产业环境的一个重要体现就是政府产业政策。产业政策在弥补市场失灵、促进产业结构合理化和高度化、增强产业竞争力和实现产业资源优化配置等方面发挥着重要作用。如果企业所属行业是国家产业政策鼓励和扶持对象，那么这个企业必然会在政府税收政策、科技政策或者区域经济政策等方面得到一定的优惠，此时产业政策就是企业成长的"助推器"。

下面我们以万科的案例，具体学习一下企业是如何提升自身价值的。

作为中国第一大房地产开发企业的万科，自 1984 年成立以来，经历了多元化、专业化和精细化三个发展阶段，在每个阶段中，都有相对应的不同人力资源管理模式与当时的业务需求相贴合。万科引入人力资源管理通用资质模型和领导力资质模型，包含了职业操守、客户意识、结果导向、开放合作、学习成长、理想激情、伙伴关系、客户导向等维度。同时，万科以全面回报的薪酬理念，以及专业化的培训体系，给予员工职业的全面关注。在薪酬体系的设定中，除了常规的现金回报和非现金回报，还包括身心环境、福利和发展空间等,比如组织各种户外运动等。此外,万科同样十分重视集团外部的招聘和培养活动,比如由集团发起的针对应届毕业生的"新动力"项目和针对挖掘成熟管理人才的"007"计划。可以说,万科一路成长,企业价值稳步攀升,从根本上依靠的就是集团自成一套的人力资源管理体系。

在可持续发展的产品创新方面,万科在研发上的投入和速度并没有落后于其他新兴产业。比如万科在东莞建筑的研究基地,在新材料、新能源和住宅产业化方面不断取得研究进展。万科十分关注行业前端的新技术进展,在产品发展和创新的每个方向上都配备了专门的研发人员,使得万科在保持住产品性能、质量和健康的同时具备一定的研发储备,始终领先于同行业其他企业半步。2007年万科采用"全装修"的四级分类标准,统一采购装修材料,其标准化带来的成本优势是其他开发商所不具备的。在对未来住宅新模式的预测推断中,万科认为以工业化方式建造的可变住宅将是未来住宅的发展趋势。也就是说未来的客户可以通过模块化的自选配件来设计自家空间,正适应了现代年轻人对住宅的发展要求。不难看出,万科正是通过不断的内部精细化管理与产品创新实现了企业价值在过去30年间的不断提高。

影响企业价值的因素是非常复杂的,不同的行业、不同的历史时期、不同的企业类型,其影响的程度和范围都是不同的。因此,要想提升企业价值,我们应清楚企业自身的定位,对症下药。

第三节　企业估值方法论:企业生命周期与估值逻辑

企业生命周期是企业发展与成长的动态轨迹,一般以四个阶段来划分,可分为初创期、成长期、成熟期和衰退期四个阶段。

从字面意思便可看出,初创期是指企业刚刚诞生的阶段。处于此阶段的企业基本没有或者只有很少的资产,资本主要来源于创业者和天使投资人,企业规模和市场份额小,组织结构简单,往往投资者、经营者与管理者是同一个人,企业的内控制度不健全。此时,企业绝大部分的价值来自对未来增长的预期。

之后,企业便进入成长期。成长期分为两个阶段:快速成长期和平稳成长期。在快速成长期,企业融资能力越来越强,基本具备独有的差异化产品,市场竞争力增强,业绩得到明显提升,实现了高积累、快扩张,逐步获取市场份额。经过一段时间的积累后,企业进入平稳成长期。此时市场份额增速放缓,但已明确自身定位。为维持发展速度,企业会不断寻求新的利润增长点。

在成长期结束后,企业便进入了成熟期。成熟期企业已形成完整的产业链,企业资金实力雄厚且技术先进,管理层水平进一步提高。企业增长速度进一步放缓,原有的产品市场出现饱和,成本逐渐上升,收益下降。同时,内部会衍生出官僚主义、浪费主义等。为维持企业地位,企业需要通过研发或者并购重组等行为获得更强更新的技术创新能力和管理水平,从而令企业得以继续成长,完成蜕变。

最后一个时期便是衰退期。但衰退期并非一定存在于成熟期之后，它有可能是伴随着成熟期一起产生的。若企业未能在成熟期顺利解决上述问题，完成蜕变，那么企业会直接进入衰退期。但若企业成功蜕变为巨型企业，那么同样，它有可能在面对更加难以解决的内忧外患时进入衰退期，也有可能步入另一个全新的发展阶段。

那么，企业应如何根据自身所处的生命周期阶段选择相应的企业估值方式，从而对企业进行合理估值呢？下面介绍一下企业进行估值的方法。

第一种是重置成本法。在企业兼并、收购、获取资产抵押贷款时使用较为普遍。重置成本法以现行市价评估企业资产，基本思路是企业任一资产价格都不会高于重新购置该资产的成本，否则对手方会选择后者。

如此前华夏幸福向平安资产管理有限公司转让公司 19.7% 的股份，对应的市值价款应为 168.98 亿元，而通过重置成本法计算后的实际转让价款折价为 137.7 亿元。

第二种是相对估值法，指相同或类似的资产在活跃且公平的有效市场环境下具有相对可比的价值。我们应选取处于同一行业、同一地位、同一发展阶段且规模相近、未来现金流量有较高相似性的可比公司。

第三种是折现法，包括了现金流折现法和股利折现法。这两种方法都是通过估算企业未来收益和股利，采用一定的折现率折算成现值，从而确立企业价值。要求企业必须有持续的现金流入，股利折现法还要求企业对股东进行持续分红。

第四种为期权定价法,此方法从投资人角度出发,将企业看作是一项投资品。投资人对企业的投资就如购入了一份看跌期权,它赋予投资人在未来某个合适的时刻以某一价格出售所持有股权的权利。

第五种是风险资产法。这个方法与期权定价法十分相似,将企业看作是一项风险资产,采用线性代数方法来量化企业可能存在的各种风险因子,并赋予相对应的权重,通过计算结果确定企业价值。

如京东在 2006 年时寻求 200 万美元的投资以支撑公司运营,今日资本在量化风险与预期收入后,给出了 1000 万美元的投资额,远超出最初京东给出的 200 万美元。而事实证明,今日资本的估值判断十分准确,八年后京东上市,这些投资换来的股票价值已达 24 亿美元。

企业处于不同生命周期时,需要采取适合的估值方法。

首先,对于初创型企业而言,要对其进行恰当估值,除了要考虑企业现有的利润率和资本投资外,企业未来发展的潜在市场、无形价值和人力资本价值才是影响估值结果的重要因素。初创型企业因为不具备经营历史,没有太多可供使用的财务数据和信息,因此重置成本法并不适用。又因为即便是同一行业,同样的投资规模、产品系列,不同初创企业的内在潜力和无形价值无法被准确量化估计,因此可比估值法同样不适用。投资人一般采用期权定价法和风险资产法对初创企业进行估值。

如早期的 ofo 小黄车,其业务模式是微信平台,且业务范围仅限于单个校园内,没有经营历史,没有收入利润,更无可比企业,完全无法做出精准估值模型。但唯猎资本基于对 ofo 未来潜在市场及团队精神的看好,将其视作一项投资品,在对各项因素的评估之下,最终给定了两轮 200 万元的投资。

其次,对于成长型企业而言,已具备能反映企业实力的利润率,但经营历史不够长,相关营业指标处在不断变动中,对未来企业价值的估计仍占据了企业整体估值的较大比例。因此,重置成本法并不是恰当的估值方法。同时,随着公司的快速成长,面对的竞争和风险也随之上升,现金流折现法能抓住企业的内在价值,也不会过多地受到市场上各种因素的影响,较为适合成长型企业的估值。此外,成长型企业已具备一定的产品优势和市场份额,同阶段同行业的企业间可比性增加,企业可根据市场的实际情况来决定是否采用相对估值法。

再次,对于成熟型企业而言,企业规模已基本确定,利润、成本、内部环境等都不会出现较大幅度变化,企业价值的确定更多来自于现有资产而非未来预期,因此重置成本法更适用于对成熟型企业进行估值。同时,成熟型企业的发展已颇具规模,具备一定可持续性,在每期收入稳定的情况下,若企业有特定的股利发放政策,那么股利折现法同样适用于成熟型企业。

如 2011 年,曾有投资机构通过两阶段股利折现模型估算招商银行价值,估算股价为 12.51 元,而当时招商银行股价为 14.09 元。

最后,对于衰退型企业而言,企业价值的确定全部来自于企业现有资产,且企业未来发展方向并不明朗,理性投资人也不会在这个阶段选择进入企业,可比公司慢慢减少,市场上存在的多为成熟企业,企业极有可能会面临资产剥离和清算,因此重置成本法在此时成为唯一合适的估值方法。

如曾经知名的高端连锁餐饮俏江南和金钱豹,分别于 2014 年和 2015 年因经营不善被低价收购,其中金钱豹估值仅为 2.53 亿港元。

因此,企业应在不同阶段寻找到适合自身生产发展的组织结构模式,采用恰当的估值方式,充分发掘每个阶段的潜力,从而实现企业的可持续发展。

第四节 穿越迷雾:从财务报告透视企业质量

企业的价值管理离不开对企业财务情况的分析。对财务报告中的数据进行分析,不仅可以看清企业自身的现状,还可以找到财务上的问题,从而及时对企业的经营策略进行调整,通过财务情况透视自身企业的质量。

财务报告简单来讲就是反映企业财务状况和经营成果的书面文件,包括资产负债、利润表、现金流量表、所有者权益变动表、会计报表附注等。其编制的主要目的是向现有的和潜在的投资者、债权人、政府部门及其他机构等信息使用者提供企业的财务状况、经营成果和现金流量信息,利于他们正确地进行经济决策。

先来分析财务报告中最重要的三大财务报表,即资产负债表、利润表及现金流量表。

资产负债表是反映企业在某一特定日期,全部资产、负债和所有者权益情况的会计报表，它表明企业在某一特定日期所拥有或控制的经济资源、所承担的现有义务和所有者对净资产的要求权。简单来讲，资产负债表主要是告诉我们在出报表的时刻公司资产负债情况如何。

在资产方面，要根据不同类型的企业，灵活地去分析其流动资产。其中，重点需要关注货币资金、存货、应收账款及票据。好企业由于较强的实力和商誉，一般货币资金项目占资产比例较高。如实力及商誉兼具的中国铁建股份有限公司，我们看到其货币资金项目在总资产中的占比长期维持在 1/8 的水平，而处于退市危机的乐视网 2018 年第一季度报告显示其货币资金为 6.9 亿元，仅占其总资产 174.5 亿元的 4%。当然，如果货币资金占比过大，也反映企业现金利用效率不太高。

存货的占比在各行业有所不同，需要灵活判断，像地产、传统制造业、零售业企业一般存货占资产比例较高。通常来说，存货增加不是好消息，其表明企业的资金占用水平增加了，尤其是一些电子行业、食品行业的产成品存货积压通常是危险信号。不过白酒行业则是一个例外，存货越存越值钱，如贵州茅台其存货项目常年占总资产的 1/6。

应收账款和应收票据一般是基于商业竞争的考虑，需要对客户放宽销售政策。对于这两项商业债权，要注意做相应的减值准备。

分析完流动资产状况后，需要重点关注长期资产中各项目的比重，继续深度了解企业资产的状况。首先，长期投资的金额和比重大小,反映企业资本运营的规模和水平。其次,固定资产净额与比重的大小,反映的是企业生产能力和技术水平,进而反映其获利能力,如果净额接近原值,要么企业是新办的,要么是老企业的旧资产通过技术改造成为优质资产。最后,无形资产金额和比重大小,反映企业的技术含量。

在负债方面,需要重点分析流动负债与长期负债的比重,如果流动负债比重大则反映企业短期偿债压力大,如果长期负债比重大说明企业财务负担严重。如其中短期借款项,一般需要对照企业的货币资金规模来看,如果货币资金规模远远小于短期借款,企业则存在经营风险,如乐视网短期借款项有 33.15 亿元,但货币资金仅有 6.9 亿元。

资产负债表中的最后一部分是所有者权益。其中实收资本反映企业所有者对企业利益要求权的大小,资本公积反映投入资本本身的增值,留存收益是企业经营过程中的资本增值。如果留存收益大,则意味着企业自我发展的潜力大。

除以上重要的三部分外,还需要了解资产负债率的概念。资产负债率=总负债/总资产,通过计算公式可以明显看出,其是体现企业负债水平及风险程度的重要指标。一般情况下,资产负债率的适宜水平是 40%~60%,如果资产负债比率达到 100% 或超过 100%,说明公司已经没有净资产或已经资不抵债了。近几年,政府层面一直强调加强国有企业资产负债约束,加速国有企业去杠杆,其主要原因便是目前国企资产负债率为 65.7%,高于同期规模以上工业企业 55.5% 的资产负债率。

民企也是一样,如果不能及时控制自身的资产负债率,则会出现经营风险。如深圳科陆电子科技股份有限公司此前进行了大规模的战略性产业投资及对未来的产业布局进行了系列并购和资产购买,导致其在 2017 年年末资产负债率高达 67.88%,刚性债务为 71.20 亿元。为了解决高企的债务,科陆电子只能开始大量出售资产、转让股份,以申请发行股权质押等方式进行及时"补血"。

对资产负债表进行分析后,我们再来看**利润表**。利润表能够反映公司生产经营的收益情况、成本耗费情况,表明公司生产经营成果;同时,通过利润表提供的不同时期的数据,可以分析公司今后利润的发展趋势、获利能力。

利润表中,除了基础的营业收入及营业成本以外,我们需要重点关注以下几点:

其一,毛利率,这是判断企业是否可以长期盈利的关键指标。我们在观察企业是否有持续竞争优势时,可以参考企业的毛利率。其是企业的运营收入之根本,只有毛利率高的企业才有可能拥有高的净利润。一般情况下,如果一个企业的毛利率在 40% 以上,那么该企业大概率处于行业龙头地位,并且具有持续竞争优势。如市值达到 1500 亿元,但市盈率仅有 23 倍,并且处于行业龙头地位的分众传媒,其毛利率常年维持在 60% 以上。

其二,销售费用及管理费用。在企业的运营过程中,销售费用和一般管理费用不容轻视。如果一家企业的销售费用和管理费用占毛利润的比例控制在 30%~80%,则处于合理范围内,如果这类费用比例超过 80%,则会面临经营上的风险。

其三,折旧费用。折旧费用对企业的经营业绩的影响是很大的,在分析企业是否具有持续竞争优势的时候,一定要重视厂房、机械设备等的折旧费用。

最后,我们来看现金流量表。应对现金流入和现金流出的结构以及流入流出比进行分析,判定现金收支结构的合理性。对于一个健康的、正在快速成长的企业来说,经营现金净流量应当是正数,投资现金净流量应当是负数,筹资现金净流量是正负相间的。如之前出现经营性问题的乐视网,其经营现金净流量便常常是负数。

以上便是对企业进行财务分析时,需要关注的三大财务报表中的重要内容。除此以外,财务报告中还包括所有者权益变动表、会计报表附注等。

所有者权益变动表展现的是公司股东拥有的实际资产以及它的组成情况。 通过该表,不仅可以清楚地了解企业当期损益、直接计入所有者权益的利得和损失,还可以看到所有者权益各组成部分增减变动情况及揭示企业使用留存收益和公积金的情况。所有者权益变动表一般关注以下三项内容即可:

第一,关注是否有股本的增加与减少。如有增加,需要看清原因,是股权激励、还是可转债、还是定向增发的影响,无论哪种情况都会摊薄每股收益及每股净资产。

第二,关注企业的利润分配情况。一般是提取盈余公积、对股东分红、送股等情况。

第三,关注是否有资本公积、盈余公积转增股本的情况。对投资者来说,他们更喜欢资本公积转增股本,因为盈余公积转增股本要缴个人所得税,而因资本溢价导致的资本公积在转增股本时不用缴税。

会计报表附注是资产负债表、利润表、现金流量表和所有者权益变动表中列示项目的明细资料,以及对未能在这些报表中列示项目的说明。其内容非常丰富,主要作用有以下三点:一是它提供的会计政策、会计估计披露,提高了财务报表信息的可比性;二是它提供的资产负债表日后事项的说明等内容,增强了财务报表信息的可理解性;三是它提供的报表重要项目的说明等,突出了财务报表信息的重要方面,有利于报表使用人关注报表的重要事项。总的来说,其使会计报表对企业整体经营状态和财务状态的披露更加充分、详细。

企业作为以盈利为目的从事生产经营活动的经济组织,其根本目的是盈利,赚取利润,其经营状况的好坏直接体现在了财务报告里。只有深刻地理解了财务报告,才能对企业的经营业绩做出合理的评价,透视企业的质量。

第五节　财务管理:投资高手关心的表与资本市场追捧的表

对于投资人而言,可以通过分析企业的资产和盈利能力来决定是否投资以及投资金额的多少。因此,他们会重点关心财务报告中的资产负债表和利润表及这些表中的相关科目。

第一,投资人会对利润表和资产负债表进行综合审视。如利润的增加通常对应着货币资金的增加。若企业利润出现明显增加,但货币资金并未出现明显变化,且应收账款、预付账款等项目也无法说明原因,那么投资人便会重点关注。

第二,投资人对任何没有缘由的资金流出都会重点关注。如果公司财务报告显示在本身资金并不充足的情况下借款给其他公司,那么这笔现金流出是值得怀疑的。这时投资人会注意借款对象是否为关联公司,即与公司是否有业务往来或利益挂钩,也会关注借款公司相关实际控制人的现状。

第三,投资人关注公司的利润来源主要由什么构成。若固定资产的变卖、投资收益等占据了利润中较大比例,那么其盈利能力的可持续性有待考证。此外,若较高的主营业务收入并未带来相应利润的提高,企业也并未进行促销活动等,那么投资人便会关注公司成本是否出现高涨,并具体分析成本上升的原因是什么。

第四,投资人关注应收账款与其他应收款、长期投资的增减关系。如果对同一单位的同一笔金额由应收账款调整到其他应收款或者长期投资中,那么投资人就会关心企业是否有操纵利润的可能性。

除了这些具体的科目外,投资高手还会关心以下四大指标。

第一个是获利能力指标。投资人最关心的便是投资一家企业的回报率。除了现阶段获得的收益,如股息、红利外,投资人更为关心的是企业未来预期的发展情况,即企业竞争力的强弱,市场占有率的高低,以及长期利益的可持续性。衡量企业获利能力的指标主要有销售毛利率、净资产收益率、资本收益率等。

第二个是偿债能力指标。企业偿债能力能反映出企业当前财务状况和经营能力,具体可分为偿还短期债务的能力和偿还中长期债务的能力两部分。其中短期债务的偿债能力可以体现出企业现金流是否充足,主要财务指标有流动比率、速动比率等。流动比率过低,企业面临清偿债务的困难;流动比率过高,则企业资产利用率低。

第三个是营运能力指标。营运能力决定着公司的偿债能力与获利能力,是整个财务分析工作的核心所在,也是投资人关注的指标之一。其衡量指标主要有存货周转率、应收账款周转率、总资产周转率等。一般来说周转次数越多,即周转率越高,企业经营管理工作的效率越高。

第四个是发展能力指标,即企业的发展潜力。主要通过企业的资本积累率、总资产增长率、营业利润增长率、营业收入三年平均增长率等反映出来。这些指标越高则企业发展能力越强,但注意其中的总资产增长率不宜过高,应重点关注资产规模扩大过程中的资产质量,避免盲目扩张。

下面,通过两个案例来具体讲解投资机构是如何通过财务报告对企业做投资决策的。

首先来看一下 2018 年 4 月份获得巨额融资的大疆无人机(简称大疆)案例。

大疆创立于 2006 年,于 2013 年 1 月获得红杉资本数千万美元的 A 轮融资,于 2015 年 1 月获得远瞻资本、红杉资本和麦星资本数千万美元的 B 轮融资,于 2015 年 5 月获得 7500 万美元的 C 轮融资,并于 2018 年 4 月份以竞价方式进行了高达 10 亿美元的战略融资。而在此前进行的几轮融资中,融资总额也并未超过两亿美元。此次大疆以 10 亿美元的融资额展开竞价融资,仅不到三天的时间便有近 100 家投资机构递交了竞价申请,认购金额较计划募资额超出 30 倍。众多投资机构对大疆"趋之若鹜"的原因其实是可以在它的财务报表上反映出来的。

大疆业务的高速增长带来的盈利十分可观,2017 年大疆营业收入为 175.7 亿元,同比增长近 80%,年度净利润达 43 亿元,同比增长 123.2%。且在其营业收入中,主营业务收入即消费级无人机业务占据营业收入总额 85%,这一数据揭示了大疆稳定的经营收入,为公司产生了大量现金流。大疆的营业收入从 2015 年到 2017 年三年间实现了近三倍的成长,净利润更是已经翻了三番,且据相关机构估计,大疆的市盈率还未达 30 倍。

如此强的盈利能力,加上从数据上显示出的强偿债能力,可以看出大疆未来内部资金仍然能保持充裕,加上大疆如今占据着全球超过 70% 的消费级无人机市场,企业未来前景十分可观,成为众多投资机构的理想投资标的则不难理解。

我们再来看一下神州租车的融资案例。

神州租车于 2007 年 9 月在北京成立,获得君联资本、CCAS 以及 KPCB 天使轮 2100 万美元融资。于 2010 年 9 月获得联想控股 12 亿元 A 轮融资,于 2012 年 7 月获得美国华平投资两亿美元 B 轮融资,于 2014 年 9 月登陆港交所主板市场上市。其中,神州租车在 2013 年到 2015 年的流动比率分别为 0.39、1.07、2.41;利息保障倍数为 0.35、2.66、4.05;资产负债率为 98.82%、36.69%、56.56%。流动比率和利息保障倍数三年整体呈上升趋势,公司具有较高的偿债能力；资产负债率 2013 年处于较高的水平，但 2015 年恢复合理水平。

再来看盈利能力的相关比率。2013 年到 2015 年销售净利率分别为－8.26％、12.39％、28.01％；总资产收益率为－3.98％、5.45％、10.7％。两项指标在三年间持续处于上升水平，一方面反映了公司盈利能力的逐年增强，另一方面也体现了管理层资产管理能力的不断提高。

最后来看营运能力的相关比率。2013 年到 2015 年间，存货周转率为 7.49、7.12、16.88；应收账款周转率为 16.73、14.34、18.50；总资产周转率为 0.48、0.44、0.38。其中总资产周转率之所以出现缓慢下降的趋势，主要是因为企业资产在 2014 年大幅增加，但由于营业收入同时增加，故与 2013 年相比，2014 年和 2015 年并未出现大幅下降。另外两种周转率的提升可以在一定程度上反映资金以及存货使用效率的提升。

不难看出 2014 年以来神州租车三项指标都处于快速增长中，整体而言发展趋势较好，投资机构在 A、B 轮的介入实为明智之举，在 IPO 后，股票证券投资机构也是在参考 2014 年以来的相关指标后，最终选择投资了神州租车。

因此，企业应把握好自身发展方向，争取在偿债能力、盈利能力、营运能力、成长能力等方面齐头并进。体现出出色经营的财务报表，会更加吸引投资人及资本。

第七章　并购重组

第一节　并购重组：目标、模式与企业战略布局

　　企业通过并购重组的资本运作手段可以迅速扩张市场，产生规模效应，从而提高企业效率、降低生产成本、提高利润；也可以打通产业链上下游，实现相互之间的价值交换；还可以快速进入新的市场，实现转型升级。美国的著名经济学家乔治·施蒂格勒曾说过："没有一个大公司不是通过某种程度、某种方式的兼并收购而成长起来的，几乎没有一家大公司主要是靠内部扩张成长起来的。"因此，并购重组是企业快速发展的必由之路。

　　并购重组是指企业通过合并与收购实现资产重新组合的资本运作行为。其中并购指合并与收购，是一种通过转移公司所有权或控制权的方式实现企业资本扩张和业务发展的经营手段。资产重组指的是资源的重新组合，包括写在资产负债表上的资产、负债与未写在表上的其他资源的整合，也包括将其他企业资源整合进自己企业的行为。

　　任意一个成功实施了并购重组的企业，一定会有清晰的并购

目标。一般而言,企业并购重组的主要目标为以下五类:

第一,扩大生产经营规模,降低成本费用。通过并购,企业规模得到扩大,能够形成有效的规模效应。规模效应能够带来资源的充分利用与充分整合,降低管理、原料、生产等各个环节的成本,从而降低总成本。如鼎龙股份在 2010 年上市前,主要以碳粉用电荷调节剂、商业喷码喷墨为主导产品,上市后,公司先后通过多次并购,直接控股了多家子公司,业务随之拓展至功能化学品、打印快印通用耗材、集成电路及材料、数字图文快印和云打印四大板块,形成打印耗材全产业链规模化的布局,利润规模实现快速增长。

第二,提高市场份额,提升行业战略地位。规模大的企业,伴随着生产力的提高、销售网络的完善,市场份额将会有比较大的提高,从而确立企业在行业中的领导地位。如此前滴滴与快滴、美团与大众点评,通过合并后都成了各自行业的龙头企业。

第三,实施品牌经营战略,提高企业的知名度,以获取超额利润。品牌是价值的动力,同样的产品,甚至是同样的质量,名牌产品的价值远远高于普通产品。并购能够有效提升品牌知名度,提高企业产品的附加值,获得更多的利润。如华润雪花啤酒通过对全球最为知名的啤酒厂商之一喜力啤酒进行收购,开始进军高端啤酒品牌,正式在中国形成与百威、嘉士伯高端啤酒品牌"三足鼎立"的局面。

第四,为实现公司发展的战略,通过并购取得先进的生产技术、管理经验、经营网络、专业人才等各类资源。并购活动收购的不仅是企业的资产,而且还获得了被收购企业的人力资源、管理资源、技术资源、销售资源等。这些都有助于企业整体竞争力的提升,对公司发展战略的实现有很大帮助。如2004年,联想以17.5亿美元的对价收购IBM的PC事业部,完成收购后,联想获得了IBM笔记本电脑的所有专利和位于美国罗利、日本大和的两个研发中心,从而整体提升了联想的技术研发能力与其产品竞争力。

第五,通过收购跨入新的行业,实施多元化战略,分散投资风险。这种情况出现在混合并购模式中。随着行业竞争的加剧,企业通过对其他行业的投资,不仅能有效扩充企业的经营范围,获取更广泛的市场和更高的利润,而且能够分散因本行业竞争带来的风险。如2015年,恒大集团以39.39亿元收购中新大东方人寿保险公司50%的股权后,将其更名为恒大人寿,以保险为基础"杀入"金融行业,实现多元化经营战略,分散了单一房地产行业的经营风险。

明白了企业并购重组的五大主要目标后,下面讲一下并购重组的主要模式。

并购最为基本的三种模式是横向并购、纵向并购与多元化并购。其中横向并购指的是同一行业、同一市场、同一产品与服务的两个企业之间的并购,如滴滴与快的、百合网与世纪佳缘等;纵向并购指的是产业链上下游企业之间的并购,如中粮与蒙牛等;多元化并购指的是在非同行业,也非同一产业链中,企业为实现多元化经营战略而发生的并购,如上文提到的恒大与中新大东方人寿之间的并购。

目前市场上其他较为常见的并购模式有以下三种。

第一，金融控股并购模式，其是指在同一控制权下，在银行业、证券业、保险业等金融行业提供服务的金融机构，从产业角度出发，并购各类金融机构。这种模式要求集团主体必须具有雄厚的资本实力和充足的金融行业资源。如九鼎集团，其最初发展时的主营业务仅为私募股权投资管理，而通过并购的方式其主营业务目前已覆盖私募股权投资、公募基金、保险业务、个人风险投资管理、资产管理、财务投资等。

第二，生态链并购模式，其是指并购服务于同一用户群体的企业，共享资源，共同发展。进行生态链并购的条件是，生态链上至少拥有一个核心企业，其他企业依靠核心企业获得用户和实现盈利。这种模式在 TMT 行业特别显著。如小米在 2014 年通过创业投资开始迅速布局有市场空间、解决市场痛点及受众与小米用户群体一致的企业。小米作为孵化器，以参股投资为主，以半开放式的血缘关系与投资企业结成战略联盟，形成了"小米生态圈"。

第三，投资集团并购模式。构建投资集团需要具有强大的核心投资团队，以及全方位、多渠道的融资能力。如复星投资集团的并购战略，其通过早期多元化并购，中期管理私募基金投资、跨境并购保险公司，后期全球化投资具有领先产品和服务的公司，实现对接中国巨大的消费市场，将中国消费动力嫁接全球资源。其中最为关键的便是复星拥有低成本的保险资金来源及专业化的投资团队，这无疑为复星大规模海外并购提供了基础支撑。

最后,是企业在进行并购重组时的战略发展布局。

企业并购重组的战略发展布局是指企业根据当前的经济形势与市场情况,结合自身的实际情况而采取的通过并购重组的手段,实现既定环境和既定条件下的最佳布局。一般而言,企业并购的战略布局是根据企业发展的目标而制定的,如迅速扩张市场、成为行业龙头、获取技术研发能力、形成企业核心护城河等等。

下面通过 2012 年三一重工"蛇吞象"收购德国普茨迈斯特的案例,具体讲解企业做并购重组时的战略发展布局。

三一重工始创于 1989 年,是中国最大、全球第六的工程机械制造商。在 2012 年以前,三一重工在国内拥有上海、北京、沈阳、昆山、长沙五大产业基地。

德国普茨迈斯特成立于 1958 年,是世界机械制造三巨头之一。总部设在德国斯图加特附近,在世界上十多个国家设立了子公司,是一家拥有全球销售网络的集团公司。

三一重工在决定并购普茨迈斯特时主要有以下两大发展目标。第一,三一重工的主要市场是在国内,并且遇到了增长瓶颈,急需开拓国际市场。第二,三一重工需要学习机械行业领先的技术,增强自身的研发优势,而普茨迈斯特拥有技术先进、经验颇丰的研发团队。

有了清晰的并购目标后,三一重工便联手中信产业投资基金,作价 3.6 亿欧元,成功收购了普茨迈斯特 100％股份,并且整个并购周期仅用了 33 天。

成功并购后,三一重工结合最初的发展目标完成了以下两点战略发展布局。

第一，实现市场份额的扩大。三一重工在中国混凝土市场占有率达 50% 以上，总销售额在中国内地占 90%，国际仅占 10%。而普茨迈斯特销售额在其本国内占 10%，国际占 90%。并购后，三一重工成功实现了市场份额在国际上的扩大。

第二，获得研发与技术上的新突破。普茨迈斯特具有高品牌、高价格、单个产品高毛利的特征，其品质与技术的领先将给三一重工带来研发与技术上的新突破。同时三一重工 100% 获得了普茨迈斯特在全球约 200 项相关技术专利。

因此，并购重组已经成为企业最重要的资本运营手段之一。企业需要学会在合适的发展时机下，通过并购重组的手段，实现企业不断发展的目标。

第二节　并购监管：监管政策的逻辑、规则与应对

近年来，我国并购监管政策呈现出先松后紧的明显态势。2014 年至 2015 年，并购监管持续放松，相继出台了有关放松现金并购、鼓励并购贷款以及配套融资的政策。2016 年 6 月开始，并购监管步入加强严控的阶段。证监会先后数次修订《上市公司重大资产重组管理办法》（以下简称《重组办法》）与"第 26 号准则"，全方位加强对交易对方的穿透核查及信息披露要求，取消重组上市配套融资，加大力度打击壳资源炒作和结构化产品。

2016 年 9 月 9 日，证监会正式发布了《关于修改〈上市公司重

大资产重组管理办法〉的决定》，由此"史上最严"的并购重组新规进入实施阶段。

关于重组新规的修订思路，主要有以下两个方面。

首先是新规的修订。此次修订主要从以下三点着手。

第一是完善了重组上市的认定标准，提高了借壳上市门槛。

第二是完善配套监管措施，抑制投机炒壳。

第三是实行全面的监管原则，明确上市公司和中介责任，加大了问责力度。

除以上三点外，此次修订还新增了有关"冷淡期"的安排，将终止重大资产重组进程的"冷淡期"从三个月缩短为一个月。这一规定对已明确终止重大重组却有强烈重组意向的企业来说属于重大利好，增加了上市公司的并购投资机会，也给予了市场一定的活跃度。

另一个方面是监管的思路。首先，证监会在提高了重组合规门槛的同时，降低了市场门槛，鼓励更多优质企业进入市场，敦促上市公司不断提高自身质量。其次，《重组办法》虽将整体监管环境由松趋紧，但其目的在于引导市场资金流向，扶持新兴产业与实体经济，而非堵住企业发展之路。最后，此次修订意在规范并购重组市场，对壳资源炒作绝不宽容，严打市场相关行为，以期市场行为人能恢复理性估值。

总体来说，修订后的《重组办法》提升了合规门槛，严格了审核标准，使得借壳重组的操作难度上升，并购重组市场的发展趋势从以整体上市与借壳上市为主转变为以产业整合为主。

那么面对现行的监管政策,企业应该如何应对并成功实施并购呢?

首先从宏观政策的大方向上来看,有以下几点建议:

第一,企业应明确当前的政策监管导向,优先考虑做好自身产业的并购。在证监会鼓励企业进行行业整合和产业升级的产业并购重组大背景下,企业应根据自身产业情况,把握住并购机会,做好产业链上的垂直、横向并购,充分发挥外延式增长效应。若企业想要进行跨行业的混合式并购,那么行业定位应谨慎。

第二,企业要注意交易设计的合理性,端正交易目的。自《重组办法》修订以来,原来许多模糊的灰色地带如今都有了清晰的界定,企业应根据最新并购政策设计出最佳方案,避开敏感地带,同时关注窗口指导,与监管层保持良好的沟通。此外,证监会对于跟风盲目式重组及套利行为持严厉遏制态度,企业的并购行为应根据自己情况而定,绝不能为并购而并购。

第三,企业应谨慎地确定自身业绩承诺与业绩补偿。在重大资产重组交易中进行估值与业绩承诺时,企业应根据自身实际情况及行业环境给出合理估值,切勿造成"虚高"的估值。若给出的业绩承诺无法兑现,会造成企业的商誉受损,给企业经营业绩带来负面影响,严重时甚至可能给企业带来巨额亏损。

第四,企业应做好并购的事前研究工作与可行性分析,做好并购后的整合工作。在进行并购决策时,企业应先制定自身发展战略,明确并购所需要实现的目的,然后在观察确定价值的基础上挑选合适的目标企业,包括了解该企业所处行业的发展现状、该企业所处地区的政策环境、该企业目前的组织管理机构等等。同时,做好并购后的整合工作,寻求企业间的优势互补与协同效应。

下面通过一些被否案例,讲讲企业需要注意的细节。

首先,是关于标的盈利能力的强度与可持续性。在2016年的24次并购重组被否方案中,有九次因盈利能力存疑被否;在2017年的12家被否企业中,有八家因盈利能力存疑被否。例如神农基因,标的公司未来持续盈利能力具有不确定性,且根据申请材料预测直到2019年都处于连续亏损阶段,故被认定为不利于提高上市公司资产质量,因此两次上会皆被否。所以,关于标的未来盈利能力的证明是并购实施成功的关键所在。

其次,是企业信息披露的完善程度。2016年被否方案中,有九次因信息披露不全被否,且其中有六次都是因为盈利方面的信息披露不充分;在2017年被否企业中,有六家因信息披露不充分被否。如长城动漫,其被否原因是申请材料中关于标的资产未来持续盈利能力的披露不充分。这足以说明,信息披露的完善程度在过会中的关键作用。

再次,还有控制权的确定性问题。企业存在规避借壳的情形及关联交易问题等也在2016、2017年两年的被否原因中出现过一两次,这些都是企业注意规避应对,达到政策要求,以实现成功并购的要点。

在此,分享两个成功实现并购的案例。

2016年10月31日,万科以19.28亿美元,折合人民币约129亿元,正式并购了印力集团96.55%股权。印力是一家成立十余年的专职于商业地产投资、开发和运营的企业,前身是"深国投商置",在全国拥有超过 60 个商业项目,其中遍布全国不少城市的"印象城",便是其开发的较为成熟的产品之一。而万科作为我国最大的住宅开发企业,在商业地产领域相对薄弱,为了补上这个短板,万科抓住机会,在印力与万达的结盟一拍两散后,很快发起攻势,直接收购了印力。此次收购,万科首先明确自身定位,并制定了向商业地产领域开拓的战略,在研究分析行业情形后,选择印力作为目标公司,符合当时监管政策鼓励的产业内横向收购,且交易目的端正,是在企业战略发展所需的情境下进行的收购。同时标的公司持续盈利能力也存在保障,故并购得以成功实现。

另一个案例则来自于影视行业。2016 年 10 月 16 日,中国电影发布公告称,拟以现金支付的方式收购大连华臣影业集团有限公司 70% 股权,收购价为 5.53 亿元。2017 年 8 月 28 日,中国电影与中投中财基金合资设立影院并购基金完成了对大连华臣的收购交割工作。此次收购使得大连华臣成为中影的控股子公司,中影则在其战略方向上进一步提升了公司在电影放映板块的市场份额,增强了公司的全产业链竞争力和品牌影响力。中影股份的公告显示,大连华臣除旗下拥有的三家分公司、15 家影院外,还在发行、广告等方面拥有全资子公司。从数据上来看,截至 2016 年 5 月 31 日,大连华臣资产净额约为 3.48 亿元;2016 年前五个月,其实现营业收入约为 0.8 亿元,净利润约为 1982 万元,不难看出其盈利方面也有保障,符合监管政策的逻辑。

企业只有了解了并购重组的审核要点,并学会分析并购政策的内在逻辑,才能在并购之路上一帆风顺,从而达成企业发展的最终目标。

第三节　并购方案:从成功案例看并购设计的四要素

想要成功实施并购,实现企业价值与市值的不断提升,企业应该充分设计自己的并购方案。

设计并购方案时需要注重最重要的四个要素,即清晰的战略方向、并购标的筛选、交易结构设计、并购后的整合安排。

第一,清晰的战略方向。在并购方案设计的最初,我们首先需要有一个清晰的并购战略方向。企业为何要选择此时并购,并购的目的是什么?是通过横向并购扩大市场占有率,还是通过纵向并购整合产业链,还是通过多元化并购进行企业的转型升级?并购后是否可以符合企业长期的战略发展规划?这些都是需要在方案设计最初时就做好整体规划的。如果并购战略的方向不清晰,则会在后续的方案设计及并购实施中造成非常多的问题。

第二,并购标的筛选。当企业有了明确的并购战略方向后,便要去筛选设计自己的并购标的。此时,企业需要重点对并购标的的"协同性"进行考量,其主要包括以下三点:

首先是盈利协同,即被并购标的是否能为并购方带来盈利。但在这里要强调一下,企业的并购重组,不能仅考虑被并购标的的短期盈利能力,而忽略了长远的协同效应与长远的盈利能力。

其次是客户资源协同，其并不仅仅是指收购方与被收购方两者目标客户完全重合的情况。例如此前欧比特收购铂亚信息，欧比特主要客户为航天、军工、科研机构等，这些企业对安防和保密有着较高的要求，欧比特可以借助自身渠道和客户的优势，协助标的公司开拓新的市场和应用领域。

最后是产品技术上的协同，例如上文提过的三一重工收购普茨迈斯特的案例。三一重工作为国内最大的工程机械制造商急需学习海外更强的研发生产技术，而普茨迈斯特拥有当时世界最为先进的技术及研发团队。技术上的协同互补，使得三一重工巩固了国内行业龙头的地位，并且走向海外扩张之路。

第三，交易结构设计。交易结构设计是并购交易过程的核心环节，事关整个交易的成败。一方面，并购交易结构符合并购双方的预期，是双方达成交易意向的基本前提，否则下一步合作便无从谈起。另一方面，交易结构的重要性，更体现在它是对后续并购重组流程的顶层设计。并购交易的股权操作、资产划转、项目融资、财务统筹、会计调整、税务安排都是在交易结构的框架内一步步开展的。交易结构的好坏，将直接决定并购重组能否顺利实施、能否为市场及监管机构所接受，甚至决定整个并购交易的成败。

在进行交易结构的设计时应重点注意两个原则。

其一是规则兼顾原则。在进行结构设计时兼顾企业治理、证券发行、财政税收等各方面的法律法规规定。若交易结构不具备合法性，即使再精巧的交易结构设计也将无法通过监管机构的审核，后续监管更是阻碍重重。例如2015年年底九鼎集团通过并购中江集团,将旗下 PE 业务注入 A 股上市公司中江地产,中江地产随后更名为九鼎投资。但由于监管机构禁止私募股权投资业务借壳上市,九鼎投资自重组复牌后一直面临证监会对其违规借壳逃避监管的质疑。

其二是风险平衡原则。要确保风险、成本与复杂程度之间的平衡。一般情况下,设计复杂的交易结构是为了降低操作难度,进而降低交易成本和风险。但交易结构并不是越复杂越好,过于复杂的交易结构本身可能提高了交易成本并带来新的风险,因而需要在结构的复杂程度、交易风险与交易成本之间谋求最佳平衡。

第四,并购后的整合安排。并购完成后,将面临被交易双方文化、业务、团队人员的整合,以及管理层稳定的考验,因此并购后如何整合、如何稳定团队、稳定管理层是决定并购成败的关键。在这一过程中除了文化的相融、业务的互补、增量收益的创造外,对管理层、核心团队长效的激励也十分重要。在操作中,要始终注意整合,而且在交易开始时就要着手考虑整合问题,制订整合方案。

下面,通过中信股份收购麦当劳中国的案例来说明企业并购方案设计时的四要素。

2017 年 1 月,中信股份以 20.8 亿美元收购了麦当劳在中国内地和香港的业务,同年 8 月,双方业务正式交割完成,并成立了新的公司麦当劳中国。

首先,中信股份在最初做并购方案设计时有清晰的并购战略方向。中信集团是一家金融与实业并举的大型综合性跨国企业集团,业务涉及银行、证券、信托、保险、基金、资产管理等金融领域和房地产、工程承包、基础设施、机械制造等实业领域。可以看到,其中不少业务都受行业周期性的影响,而消费行业的特点是现金流稳定,受经济周期影响小,对经济下行抗压强。所以,中信此次收购麦当劳中国业务,则是把麦当劳业务视为消费领域的发展重点。

其次,从中信并购标的的筛选上看,选择麦当劳也是非常成功的。麦当劳仅在中国内地就拥有门店 2500 家,年客流量为十亿人次。而中信银行也拥有庞大的用户规模和网点布局,可以与麦当劳进行广泛的交叉营销,如麦当劳可作为中信银行信用卡积分计划合作商户等。中信股份董事长常振明在并购成功后也曾说:"此次合作是中信布局消费领域的一个良好机遇。麦当劳庞大的网络和消费群体是不可多得的资源,将有助于中信业务的未来发展。"

再次,从并购交易结构设计来看。此次并购交易是中信股份联合中信资本及凯雷投资集团,作价 20.8 亿美元收购麦当劳中国内地与香港业务。在交易最初时,麦当劳成立了目标公司,承接麦当劳的中国内地与香港业务,100% 股权作价 20.8 亿美元,在交易完成后,穿透来看,中信股份及中信资本合计控制了目标公司 52% 的股权。而中信股份仅出资 32%,其通过巧妙的主体搭建策略减轻了自身的资金负担,平衡了自身与外部投资者的权益,并最终控制了目标公司。

最后,从并购后的整合设计来看。在业务上,中信集团通过在中国多年积累的商业实力助力麦当劳实现"愿景 2022"计划,即多开店与增强外卖销售,从每年新开200家餐厅到每年新开500家餐厅,其中三四线城市门店要占到45%,75%的门店要提供外卖服务。从团队人员安排上看,中信的高管仅出现在董事会中,而麦当劳现有的管理团队保持不变,保留了麦当劳原有完善的管理架构,使得并购后管理效率最优化。

因此,企业在做并购方案设计时,需要整体规划、全盘考虑,做到未雨绸缪,这样才可以做出正确的并购方案,从而使得并购交易成功完成。

第四节　并购基金的成立、管理和退出

并购基金本质上是私募股权投资的一个分支。简单来说,并购基金是通过收购目标企业股权,获得对目标企业的控制权,并且对目标企业的发展和治理施加影响,通过管理溢价持有一定时期后借助战略投资者受让实现退出的私募股权基金。

其一般可分为控股型并购基金和参股型并购基金。前者强调获得并购标的控制权,并以此主导目标企业的整合、重组及运营。后者并不取得目标企业的控制权,而是通过提供股权融资或债权融资的方式,协助其他主导并购方参与对目标企业的整合重组。

美国在20世纪80年代兴起了"第四次并购潮",并购基金在其中扮演着重要的角色,并发展迅速。以全球最大的私募股权投资基金之一KKR为代表的并购基金极大地推动了并购市场的发展。

90年代之后，由于美国宏观经济整体下行，高杠杆垃圾债的风险逐步释放，并购市场一度萧条。2006年，美国再度兴起了"第五次并购潮"，这一时期不少大体量的并购业务正是由并购基金主导的。并购基金各种操作技巧更加成熟并衍生了不同的投资策略，在并购市场上发挥着重要的作用。当时中国的并购市场正处于萌芽的阶段，中国第一只并购基金是由弘毅投资于2003年正式成立的。当前中国的并购基金在并购重组市场上发展迅速，特别是在上市公司的并购重组方面。

我国并购基金一般具有以下四大特点。

第一，资金来源主要为私募方式获取。并购基金一般由合伙企业设立。另外，其通过私募方式设立，也需要去基金业协会备案，投资者要满足合格投资者要求。

第二，投资方向主要是具有稳定现金流的非上市企业。如目前拥有上万家挂牌企业的新三板市场则作为上市公司的并购标的池。

第三，投资期限较长，一般短则三至五年，长则五至十年，属于中长期投资。

第四，收购方式具有杠杆收购的性质。投资机构通过各种形式灵活的方式来进行募资，并不完全通过自有资金来运作。在上市公司并购基金中，上市公司只出一部分钱，合作的并购基金会从各种渠道，如银行、信托等渠道来募资，以加大收购杠杆。

下面，具体讲一下并购基金的运作方式。

首先是投资管理的分工。

在并购基金当中上市公司与合作方(如私募股权投资机构)有详细分工,职责各不相同。

PE机构在投资流程方面一般作为基金管理人,提供日常运营及投资管理服务,主要负责项目筛选、立项、行业分析、尽职调查、谈判、交易结构设计、投资建议书撰写及投决会项目陈述等。在项目投资的投后管理方面PE机构一般负责并购后企业的战略规划、行业研究分析、资源整合优化等工作。

上市公司在并购基金的投资管理当中,主要协助PE机构进行项目筛选、立项、组织实施等利用行业优势甚至主导项目源的提供和筛选。在项目投资投后管理方面上市公司主要负责企业的具体经营管理。

其次,在并购基金的投资方向上。

并购基金的投资方向通常是为上市公司需求量身定做的。符合上市公司长远战略需求、提升上市公司主营业务核心竞争力,以及有高成长性的项目才能满足并购基金的投资标的的条件。

整合方式主要有控股权收购、运营托管等,常见方式是并购基金将标的控股收购,整合后装入上市公司体系下。

最后,在退出方式上。

上市公司并购基金主要有以下三种方式实现退出。

第一,上市公司并购退出,这是最主流的退出方式。并购基金的存续期限通常为三年。标的项目被专项并购基金收购且完成规范培育、符合上市公司要求后,上市公司可提出对标的进行收购。

该项收购可以采取现金或现金加股权的方式,标的收购价格通常需以届时市场价格或有限合伙人投资年复合净收益率两者孰高为准。如有外部机构受让,则上市公司在同等交易条件下具有优先受让权。上市公司并购基金设立时也常有设置一些退出锁定的协议安排。

第二,标的项目独立在境内外资本市场进行 IPO 退出,这一般需要较长的时间进行孵化,成功率偏低。

第三,将所投资的标的项目转让给其他产业并购基金。PE 机构将标的培育好后,很可能获得上市公司外的第三方青睐,主动进行收购。这种方式与上市公司并购一样,属于并购退出,而且有外部机构的主动竞价,一般能够获得更好的收益。

在退出时,如果项目出现风险情况,一般是由上市公司的大股东进行兜底。这里又分两种情况。一种是投资性基金,这种基金中上市公司是劣后级的出资方,其他资金是优先级资金,则先由劣后级承担项目亏损,确保其他优先级投资的安全。另一种是融资性基金,虽然表面上是一只基金,但是上市公司大股东对有限合伙投资人有还本付息的安排,但是这种安排实际上不被基金业协会允许,会产生基金监管上违规的风险。

目前,市场上的并购基金模式根据上市公司的合作对象不同主要有以下三种。

第一,联合 PE 设立并购基金。这种基金模式的应用最为广泛。一般有两种类型。一种是上市公司作为主导方,上市公司作为 GP 或是 GP 的大股东,外部 PE 仅作为融资方,这种模式的优势是很容易在市场上获取募资。如 2016 年 3 月,东旭光电分别与德阳旌阳区人民政府、泰州新能源管委会签订石墨烯产业发展基金战略合作协议,成立两只并购基金,充分利用并购基金,通过产业资源的延伸,加速石墨烯产业发展升级,着力打造石墨烯全产业链集群,完成东旭光电在东西部的战略布局。另一种是外部 PE 作为主导方,上市公司主要负责退出部分,这种形式的基金约占 PE 设立并购基金类型的 80％以上。如 2014 年 12 月 30 日,飞天诚信与九鼎投资在上海自贸区联合发起设立上海温鼎投资中心,作为飞天诚信并购整合的平台,该基金聚焦于信息安全产业链上下游相关标的公司并购与重组过程中的投资机会,致力于服务上市公司的并购成长,推动公司价值创造,并在与公司生态相关的互联网、移动互联网、云计算等领域提前布局。

第二,与券商直投联合设立并购基金。如 2013 年 10 月 31 日,东方创业出资 500 万元与海通开元投资有限公司及其他几家股东共同发起设立"海通并购资本管理有限公司",并投资 1.45 亿元认购该并购管理公司发行的并购基金,基金总规模为 30 亿元。

以上这两种模式选择哪一种取决于上市公司与 PE 机构的资源禀赋。如果一个上市公司做投资并购非常成熟,在并购基金中会起到主导作用;如果上市公司并购经验并不丰富,那么就需要依靠外部 PE 机构资源和力量,外部 PE 常作为主导方。

第三,联合商业银行成立并购基金。这种类型的并购基金是不常见的,比如东方园林此前与民生银行一同设立过并购基金。

总之,企业需要根据自身的并购需求,不断学习并运用好适合自己的并购基金工具,成功实施并购,实现不断成长。

第五节　海外并购浪潮:与中国一起走出去

我国企业海外并购始于 1984 年,以中银集团和华润集团联合收购香港康力投资有限公司为标志,到 2019 年已走过了 35 年的历程。在这 35 年中,我国企业跨国并购的历程可被划分为三个阶段。一是从 1984 年到 2001 年的萌芽阶段。在这期间我国出现了第一起海外并购案例,但此阶段中国市场经济体制转型缓慢,国企改革、产权不清等历史遗留问题的存在,使得我国海外并购直到 2001 年都处在一个萌芽阶段。二是从 2001 年到 2007 年的蹒跚起步阶段。随着中国加入 WTO,成为第 143 个成员,中国企业也开始加快走向海外的步伐,积极参与海外经营和海外并购,但这段历程并非一帆风顺,我国企业在走出去并进来的过程中也付出了惨重的代价。三是从 2007 年至今的茁壮成长阶段。2007 年美国次贷危机爆发,随后欧元区经济出现了持续低迷的状态,这为我国企业的海外扩张带来了良好机遇,在这个阶段,我国企业海外并购呈现出了迅猛增长的势头。

随着我国经济实力的不断增强,海外并购已经成为对外投资的主要方式。2008—2015 年,我国海外并购交易额增长近六倍。2016 年交易数量同比上升 21%,交易金额同比上升 11%,分别达到 1409 例和 7700 亿美元。同时随着 2013 年"一带一路"倡议的提出以及政府推出的一系列政策,中国企业的海外并购迎来了

一波又一波的契机。2015 年 6 月 23 日,中国广核集团与比利时
SARENS 集团签署战略合作协议,在核能、可再生能源以及核电站
退役等业务领域开展合作;2015 年 10 月,中国化工收购倍耐力,涉
及金额 78.66 亿美元。

**当前我国海外并购正处在关键转折点,未来发展趋势不断显
现。总结起来有如下四方面。**

首先,中国海外并购的总体规模呈现出不断扩增的趋势。中
国当前正处在从资本输入型国家向资本输出型国家转变的过程
中。海外并购体量和成功率都不断增大,以中国化工收购先正达
为例,其金额高达 430 亿美元,是迄今为止最大的海外收购案例。
此外,"一带一路"沿线覆盖人口超过 40 亿,经济总量约 21 万亿
美元,蕴含着巨大的市场潜能,也为我国的企业海外并购提供了
多种机遇。但需要注意的是 2017 年以来,海外并购热有所降温。
尽管并购数量仍保持上升态势,但交易金额较 2016 年大幅下降
52.21%,这主要归因于巨型交易数量的减少。

其次,中国企业在进行海外并购时,关注点由经济效益向技
术、专利和品牌不断转移。相较于最初以扩大经济效益为直接目
的实施的跨国并购,现今更多的企业通过有效地获得目标企业的
先进技术,产生技术协同效应,增强自身研发能力和产品创新能
力,从而达到提高企业市场竞争力的目标,最终实现扩大市场份
额、提高企业效益的目的。即由技术、品牌为入手点,仍以经济效
益为最终实现目标。

但在此过程中,我国企业通过海外并购能否产生"1+1＞2"的

协同效应,最终还要取决于双方资源重新配置的结果。

再次,产业资金流向转变,高科技、大消费成吸睛热点。与过去以能源并购为主相比,中国海外并购所涉及的行业有了较大变化。随着我国经济转型,更多高科技、消费型企业成为我国企业海外收购的首选对象,如安邦保险买下纽约华尔道夫酒店,招商局集团获得澳大利亚纽卡斯尔港98年的租约。早在2016年上半年,中资企业海外并购高科技、大消费企业便已有九例达到了十亿美元,总额达735.2亿美元,占据了并购总额的不止"半壁江山"。从2011年至2013年,能源和矿业占据中国海外并购的大部分领域,到如今这些领域的占比降至10%不到,科技、服务、消费品行业占比快速增长,不难看出中国海外并购偏好产业的变化趋势。

最后,欧洲位列投资区域榜首。近年来世界经济形势低迷,欧洲经济复苏乏力,拥有世界先进科技与服务的欧盟,成为中国企业关注的投资区域。2011年到2016年,中国平均每年对欧投资达100亿欧元,而2011年这一数字仅为十亿欧元。2015年中国对欧投资创纪录,达200亿欧元,较2014年上升44%。即便在近几年中国境外投资下降的背景下,2017年对欧投资仍逾800亿元,同比上升76%。我国企业对欧实施并购量最多的仍集中在英国、法国和德国三大传统国家,主要行业领域包括自动化技术、房地产、旅游、科技信息和金融。但随着"一带一路"建设的推进,并购范围也逐渐向南欧和东南欧延伸,如中国华电与罗马尼亚政府共建600兆瓦燃煤发电厂,中国与匈牙利政府就匈塞铁路匈牙利段的开发、建设与融资合作达成协议。

　　在了解了我国企业海外并购近年来的一些基本情况后,下面从民企和国企两个方面分别举例来进一步描述关于实施海外并购的具体内容。

　　以我国民营企业万达集团为例。

　　自 2010 年进入百亿票房时代,中国电影市场近年来迅速崛起。电影产业巨大的发展空间使得中国影视类企业与海外优质影视资源合作日益密切,海外收购也应运大举进行。万达集团秉持着内生式成长和外延式扩张并行的发展策略,先确定出集团转型的未来发展方向,而后在考虑到国内的影视资源无法满足实现目标所必需的条件后,开始谋求全球最优资源,制订明确的海外并购战略规划。在拥有了中国最大院线——万达院线后,还接连收购了北美最大院线资源 AMC 和澳洲第二大连锁院线 Hoyts,并于 2016 年 1 月,通过在美国的全资子公司 WAE 以不超过 35 亿美元收购美国传奇影业,在其构建全球化全产业链的影视帝国道路上迈出重要的一步。根据传奇影业的相关财务报表不难看出其在 2014—2015 年间亏损巨大,但由于万达影视的盈利水平趋好且集团本身资质较好,且随着近两年传奇影业经营业绩的好转,传奇影业作为万达影视旗下的主要资产,开始对万达影业产生主导性影响,从长远来看此次收购对双方来说都存在积极影响。但同时,传奇影业的 CEO 托马斯作为团队精神中不可或缺的核心人物却于 2017 年 1 月宣布辞职,这也在一定程度上反映出此次并购中存在的不少挑战。在并购传奇影业后,万达并没有停止其海外扩张战略,而是接连收购了美国第四大院线卡麦克、欧洲最大院线

Odeon&UCI 院线,又以十亿美元收购全球最大的电视直播制作商之一 DCP。在大批量成功收购这些海外公司的背后,不难看出万达清晰的全产业链逻辑。万达影视成功整合了海外的优质资源,为实现全球影视帝国梦打下坚实基础。

下面举一个我国国企海外并购的案例。

收购方中国海洋石油集团有限公司(简称中海油)是中国三大石油公司之一,核心业务包括油气勘探开发、发电、新能源等。被收购方尼克森公司于 1971 年成立,是加拿大一家独立的国际能源上市公司,常规油气、油砂和页岩气是它的三大核心业务。中海油并购尼克森始于 2012 年 7 月 23 日,历时七个月,到 2013 年 2 月 26 日最终收官。此次中海油并购尼克森的原因可从以下两点来分析。首先,中海油的企业发展目标是成为全球高水平的能源公司,但在这个目标实现的道路上存在着一个巨大的障碍,那就是储量不足。在收购前中海油已探明的储量约为 31.9 亿桶,即仅能维持九年左右的开采时间。而尼克森的实证储备量为九亿桶油当量,概算储备量为 20.22 亿桶油当量,潜在资源量为 56 亿桶油当量。因此此次并购大大提升了中海油的资源储备量和产量,也使得中海油在非常规油气领域的资源和相应的先进技术得到了极大的扩展和提升。其次,中海油十分看重尼克森所处的优越投资环境。加拿大作为世界三大原油储备地之一,能源资源丰富,且有十分宝贵的油砂资源,政权也较稳定,且由于金融危机的影响,尼克森公司资产大幅缩水,面临困境,为中海油提供了极好的海外并购机会。事实证明,中海油通过并购尼克森公司,总资产规模由 4561

亿元增长为 6146 亿元,增长幅度达 34.75％,远超能源企业资产总规模增长率 23.36％。中海油的海外并购活动在扩大了自身的规模和油气储备量的同时,开拓了更为广阔的海外市场,从而增强了企业的连续经营能力,有利于企业的可持续发展,是一次成功的海外并购案例。

那么企业该如何顺应时代浪潮实现海外并购呢?

首先,企业应树立良好的海外形象。我国企业在并购过程中应加强与目标公司所在国家或地区政府部门的沟通,减少相应的障碍。同时,在并购过程中应尽量采用逐步收购而非一步到位的方式,以逐步渗透扩大并购,避免引起国外有关政府部门的误解。此外,有跨国并购意愿的企业可在实施并购前便积极参加该国的公益性、环保性活动并给予一定的捐助,从而努力提升其在海外政府及人民心中的形象。

其次,制定科学的并购战略,充分做好并购准备。依据企业的战略布局以及自身发展需要,并利用并购双方的优势实现并购的资源整合和资源优化才是正确的并购行为。企业在实施海外并购前应认清自身定位,制定详细的并购战略,充分融合企业短期目标与长期目标,做好战略布局规划,选择与自身发展契合的海外目标公司。此外,企业在执行并购前应做好做足功课,制订预测分析计划,可通过海外市场调查、分析自身并购实力、预测成功概率及并购后相关收益率、建立风险评估模型等方式来进行。企业应清楚并购并非为了并购而并购,并非为了规模而并购,而是应"因企而异",在确定的战略目标定位下有针对性地实施并购。

最后,重视并购后整合,发挥并购的协同效应。不同国家地区存在不同的文化差异,企业应对可能存在的各种文化冲突做好应对措施,如聘请相关专家予以协助等,努力消除文化冲突,制订文化整合计划。在人力资源和经营管理方面都应设立制定适合于海外职员的制度模式,构造良好的企业氛围,充分发挥并购后的经济效益协同效应。

最后总结一下:中国企业走向世界是大势所趋,在海外并购浪潮不断翻涌的今天,企业应把握好机遇,依据自身海外并购的需求选择恰当的目标公司实施并购,从而实现不断的扩张与成长。

第六节　海外并购的资金进出通道与监管

我国跨境并购在近几年呈现出并购主体由国有企业向民营企业的转变;所在行业由以能源、资源领域为主,向信息技术、医疗健康、高端制造业等领域的转变;美国、欧洲、澳洲等拥有先进技术、优秀品牌、成熟渠道的国家和地区成为我国企业"走出去"的首选。从以上三点不难看出我国海外并购的繁荣发展趋势,但跨境并购金额上升的同时也带来了明显的资本外流,外汇储备下降。为维持汇率的相对稳定,近年我国境外投资监管部门陆续出台了多个文件,旨在"控流出、扩流入"。**监管政策可具体到以下几点。**

一是对境外投资项目的审查和管控更加严格。监管部门从境外项目的投资审批、真实性审核入手,实施全面从严管理。对包括房地产、娱乐休闲等在内的领域进行重点控制,对"母小子大"、资产负债率过高的项目从严审批。

二是对央企的海外并购项目监管趋严。《中央企业境外投资监督管理办法》强调央企在进行跨境投资并购时应聚焦主业，加强风险防控。具体实施办法包括在股权结构上积极引进第三方机构入股，对境外特别重大投资项目要委托有资质的独立第三方咨询机构开展专项风险评估。

三是银行审查融资方式趋严。当前跨境资金监管模式要求商业银行协助并购企业调整并购决策，合理规划融资方式，从而起到降低整体融资成本、提升成功率的作用。商业银行一般会建议借助国际资本市场进行融资，具体方式有跨境直接贷款、银团贷款、互换和资本市场直接发债等。

四是资金出入境受监管趋严。根据有关外汇管理规定，境内企业在不同的交易结构下向境外付款时，受到的监管程度也有所不同。由于我国在资本项目上的外汇管制尚未完全放开，境内企业将人民币兑换成外币并向境外支付时，仍会受到外汇管理部门直接或间接的监管。

常见的跨境并购融资有五种模式：

模式一是内保外贷。内保外贷是境内担保人，一般来说是银行，参与跨境并购的常用模式。境内银行为境内企业在境外注册的附属企业或参股投资企业向境外银行开立保函或备用信用证，由境外银行向境内企业在境外设立的并购实体发放外币贷款。

国家外汇管理局 2014 年发布了《跨境担保外汇管理规定》及《跨境担保外汇管理操作指引》，对内保外贷实行登记管理，无须逐笔审批,和其他融资方式相比,大大缩短了业务流程,降低了企业融资成本。2017年,国家外汇管理局出台了《关于进一步推进外汇管理改革完善真实合规性审核的通知》,对于采用内保外贷进行海外交易的企业的交易真实性、合规性以及履约可能性加强了审查。

模式二是过桥融资＋并购贷款。过桥融资的期限一般在一年内,是为与长期资金相对接而在过渡期内使用的融资模式,具有期限短、成本高等特点。并购贷款是指商业银行向并购方企业发放的、用于支付并购股权对价款项的本外币贷款。

根据银监会《商业银行并购贷款风险管理指引》要求,并购贷款资金用途仅限于直接支付交易对价和置换之前的并购融资两类。该模式要求银行需把握好节奏,过桥融资行为要发生在银行并购贷款方案之前一年以内。

模式三是境外发债。2014年中国银行间交易商协会推出了用于并购的债务融资工具,所募集资金用于偿还并购贷款或支付并购交易价款。境外发行债券以其高成效、低成本的特点,受许多中国企业青睐。

根据国家发改委《关于推进企业发行外债备案登记制管理改革的通知》,境外发债在发行前需向国家发改委申请办理备案登记手续。2016年4月中国人民银行发布了《关于在全国范围内实施全口径跨境融资宏观审慎管理的通知》,对国内企业的本外币外债实行统一管理,在全国范围内建立全口径跨境融资宏观审慎管理框架;2017年1月发布了《关于全口径跨境融资宏观审慎管理有关事宜的通知》,在维持整体框架不变的前提下,进一步提高境内企业的跨境融资额度,便利跨境融资手续。

模式四是股权支付。包括股权融资和跨境换股两种模式。股权融资是指商业银行通过有投行牌照的子公司,在跨境并购中为境外并购实体进行股权融资,或借由私募基金作为通道进行股权融资。跨境换股是指并购企业以股权作为支付手段并购境外公司,即并购公司的股东以其持有的公司股权,或者以其增发的股份作为支付手段,购买境外被并购公司股东的股权或增发股份的行为。与现金支付手段相比,股权支付减少了短时间内支付大量现金的压力,避免了挤占公司的运营资金,同时也缓解了资金出境的压力。对于被并购方的股东来说,也可以享受到公司规模扩大后的价值增值。

从监管层面来讲,我国对跨境换股采取并联审批制,缩短了审批时间,提高了并购效率。目前,境外非上市公司的股权未被明确允许作为境内企业进行境外并购时的支付手段。

模式五是境外并购基金。首先,并购基金是专注于对目标企业进行并购的基金,通过收购目标企业股权,获得对目标企业的控制权,然后对其进行一定的重组改造,持有一定时期后再出售。境外并购基金是指国内的投资主体可以与外币基金共同成立境外投资基金,从而引入外币基金的资金用于境外投资。一方面,可以有效缓解企业财务压力,减少境外并购中的财务风险;另一方面,借力境外并购基金的规范性和专业性,可以协助企业实现业务整合,提高并购的成功率。

目前国际并购市场上活跃着一些具有中国背景的境外并购基

金。我国相关政策和法律监管条件的进一步成熟,再加上政府大力推进的自贸区建设,为发展境外并购基金提供了便利。

下面通过一个案例来为大家具体介绍一个规范的境外并购融资是怎样做成的。

2016年的首旅集团收购如家酒店是我国首笔跨境换股项目。首先,首旅集团通过其境外子公司首旅香港,以银行贷款融资、现金对价支付的方式收购了如家酒店境外公众股东持有的65.13%股权,实现了对如家酒店的私有化,掌握了控股权。其余34.87%的股权,首旅香港则是通过向交易对手发行股份购买 Poly Victory 100%的股权,同时向携程上海等首旅集团外的其他对象购买了如家酒店合计19.6%的股权。

在了解了境外并购融资模式与相关监管政策后,中国企业在进行跨境并购行为时应注意哪些?

第一,随时关注国家跨境并购方面的政策,避免进入监管部门密切关注的跨境并购领域;

第二,优先收购标的经营情况较好、能够产生持续现金流的项目;

第三,对于综合实力强劲的大型集团公司及上市公司可学习适度探索跨境并购基金业务;

第四,注意规避境外并购中存在的各种风险,包括政策合规风险、偿债风险、退出风险、汇率风险等。

因此,想要实施成功的境外并购,企业一定要关注政策变动趋势,灵活运用适合自己的融资工具。

第七节 海外并购的机会与风险全梳理

近年中国企业海外直接投资迅速增长,海外并购的数量和规模都不断增加,但由于海外政治、文化、法律等方面的差异,海外并购的机会和风险并存。自 2008 年起,在全球并购投资下滑的大背景下,中国对外投资不减反增,持续增长态势维持了八年之久,但在 2017 年迎来首次下滑,中国企业"出海"趋于理性。虽然 2017 年数据下滑,但仍然处于高位。数据统计,2017 年全年,中国企业进行跨国项目并购持续活跃,完成并购项目 341 起,分布在全球 49 个国家和地区,涉及国民经济 18 个行业大类,实现交易总额 962 亿美元。中国企业海外并购仍呈现一片欣欣向荣的景象。

中国企业海外并购主要有以下三类机会。

第一是"一带一路"建设带来的机会。起初,与基础设施项目相关的长期投资,是"一带一路"建设的一项特色,这也使得"一带一路"倡议的主要获益方是中国国有企业;而如今,对"一带一路"沿线国的相关投资正逐渐拓宽至贸易、制造业、互联网、服装和旅游业等,预计在不远的将来,更多民营企业也会成为赢家。

第二是发展"新经济"带来的机会。中国对自主研发能力及进口替代的要求不断提升,使得企业对创新的需求不断增强,如人工智能、芯片、生物技术等领域的新经济企业通过技术产品改变社会和改善生活质量,或通过科学技术和理念改造传统行业,这将开启继国企、民企之后的第三波海外投资并购潮。将投资版图扩展至美国硅谷、以色列等地寻找优质创业项目，将会成为未来几年的投资并购热点。

第三是美联储加息所带来的对非美国家优质企业并购的机会。2018年上半年，美联储进行了两次加息后持续发出"鹰派"信号，这导致国际资本逐步回流美国买入美元资产，同时抛售其他货币资产。美元进入加息通道，由于美元是国际市场中最重要的货币，中国企业若想"走出去"并在世界范围内选择直接投资目标，基于美国财政政策、货币政策及贸易战的综合考虑，现在并不是中国企业对美国企业进行直接并购的好时机，但可以转战土耳其、墨西哥、巴西、东南亚等新兴或脆弱市场寻找优质的便宜资产。

随着企业海外并购规模迅速扩大，中国已经跃居世界第二对外投资大国，然而在海外并购中，中国的企业必须要增强风险意识、提高风险管控能力。具体来讲，企业在海外并购中主要面临以下五种风险。

第一种是企业价值下降风险。并购常常被当成是收购方提高自身价值的重要手段。然而，国内外大量对过去并购行为的实证研究表明，并购方的股东财富价值平均而言会受损，至多是持平；相反，被并购企业的股东则能获得20％～40％的收益。同时，在交易结束后的几年里，许多并购企业的业绩会急剧恶化，而且只有少数的目标企业获得了比行业平均水平更高的收入增长率。此前麦肯锡公司对1990—1997年间美国超过十亿美元的并购活动进行研究后发现，在第一年大多数目标企业比其他行业中的对等竞争者获得了更低的增长率，而在三年后只有12％的目标企业获得了加速增长。也就是说,相当比例的并购非但不会带来企业价值的提升,反而会造成企业价值的下降。因此,对企业来讲,应当意识到海外并购可能会造成自身在资本市场价值的下降,从而对企业经营活动带来风险。

第二种是规模过大带来的管理成本提升风险。扩大规模在很多情况下被当成了企业海外并购的重要目标,并认为规模的扩大能够实现规模经济,从而提高企业经营效率。而事实上,规模经济是一种非常脆弱的概念。从规模经济来看,经济学理论认为,当生产规模扩大时,生产成本先陡然下降,然后趋于平缓,最终变平,即达到最小效率规模。如果并购前的企业已经在最小效率规模或超过最小效率规模的状态下运行,那么并购不会带来任何的效率增加。很多产业的最小效率规模都很低,大概只有行业总产量的10%或更少。因此,企业规模的扩大可能对于提高企业竞争优势的作用并不明显。大量实证研究也表明,并购过程中由于规模经济而形成的价值增值往往被夸大。

第三种风险是并购后整合的风险。企业在海外并购时,往往对并购本身产生的成本(包括目标企业资产估值、交易活动产生的费用等)估计比较充分,但对于并购完成后的资源整合成本考量不足。事实上,并购活动完成以后,企业依然面临着巨大的资产整合风险。永道公司调查曾表明,"目标管理态度和两国文化差异"和"缺乏收购后的整合方案"是导致企业兼并重组失败的最重要的两个原因,并购方企业与目标企业之间的文化冲突、目标企业管理者的安置问题、高层次人才流失问题、员工中普遍存在的恐慌和焦虑情绪都有可能使新建立起来的企业无法正常运转。因此，我们认为，企业中很多资源是依托于特定的组合方式存在，并不断动态变化，并购往往会破坏资源的组合方式，导致资源价值大大降低。运用现金流贴现等方法估算出来的预期协同往往高估了企业兼并重组的实际效果，因此在并购成本的时候必须要将资源整合成本和资产转移的损失纳入考虑范围之内。

第四种风险是政治风险。在企业海外并购中，其面临的风险不仅包括商业层面的运作风险，而且包括国家层面的政治风险和舆论偏见风险。近年来，大量企业海外并购都是因为东道国政治压力和舆论偏见而作罢，甚至说，政治压力和舆论偏见在很多情况下已经成为中国企业海外并购的最大障碍。例如，2015 年 1 月，希腊激进左翼联盟一上台，就表示将停止出售该国最大港口比雷埃夫斯港 67% 股权计划，直接影响到中国"一带一路"建设在欧洲的布局；中铝巨资收购力拓铩羽而归；中海油宣布撤出收购美国优尼科公司；中国五矿集团收购加拿大诺兰达公司遭到否决等；2016 年 1 月美国外商投资委员会（CFIUS）否决了中国风险资本集团 GO Scale 以 30 亿美元收购飞利浦 Lumileds 照明业务的交易。如何规避政治风险，避免政治监管和政治干预的冲击，是企业海外并购中需要考虑的重要问题。

第五种风险是法律风险。海外并购中的法律风险指跨国企业在海外并购过程中及并购成功后的经营活动中因不了解东道国相关法律，受到未预期的管制和制裁所产生的损失。并购投资的法律风险贯穿了从东道国的外资并购审查到并购成功后对目标企业经营管理的全过程,不仅包括东道国对并购的立法规范,还涉及并购企业的劳工处理、债权债务和法律责任等更为隐蔽的风险,以及并购成功后的经营过程中,并购合同中出现的签约风险、东道国为维护市场竞争和消费者利益的反垄断问题、保护中小股东权益的公司法与证券法问题等一系列风险,稍有不慎即可能给企业带来巨大损失。近几年企业"走出去"之后屡遭挫折的现象正说明合法合规经营的重要性。例如2010年9月,中国海外工程有限责任公司(以下简称中海外)负责C标段设计的波兰多罗咨询公司多次向中海外邮件交涉,要求中海外在做施工准备时必须妥善处理青蛙的问题,中海外绝没料到,小小的青蛙也会成为影响工期和成本的一大挑战。

为避免出现以上企业实施海外并购的五大风险,需要提前做好以下准备。

第一是加强对目标企业的价值评估。为提高成功率,企业在海外并购前,应投入足够多的财力和物力对目标企业进行全面充分的了解。

第二是把握海外并购节奏,避免盲目跟风。企业家天生具有扩大规模的倾向,因为规模增长能够为管理者提供更多可供支配的资源,同时企业家往往容易犯自大的错误,从而导致不合适的并购行为发生。

第三是将海外并购与国家"一带一路"倡议结合起来。将海外并购与国家倡议结合并适时推进,有助于营造良好的政治环境,降低政治风险。

　　第四是做好充分的并购后的整合预案。任何企业之间的并购成功与否,关键都是看后续是否能够有效地整合。受文化差异等因素的影响,两国之间的整合难度将会更大,所以一定要做充足的整合预案。

　　最后总结一下:企业需要找到海外并购的机会,更需要及时规避有可能发生的海外并购风险,这样才可以真正做到适合自身企业发展的海外并购。

第八章　股权激励

第一节　激励的本质：哪些企业和人员适合做股权激励？

股权激励已经成为现代公司必不可少的吸引并留下专业人才的重要方式。股权激励简单来讲是企业通过附带条件的形式给予企业高级管理人员或优秀员工部分股东权益，从而将这些员工的利益与公司利益紧密联系在一起，使其具备主人翁意识，与企业形成利益共同体的一种长效激励机制，是目前最常用的激励员工的方法之一。股权激励有利于促进企业与员工共同成长，充分有效发挥员工的积极性和创造性，从而帮助企业实现稳定发展的长期目标。

适合做股权激励的企业类型

发展前景良好的企业

公司的发展前景良好，便使得公司的股份具有足够的价值来吸引员工出资购买。在此类公司实行股权激励会起到锦上添花的作用，有助于稳定建设人才梯队，为企业的长远发展储备人才。相反,如果公司发展前景充满不确定性,对员工进行股权激励则会产生适得其反的效果。

对人力资本依赖性强的企业

如果公司是依靠土地、能源等的垄断型、资本密集型企业或者是对国家政策、政府关系依赖性大的企业,实行股权激励的意义并不大,对企业绩效不会产生明显的推动作用。但如果企业的核心资源是人力资本,是对人才依附性极强的企业,如高科技公司、互联网公司、培训公司、咨询公司等,那么对于此类企业来说,股权激励则是具备战略必要性的。

人力成本高、现金流压力大的企业

对于任意一家公司而言,人才和现金流都是可以决定生死的关键因素。当公司出现现金流不足的压力时,高额的员工工资及奖金较易出现拖欠情况。面对这种困境,如果对核心骨干员工实施股权激励,用股权代替现金支付,便可以有效减轻现金流压力,从而大大缓解公司现金流紧张的难题,也有助于稳定员工情绪,树立其信心。

融资能力弱的企业

资金是公司的血液,资金链的断裂会导致企业面临倒闭的风险。当公司无法及时从外部获取公司正常经营发展所需的资金时,可以通过对员工进行股权激励从而获得一定的资金来进行周转。

处于初创期的企业

创业初期的公司缺乏品牌影响力和市场占有率，因此抵御风险的能力较弱，员工团队的稳定性决定着公司的成功。把股权分给员工可以起到很好的凝聚人心的作用，使其愿意留下来与企业一起共担风险，共同打拼。此外，初创期企业因资金短缺往往很难给出高薪，股权作为一种薪酬补偿可以有效起到激励、留人的效果。

处于激烈竞争中的企业

若企业的竞争对手实施了股权激励，那么企业也应该紧随其后实施股权激励。一方面，可以有效防止高管团队受到股权诱惑选择跳槽；另一方面，有利于充分激发团队的内部积极性，从而使得企业在激烈的市场竞争中得以生存发展的概率大大提升。

适合做股权激励的对象

员工股权激励并非意味着面向所有员工展开。如果多数员工成为股东，对许多中小企业来说未必是好事。因为这样会导致激励成本高、激励过度，干等分钱的人是大多数，真正去赚钱的人只有很小一部分，反而会制约企业的发展。因此，股权激励是一种"贵族式"的激励，份额有限，应仅针对极少数高层次、高价值的员工。首先，从层次价值上来看，适合进行股权激励的人员包括董监高、决策层、掌握核心技术的技术人员、业务能力持续很棒的营销精英。其次，从价值观和信念上来看，应选择那些忠诚于事业、愿意持续追随、值得信赖的员工。

第二节　股权激励的典型模式与成功经验

股权激励的模式有很多种，但我们一般常见的、典型的模式是以下六种，即股票期权激励模式、虚拟股票激励模式、股票增值权激励模式、业绩股票激励模式、管理层收购激励模式与延期支付激励模式。

第一，股票期权激励模式。美国迪士尼公司和华纳传媒公司是最早在管理人员中大量使用股票期权的公司。随着 20 世纪 90 年代美国股市出现牛市，股票期权给公司管理人员带来了丰厚的收益。全球 500 家大型企业中目前已有 90％对高层管理者实施了股票期权激励。股票期权是指股份公司赋予激励对象购买本公司股票的选择权，激励对象可以在规定的时间内以事先确定的价格购买公司一定数量的股票，也可以放弃购买股票的权利，但股票期权本身不可转让。简单来说，股票期权是公司给予激励对象的一种激励报酬，该报酬能否取得完全取决于激励对象能否通过努力实现公司的激励目标。在行权期内，如果股价高于行权价，激励对象可以通过行权获得市场价与行权价格差带来的收益，否则将放弃行权。股票期权激励模式比较适合那些初始资本投入较少、资本增值较快、在资本增值过程中人力资本增值效果明显的公司，如高科技、互联网类新经济行业。

其优点主要为以下三点：

一是将经营者的报酬与公司的长期利益联系在一起，实现了经营者与资产所有者利益的高度一致性，并使二者的利益紧密联系起来。

二是可以锁定期权人的风险,股票期权持有人不行权就没有任何额外的损失。

三是股票期权是企业赋予经营者的一种选择权,是在不确定的市场中实现的预期收入,企业没有任何现金支出,有利于企业降低激励成本,这也是企业以较低成本吸引和留住人才的方法。

第二,虚拟股票激励模式。虚拟股票激励模式是指公司授予激励对象一种"虚拟"的股票,如果实现公司的业绩目标,则被授予者可以据此享受一定数量的分红,但没有所有权和表决权,不能转让和出售,在离开公司时自动失效。公司支付给持有人收益时,既可以支付现金、等值的股票,也可以用支付等值的股票和现金相结合的方式。虚拟股票是通过其持有者分享企业剩余索取权的方式,将他们的长期收益与企业效益挂钩。成立于1987年的全球领先的信息与通信技术解决方案供应商华为技术有限公司便是通过此种模式激励高管与基层员工的。

其优点主要是以下三点:

一是虚拟股票激励实质上是一种享有企业分红权的凭证,除此之外,不再享有其他权利,因此,虚拟股票的发放不影响公司的股本结构与总资本。

二是虚拟股票具有内在的激励作用。虚拟股票的持有人通过自身的努力使企业利润不断提升,进而可以获得更多的分红收益,公司的业绩越好,其收益越多。

三是虚拟股票激励具有一定的约束作用。因为获得分红收益的前提是实现公司的业绩目标,并且收益是在未来实现的。

第三,业绩股票激励模式。业绩股票激励模式指公司在年初确定一个合理的年度业绩目标,如果激励对象在年末实现了公司预定的年度业绩目标,则公司给予激励对象一定数量的股票,或奖励其一定数量的奖金来购买本公司的股票。业绩股票在锁定一定年限以后才可以兑现。业绩股票本质上是一种奖金的延迟发放,但它弥补了一般意义上的奖金的缺点,具有长期激励的效果。一方面,业绩股票与一般奖金不同,它不是当年就发放完毕,还要看今后几年的业绩情况;另一方面,如果企业效益好,其股价在二级市场会持续上涨,就会使激励效果进一步增大。

其优点是以下三点:

一是能够激励公司高管人员努力完成业绩目标。为了获得股票形式的激励收益,激励对象会努力地去完成公司设定的业绩目标;激励对象获得激励股票成为公司的股东后,更会倍加努力地去提升公司的业绩,进而获得因公司股价上涨带来的更多收益。

二是具有较强的约束作用。激励对象获得奖励的前提是实现一定的业绩目标,并且收益是在将来逐步兑现的。

三是业绩股票模式符合法律法规与国际惯例,经股东大会通过即可实行,操作性强。

第四,股票增值权激励模式。股票增值权激励模式是指公司授予经营者一种权利,如果经营者努力经营企业,在规定的期限内,公司股票价格上升或公司业绩上升,经营者就可以按一定比例获得这种由股价上扬或业绩提升所带来的收益,收益为行权价与行权日二级市场股价之间的差价或净资产的增值,激励对象不用为行权支付现金,行权后由公司支付现金、股票或股票和现金的组合。

这种模式的主要优点是简单且易于操作,股票增值权持有人在行权时,直接对股票升值部分进行兑现。

第五,管理层收购激励模式。管理层收购是指公司的管理层利用杠杆融资购买本公司的股份,从而改变公司股权结构、资产结构等,进而达到持股经营和重组公司的目的,并获得预期收益的一种收购方式。管理层收购的主体一般是本公司的高层管理人员,收购资金来源分为两个部分:一是内部资金,即经理层本身提供的资金;二是外部资金,即债权融资或股权融资。管理层收购模式比较适合于国有资本退出企业、国有民营型非上市公司、集体性企业、拟剥离业务或资产的企业等。

管理层收购模式的优点是:通过收购使企业经营权和控制权统一起来,管理层的利益与公司的利益也紧密地联系在一起,经营者以追求公司利润最大化为目标,极大地降低了代理成本。

第六,延期支付激励模式。延期支付激励模式是指公司为激励对象设计一揽子薪酬收入计划,一揽子薪酬收入中部分是股权收入,股权收入不在当年发放,而是按公司股票公平市场价折算成股票数量,并存于托管账户,在规定的年限期满后,以股票形式或根据届时股票市值以现金方式支付给激励对象。

延期支付激励模式的优点是:可操作性强,无须证监会的审批;把经营者一部分薪酬转化为股票,且长时间锁定,增加了其退出成本,促使经营者更关注公司的长期发展,减少了经营者的短期行为,有利于长期激励,留住并吸引人才;管理人员部分奖金以股票的形式获得,因此具有减税作用。

下面分享华为面临经济危机时使用股权激励手段渡过难关的成功经验,希望能给予大家一些启示。

2008 年,美国次贷危机飞速引发了全球性的经济危机,给世界各国经济发展造成重大损失。面对本次经济危机的冲击和经济形势的恶化,华为推出新一轮的股权激励计划。2008 年 12 月,华为推出"配股"公告,此次配股的股票价格为每股 4.04 元,年利率逾 6%,涉及范围几乎包括了所有在华为工作时间一年以上的员工。由于这次配股属于"饱和配股",即不同工作级别匹配不同的持股量,比如级别为 13 级的员工,持股上限为两万股,14 级为五万股。大部分在华为的老员工,由于持股已达到其级别持股量的上限,并没有参与这次配股。之前有业内人士估计,华为的内部股在 2006 年时约有 20 亿股。按照上述规模预计,此次的配股规模在 16 亿股,因此是对华为内部员工持股结构的一次大规模改造。另外,如果员工没有足够的资金实力直接用现金向公司购买股票,华为以公司名义向银行提供担保,帮助员工购买公司股份。

在经济危机时期,很多企业的人才流失并非是裁员,而是当员工预期企业未来的业绩不好时,主动选择离职,以便有更多的机会寻找更好的工作。华为在面临此次危机时,通过股权激励使得更多的员工获得了股权,可以参与公司分红,将员工个人财富的增值与企业长期利益绑定,增强了员工的主人翁意识,减少了人才流失。同时增加了公司的资本比例,缓冲了公司在经济危机冲击下现金流紧张的局面。华为一举两得,渡过了此次经济难关。

股权激励已是现代企业必不可缺少的资本运营手段之一,企业需要根据自身企业的商业模式及所处的不同阶段选择合适自身的股权激励模式,助力企业的长期发展。

第三节　股权激励的失败案例与教训

首先,我们看看导致企业股权激励失败的原因都有哪些。

第一,公司内部情况的不确定性。一般来说股权激励计划的时间跨度较长,若企业未能在自身业务范围或组织架构发生较大变化时,及时转换股权激励思路,那么原方案极可能因不适应新的企业环境而对企业的发展造成阻碍。

第二,无预留股票难以激励新进人才。公司制订股权激励方案的时候若仅考虑现存的内部人才,而忽视了公司在未来发展中可能引进的新人才,那么这样的股权激励方案便难以长久有效,反而会有带来其他矛盾的可能,最终只会导致股权激励的失败。

第三,无法平衡股东间的利益。股权激励计划涉及股东、管理层以及核心员工之间的利益分配,若公司无法平衡好各方利益,股权激励方案将无法通过股东会决议,最终难以推进。比如此前福建东百集团的管理层激励计划正是由于实施过程中无法处理好各方股东利益的平衡,一年多后由董事会决定取消该计划;再如深圳高速公路股份有限公司 2016 年接连两次提出的股权激励计划,均是在 A 股股东大会中通过,却被 H 股股东大会否定,故而无法进行。

第四,受外界因素影响。产品市场的变化、资本环境的动荡、宏观政策的调控、监管部门的整顿等,都会对公司股权激励计划的实施产生或多或少的影响。

第五,没有从建立共享制的角度彻底改革,再造激励制度与劳资关系。大多数企业如今奉行的股权激励实际是处在代理制框架内,作为以薪酬绩效体系为主的激励制度中的修补手段,最后往往会致使效果不尽如人意。高管的利益上升,而企业的实际效益却出现大幅下降,员工纷纷辞职套现,股权激励演变为股权纠纷。

第六,错把股权激励做成股权奖励。"激励"是基于对价值的未来创造,而并非是过去的贡献。把奖励贡献弄混为股权激励,那么失败自然不是意外。比如有些公司在设计股权激励方案时,会按照工龄、职务等标准进行等级划分,导致员工们产生不公平感而使得股权激励计划无法得到认同,这样一来,股权激励不但起不到积极作用,反而极有可能会造成公司内部的矛盾。

以下就是两个失败的案例。

第一个是众所周知的乐视网股权激励案例。

2015 年 11 月 18 日,乐视全员激励计划正式启动,乐视控股将拿出原始总股本的 50% 作为股权激励授予员工,员工持股平台为鑫乐资产。可参与该计划的员工要求门槛较低,转正员工仅需满足基本考核条件、符合纪律标准和具有共同的文化认同感即可。彼时乐视网已经上市,且预计乐视控股可在 2022 年全面实现 IPO。

表面上看,此时推进全员持股计划可以在很大程度上提升员工的工作热情以及对公司未来发展的期待。但实际上,一方面,激励计划对员工激励目标宽泛不清,对象范围涉及全体员工;另一方面,激励空有激动人心的刺激性,却无清晰的业绩导向和权责对等,难以实现对实际业务的撬动,并没有对员工起到激励作用。

此外,乐视控股包含了乐视所有未上市的核心业务及资产,包括云计算、乐视体育、乐视致新等多个子公司。若想在 2022 年实现全面上市其中的难度可想而知。因此,乐视激励计划的推进仅是建立在梦想蓝图之上的,与其实际发展战略规划路径并不相符,泡沫一旦出现破裂就会全盘倾塌,看似极具"合伙人"精神的持股计划却有着"画饼"嫌疑。

在 2017 年股权激励计划实施仅两年后,乐视资金链就出现了断裂,融创中国受让乐视网及鑫乐资产所持有的乐视致新共计 150 亿元的股份。而鑫乐资产是乐视员工的股权平台,也就是说,出售给融创的股权实际上是乐视员工持有的乐视致新的股权。而后,随着贾跃亭手中的资产和股份相继被冻结,虽然质押状态下的股份短期内无法行权,但股权池的消失却完全违背了企业当初对员工的承诺,员工股权被清。随后,乐视的数位高管集体辞职,股权激励初始的慷慨与荣幸和现在的狼狈与出走形成鲜明对比。乐视控股的全员股权激励计划在两年后便惨淡收场,迎来了失败的结局。

第二个案例是关于我国高端女装上市公司第一家——朗姿股份有限公司所实行的股权激励。

朗姿股份于2012年3月27日发布了股权激励草案的公告,对中高层管理人员共计56人进行股权激励,涉及股票285万股,价值7300万元。但仅在九个月后,朗姿股份就发布公告,决定终止实施股权激励计划。

其股权激励的失败我们可从两方面因素来分析:

第一,朗姿股份的股价自2012年6月中旬以来持续下跌,到12月初的时候,已经跌至20.53元,远低于授予股票期权的行权价格36元,此时股权激励对于朗姿股份来说已经变得毫无意义。

第二,朗姿股份的最终股权激励对象包括四名核心高管以及55名中层管理人员和核心技术人员。但是从激励计划授予日开始,朗姿股份的中高层出现了较大变化,财务总监、董事会秘书等核心高管先后辞职。与此同时,朗姿股份还新引进了多名高级管理人员和核心技术人员,从而导致新进高管和骨干核心员工无法被股权激励计划所覆盖,因此若继续推行原来的股权激励会导致不公平现象的产生,无法达到原本的预期激励效果。

综合以上两种原因,朗姿股份董事会决定终止实施股权激励计划。

那么企业具体应该如何规避股权激励的失败呢?

首先,应设计合理的股权架构,明晰合伙人的权、责、利。

创业公司合伙人之间的分工与回报,在早期一定要明确清晰,避免因为股权问题导致创始人之间的矛盾不断,从而影响企业的发展,只有在此基础上实行的股权激励计划才有可能是成功的。此外,对创业初期的企业来说,合伙人中最好有且只有一个是核心控制权。一个想要稳定发展的公司的控制权是不能被过度分散的，否则不同的方针策略必然会对企业的发展造成很大影响。

其次，股权激励应具备公平性和保密性。

如果股权激励是不公平又是公开的，就会导致人心不满，让团队内部产生矛盾，那么这样的股权激励就必然是失败的。

再次，在设计股权激励方案时一定要考虑有约束机制。

给了期权之后，一定要限制期权是要在什么时间内行使或者对绩效限定一个相应的目标，只有这样才能在对员工真正起到激励作用的同时保证方案的有效性和执行力度，避免出现有些员工拿到股份后便离职或者懈怠。同时，时间上的约束也可以减少高管层或核心人员出现大范围变动的情况，从而避免因此而导致股权激励终止的事件发生。

最后，合理分配股权，预留期权池。

一般来说相对合理的股权区间梯次分配方法可以衍生出成功的股权激励方案。举个例子，比如创始人持股 51％，联合创始人持股 20％～30％之间，然后预留 10％～15％的期权池用来激励现在或者未来进入的合伙人和员工，这样在未来需要做股权激励时可以确保任何一方的利益不会受损，从而有助于股权激励计划的成功开展，对企业自身的发展也有很大帮助。

因此，企业应从失败的案例中吸取经验教训，避免踩雷，才能制订出符合自身的正确股权激励方案。

第九章　企业控制

第一节　控制权相对论：掌控企业的几种方式

企业从初创期到 IPO 需要历经若干轮的融资，但是创始人的股权也会在这个过程中被不断地稀释，所拥有的股权越来越少，从而逐步丧失对企业的控制权，严重时有可能会被资本"赶出"企业，如苹果创始人乔布斯、雷士照明创始人吴长江、1 号店创始人于刚、新浪创始人王志东等。本章将对如何掌握企业的控制权进行讲解。

1932 年制度学派理论的代表人米恩斯与伯利在合著的《现代公司与私有财产》一书中提出，随着现代股份公司股权分散、公司所有权和控制权相分离的现状出现，公司的控制权事实上落到公司经营者手中，出现了"经理革命"。对公司控制权掌控的讨论由此开始。

目前，在我国若想拥有对企业的控制权，就需要控制相应的股份，及同股同权。根据我国《公司法》第 125 条：股份有限公司的资本划分为股份，每一股的金额相等。该法条规定我国内地实行"同股同权"制度,即在内地上市的公司不能采取"同股不同权"的股权模式。同股同权强调股份的发行,实行公平、公正的原则,同种类的每一股份应当具有同等权利。股东之间权利平等,在不同的股东之间,其享有的权利相同,没有优劣、多少、高低之别。

因此,若想实现对企业的控制,则需要控制企业的股份。其中有三条企业控制线即持股 67%、持股 51% 与持股 34%。

第一,持股 67% 是完全控制线,对企业有 100% 的控制权利。一些重大的事项如公司股本变化、修改公司章程等重大决策,只要拥有企业 67% 或以上的股份,可以就这类重大事项进行决策。

第二,持股 51% 是相对控制线。拥有 51% 的股权就可以做除企业重大事项之外的日常经营的决策,年度财务预算方案和决算方案、利润分配方案和弥补亏损方案等,就是能够基本上控制公司的运营。

第三,持股 34% 是最低控制线,对重大事项有一票否决权。增资减资、合并或者是想上市,都是要得到公司三分之二表决票通过。在做企业的时候,创始人想掌握 67% 以上的股权是很难的,但一定要把握最低线 34% 的股权。如果股权低于 34%,你的控制权就基本丧失了。

下面分别对非上市企业与上市企业的管理层如何掌握控制权进行讲解。

非上市企业一般有以下三种方法来掌握企业的控制权。

第一,拥有足够多的股权。如上面所讲的三条企业控制线。管理层需要保持住超过控制线的股权,才可以相对安全地控制自己的企业。

第二,设立一家有限责任公司或有限合伙企业作为目标公司的持股实体。在法律层面上有个概念叫归集表决权。归集表决权的方式有许多种,例如表决权委托、签署一致行动人协议、构建持股实体等。通过构建持股实体,以间接加强管理层的控制力,是三种方式中最为复杂但也更为稳定可靠的方式。常见的操作方式是:管理层设立一家有限责任公司或有限合伙企业作为目标公司的持股实体,同时成为该公司的法定代表人、唯一的董事、唯一的普通合伙人或执行事务合伙人,最后达成掌握目标公司表决权的效果。

第三,设定限制性条款。设定限制性条款并不能对管理层的控制权起到强化效果,但可以起到防御性的作用。限制性条款大多体现在公司章程之中。一方面,限制性条款可以赋予管理层"一票否决权";另一方面,为了拿下董事会的"战略高地",在公司章程中,还可以直接规定董事会一定数量的董事(一般过半数)由核心管理层委派。需要注意的是,《公司法》对章程的法定、意定事项的范围有所限制,在设立限制性条款时,必须时刻避免触犯法律制度的框架。

上市企业一般有以下方法来掌握企业的控制权。

第一,增资扩股。增资扩股指企业向社会募集股份、发行股票、新股东投资入股或原股东增加投资扩大股权,从而可以增加企业的资本金,管理层有机会扩大持股比例。增资扩股的方式包括:在二级市场增持股份;通过定向增发进行扩股;与其他股东达成股份转让协议,受让其他股东的股权。

第二,签署一致行动人协议。一致行动人协议常指在公司没有控股股东或实际控制人的情况下,由多个投资者或股东共同签署一致行动人协议,从而扩大共同的表决权数量,形成一定的控制力。比如,陕西宝光真空电器股份有限公司的第一大股东陕西宝光集团有限公司与陕西省技术进步投资有限责任公司于2016年11月17日签署了《一致行动人协议》,自此陕西宝光集团有限公司与一致行动人共持有公司5321.2470万股,占公司总股本的22.56%。双方采取一致行动的范围主要包括提案的一致行动与投票的一致行动,而各方依据其作为宝光股份股东所享有的其他权利则不受影响。

第三,资产重组。资产重组是指企业改组为上市公司时将原企业的资产和负债进行合理划分和结构调整,经过合并、分立等方式,将企业资产和组织重新组合和设置。其方式是管理层对一家企业拥有较低控制权,而对另一家企业拥有绝对控制权时,通过两家企业的资产重组从而获得重组后企业的控制权。

第四,"同股不同权",境外上市。这种方式主要适用于允许"同股不同权"的一些境外资本市场,如美国、中国香港等。企业可以发行具有不同程度表决权的两类股票,即A、B股,A股为一股一权,B股为一股多权,由此管理层可以获得比"同股同权"结构下更多的表决权,从而获得企业决策权。我国大多数的新经济互联网境外上市企业管理层皆是通过"同股不同权"的方式掌控企业的,如阿里巴巴、京东、小米等等。

下面，通过京东的案例给大家具体讲解一下管理层是如何掌控自身企业的。

京东在上市前拥有"豪华"的投资机构股东。如今日资本、高瓴资本、KPCB、红杉资本与 DST 等。通过多轮融资后的京东，在赴美上市之际，刘强东持股低于 18.8％，勉强领先第二大股东老虎基金的 18.1％与第三大股东腾讯的 18％，刘强东的大股东身份岌岌可危，然而刘强东牢牢把企业控制权握在手中。

首先，刘强东启用了投票权委托与一致行动人规则。根据京东的招股书来看，上市前京东所拥有的 11 家投资机构将其投票权委托给了刘强东行使。刘强东通过两家公司合计持股 18.8％，却掌控了京东 51.2％的投票权。

其次，京东运用了"同股不同权"，A、B 股的方法。京东 2017 年 5 月提交给美国证券交易委员会（SEC）的 FORM 20-F 文件显示，截至 2017 年 2 月 28 日，京东 CEO 刘强东持有公司 15.8％的股份，拥有 80％的投票权。据悉上市前京东的股票区分为 A 序列普通股与 B 序列普通股，机构投资人的股票会被重新指定为 A 序列普通股，每股只有一票投票权，但是 B 序列普通股每股对应几十倍于 A 股的投票权。截至 2017 年 2 月 28 日，刘强东共持股 4.5 亿股，持股比例为 15.8％，主要是 B 序列股，共计拥有 80％的投票权，在实际意义上控制了京东。

因此，企业在不断的融资发展过程中，管理层需要通过适当的方法，实现对自身企业的控制，不要让被"资本"赶出企业的悲剧发生。

第二节　科学"切蛋糕":股权结构设计十大原则

随着企业的不断发展,公司股权架构会被不断地复杂化,通常在现实中,一个企业会存在着许多隐名股东、干股等特殊股份,这便进一步加剧了企业在利益分配上的不断冲突。各种内部矛盾凸现的同时,也加剧了公司运作的风险,而在矛盾发生的过程中股东赖以维护自身利益的保障便是手中所持有的股权比例和股东权利。

对于创业企业而言,股权架构的设计和股权的分配对公司利益格局和利益分配显得尤为重要。不具备合理的股权结构模式,那便意味着创业企业在公司制度安排和机制设计层面存在先天不足,极有可能在后面阶段的发展过程中不断累积内部矛盾,一旦爆发,可能会对公司造成致命的打击,陷入股东内斗不断、最终散伙倒闭的境地。

因此,合理的股权结构是公司实现良好治理的基石,更是明晰股东的权责利、确保企业控制权的稳定、保证公司的顺利融资以及企业 IPO 的必要条件。

那么,企业该如何合理设计自身的股权结构呢? 下面为大家列出了六大股权结构设计原则以供参考。

原则一是有效分配股权比例。

第一,保证 CEO 有较大的股份比例。企业初创时,资金固然重要,但从投资人对创始合伙人人力资本的认可、对项目的认可、对公司未来的认可,便可以明确 CEO 才是对公司做出巨大贡献的人，必须占对公司有绝对控制权的股份比例。此外，在企业后续的融资过程中，资本方会考察 CEO 对企业是否有绝对的控制权，核心团队是否持股，有控制权的 CEO 和稳定的团队才能保证企业的快速前行。

第二，对其他合伙人要根据其自身优势和贡献度，给予相应的股份比例。

第三，确保股权要有明显的梯次感。一定要有大股东、相对比例较大的股东、小股东这样一些不同的身份，才是创业企业相对良性的股权比例，才能保证企业内部相互平衡、相互制约。

第四，企业创业初期，不建议给资源承诺者以及兼职人员过多的股权。创业公司的价值实现需要整个团队长期的时间和精力投入。对于那些非全程参与创业的资源承诺者，应先谈利益合作，待资源导入达到一定的标准后再适当地释放少量股权。同时，对于兼职人员，建议采取发放期权的方式，待其全职参与公司经营后再行权。

初创企业股权比例大致有这样的分配原则：创始人在50％～60％之间，联合创始人在20％～30％之间，期权池在10％～20％之间。而企业成立之初，建议创始人的股份在80％左右比较合适，因为在接下来的 VC、A 轮、B 轮、C 轮融资，皆会涉及股权的稀释，初创期较大的股权比例才能确保企业在多次融资后创始人仍能保持相对的控股权。

原则二是股权架构明晰。

首先，在创业初期，企业股东数量要少，一般就是创始人、联合

创始人、投资人,尽量不要超过三个;

其次,创业企业会涉及几轮融资,以及引进资源型合伙人、管理团队持股,包括企业在成熟期会做员工股权激励。

建议创始人和联合创始人作为显名股东,后续的投资人、员工激励股权、合伙人等都放在持股平台上,极大地简化股权架构。

原则三是股东间资源互补、信任合作。

这是初创企业非常重要的一点。初创企业前期没有过多的资本,每个股东相互信任、各司其职,利用自己的优势资源,对公司做出贡献,才能推动企业飞速发展。

原则四是合理预留股权比例。

在企业创业早期的时候,通常不建议进行员工股权激励。因为公司的估值并不高,此时做股权激励非但不会得到员工的认可,反而会增加员工的不信任度。在该阶段,比起股份,员工们更在意的是"涨工资"。因此,员工股权激励一定是在公司发展到一定的阶段时,估值上升后员工才会觉得有价值,才会真正起到激励的作用。此外,预留股权比例还有助于后期吸收对公司有利的资源方和合伙人。但企业需要明确的是无论是员工股权激励还是新吸收的合伙人,这部分股份并不是免费赠予的,而是需要有一定的对价取得的。

原则五是合理选择股权授予方式。

授予方式一般有按照合作的年份授予、按照项目进度授予、按照融资进度授予以及按照运营业绩授予四种方式。通常都采用分期授予的方式。此外要注意的是,早期的员工股权激励是可以针对公司核心管理团队进行的,例如 CFO、COO(首席运营官)、CTO(首席技术官)这样的核心岗位,股权比例一般为 3%～5%。

原则六是避免极端的股权架构。

第一种是一股独大型。典型代表是家族企业,法律只有一个股东,或法律上体现的是两个人,但其实都是一家人。普遍认为,"一股独大"导致第一大股东完全支配了公司管理决策机制,形成"一言堂",日常经营中容易出现非法操纵行为。

第二种是高度分散型。企业内存在有许多股东,且都持有少量股份,在公司经营决策的时候很难形成高效决策,且极易产生内部矛盾,陷入僵持,经营效率较低。

第三种是股权均分型。两个创始人五五开,三个创始人各三分之一等,都必然会导致分裂,且不被资本所看好。

接下来,通过一个具体案例来为大家进行讲解。

1994 年,四个关系要好的年轻人在四川简阳合伙开了一家火锅店,这家火锅店一路成长为今天的海底捞并于 2018 年 9 月 26 日实现了港股上市,其股权变化也是几经波折。

成立之初,张勇因为个人能力强没有出资,其余三位包括施永宏在内的合伙人各出 8000 元,每人占股 25%。后来,四个合伙人变成了两对夫妻,股权比例也变成了 50%对 50%。

得益于张勇的管理能力以及对整个品牌服务的独特理解,海底捞迅速发展起来。但如果一直以夫妻店的方式经营,公司很难获得更大的发展,张勇便先后让自己的妻子和施永宏的妻子离开了公司。但是公司股权比例依旧是 50%对 50%,即最不被看好的股权结构。张勇认为，由一个具有绝对控制权的人来领导海底捞可以使公司获得更大更好的发展。于是，2007年张勇与施永宏进行了谈判。最终结果是施永宏以原始出资额的价格让出了18%的股权给张勇，由此海底捞的股权比例就变成了68%和32%，张勇夫妇成为海底捞的绝对控股股东。由此，海底捞成功完成了从"非常不合理"到"比较合理"的股权架构的转变。

后来施永宏在媒体采访中表示，张勇确实对公司贡献更大，而且如果张勇在占有大股份的情况下继续管理公司，对公司的未来发展会更加有利。这样虽然他的股份便少了，但相比以前五五分的经营状况而言，随着公司发展壮大，他不仅清闲了，而自身的收益也更高。

由此，海底捞以匪夷所思的方式完结了股权结构不理想这一症结。一方面海底捞自始至终以张勇为主、施永宏为辅的方式帮助实现了这一转变；另一方面，也得益于施永宏的豁达与忍让。

最后总结一下，企业应尽早意识到股权结构合理设计的重要之处，并参考设计原则，结合自身实际情况，从企业的长远发展角度考虑，设计出最适合企业未来成长发展的股权架构模式。

第十章　家族财富

第一节　老无所依：中国式家族财富传承的风险

中国改革开放 40 年,曾经叱咤风云的一代企业家已逐步步入中老年。2017 年兴业银行和波士顿咨询公司开展的高净值客户调查显示,超过半数的企业家已经开始积极考虑财富传承。未来的五到十年,我国的企业将面临历史上规模最大的传承。在财富传承的过程中,企业家如果出现失误,将会对企业造成毁灭性打击,家族财富亦会受到巨大影响。本章将重点讲解关于家族财富传承的问题。

那么,造成企业家财富传承过程中失误的风险都有哪些呢?

第一是缺乏应急预案。一旦企业的掌门人不幸遭遇意外,整个企业及家族将会落入群龙无首的混乱局面。如小马奔腾的创始人李明在 2014 年突发心肌梗死逝世,不仅他留下的 IPO 计划被搁置,公司估值也从 30 亿元下降到了三亿元,最后在 2017 年以 1.5 亿元被拍卖。如果提前做好预案,同样面临危机处境则可以安全渡过。如此前国美电器黄光裕锒铛入狱时,其妻子杜鹃利用家族信托化解了企业经济危机,避免大权旁落、公司股份被稀释的风险,为企业铸造了一个遮风挡雨、东山再起的坚实屏障,重铸今日国美 200 亿帝国,为所有企业做出了良好典范。

第二是婚姻风险。婚姻风险包括两方面。一是创始人自己的婚姻风险。二是子女婚姻风险。在我国的婚姻法下,婚变首先要分割夫妻共同财产。要区分设立时是以个人资产,还是以家庭资产投资设立。若是以个人资产投资设立的,那么婚后增值部分是属于夫妻共同财产进行分割的。企业家子女获得的股权,也会变成夫妻共同财产。如果发生婚变,将会导致子女配偶要求分割企业的股权。另外如果企二代在境外登记结婚或娶的是外国人,离婚时将会面临适用哪国法律和法域管辖的问题。比如,中国人娶了美国国籍的妻子,离婚时,适用哪个国家的法律将会是个很复杂的问题。所以提前做好婚姻风险防范是十分必要的。如此前龙湖地产的创始人吴亚军和蔡奎于 2012 年 11 月 20 日的离婚事件。虽然吴亚军因此失去中国女首富地位,但整个过程处理得相对平顺,对企业的影响也在控制之中,其原因便是龙湖地产上市前将所持有的股份放入信托,并与蔡奎达成协议,最终将离婚事件给企业带来的影响降至最小。

第三是公司资产与个人资产混同。很多企业家在企业的创立伊始,将全部家当都投入公司,个人资产和企业资产没有做好隔离防护。创始人认为企业就是自己创办的,企业的钱就是个人的钱。所以平时既没有给自己工资,也没有分红。需要钱了直接从企业拿,个人资产和企业财产混同、财务混同。一旦企业发生债务危机,公司有限责任可能就转变为个人无限责任,将以股东个人资产清偿。部分企业家因此倾家荡产,严重时便会影响到企业家下一代的财富传承。

第四是股权代持的风险。中国的民营企业中股权代持的现象非常普遍。有时为了生产经营的需要,或者控股多家子公司时,企业家可能就会自己出钱,请朋友代持股权。但是,股权代持不可避免会带来一些法律风险。比如代持股东突然死亡,代持股东的家属是不是会与实际出资股东争夺公司股权?代持股东与原股东关系破裂后如何解决?代持股东若因为经济纠纷被起诉,他名下代持的公司股权会不会被法院冻结?等等。

第五是二代接班意愿和涉外身份的风险。首先,相比于父辈较高的交班意愿,家族企业二代的接班意愿并不高。我国很多企业在传承过程中面临老一辈愿意交班而子女不愿意接班的困境。其次,家族企业的二代大多被父母早早送出国门留学,其中相当一部分人取得了境外身份,或者是外国移民绿卡或者是外国国籍。而中国的法律是不承认双重国籍的。也就是说,家族企业二代取得外籍身份后,若以外国身份承接境内公司股权,可能面临工商机关的审核和阻碍。

第六是职业经理人作为接班人选的风险。当前大部分企业依然是由传统工业发展而来,该行业年轻一代对其既缺乏兴趣,又缺乏经验。加上与父辈在管理理念等方面的差异,更放大了代际交接班意愿的分歧,如果企业家二代不想子承父业,企业就会面临无人可传的问题。这种情况下民营企业家会面临两个选择:一是将企业的股权整体转让,套现获利;二是将企业的经营权委托给职业经理人,将企业的股权所有权交给二代。这就形成了企业的所有权和经营权分离的局面。在中国,缺乏具有良好道德操守和专业能力的职业经理人,也没有健全的法制有效遏制和震慑职业经理人的欺诈和犯罪行为。所以,一旦企业交给外人管理,会不会等到家族继承人成长起来去接管时,公司已被掏空,也成为困扰民营企业家的一个问题。

第七是金融工具使用风险。目前,企业家的财富传承问题解决方案中开始运用保险、家族信托等金融工具。但是,金融工具最大的局限是能解决现金资产问题,很难或者无法解决房产、股权这些非现金资产问题。其实,在全世界范围内,对企业家非现金资产的风险管理,遗嘱是一件避不过去的工具,虽然它确实有很多的弊端和不足,但至少它是唯一能够覆盖企业家所有非现金资产甚至监护等非现金需求,且无须交付,也可以随时修改的一件财富风险管理工具。因此,在国外成熟的家族办公室和财富管理服务中,为企业家订立遗嘱并定期检视遗嘱,已经成为相当普遍的做法。

第八是企业家缺乏税务筹划风险。美国开国元勋本杰明·富兰克林曾说:"在这个世界上,除了死亡和税收,没有什么是确定的。"对富豪来说,缺乏事先的税务筹划,将面对所得税和资本利得税带来的财富盈利能力的降低问题,而遗产税和赠予税会限制与削弱财富的传承与转移,引发财富的缩水。如 2008 年年底,台湾巨富台塑集团创始人王永庆辞世,留下约 600 亿新台币巨额遗产,但不得不面对 119 亿新台币的巨额遗产税。12 名继承人最终用

"质押股票"和"借款"方式来筹齐需缴交的遗产税金。

企业家的财富传承是一个复杂的系统性工程,不仅包括企业股权、管理权、现金、不动产等财富的传承,还包括核心价值观、家风、家规、一代创始人的企业经营管理经验和人脉关系等精神财富的传承,在传承时应尽量规避以上风险。最好的解决方案就是尽早制订、建立一套完整的风险防控体系和传承方案。这个体系和方案不仅要有愿景,即几代人愿意为之共同遵守的一致目标,还要有落地计划,以预防不同情况、不同模式下风险的发生,以确保企业的基业长青、财富的安全传承。

第二节　基业长青:家族财富管理的主要模式与工具

改革开放以来,中国经济发展进入了快车道,在催生出巨大的财富管理市场的同时,也造就了一大批以民营企业家为代表的"创一代"。对于这些高净值人士而言,随着私人财富的高速增长、企业的不断壮大,他们也普遍步入了 60 岁高龄期,企业传承也由此开始步入高峰期。从财富积累的四个阶段,即创富、守富、享富、传富来看,步入守富阶段之后,高净值人士有着日益迫切的家族财富管理需求,单一追求资本保值增值的时代已然过去,尤其是那些拥有庞大家族企业的高净值人士,他们对多样化财富管理的需求以及财富传承的必要性,使得家族财富管理应运而生。

什么是家族财富管理呢?

家族财富管理即家族财富(包括物质财富、精神财富、社会资源、人力资源等)的保障与传承,家族资产的长期投资理财,家族企业的投资银行及公司银行服务,家族成员及家族企业的税务筹划、法律咨询,以及家族财产的增值服务、家族慈善等一系列针对家族财富及事务的相关安排。

那么中国家族财富管理市场的参与者有哪些? 他们各自的管理模式又有何不同?

从中国家族财富管理市场的参与机构来看,主要包括商业银行、信托公司、保险公司以及第三方财富管理机构等。就目前我国企业而言,商业银行仍是最主要的财富管理机构,大约可占到60%的市场份额。

从高净值人群自主选择的投资理财方式或产品来看,主要仍集中在存款和房产投资,其中商业银行存款和各类理财占比约为40%,不动产投资占比约为35%,其他如股票投资、债券投资总额相加不足20%。此外,国际机构为争夺中国家族财富管理市场,也提供了诸多境外资产配置、境外投资等差异化产品。

各类财富管理机构在家族财富管理方面有着不同的业务模式与特点,下面就私人银行、保险公司和第三方财富管理机构三类参与方的业务模式展开比较,以期高净值人群在理解这些模式的基础上选择出适合自身财富管理需求的机构。

第一类是私人银行。2007年,中国商业银行开始发展私人银行业务。私人银行是以财富管理为核心,面向超高净值客户提供的顶级专业化、以财富管理和财富保障为中心的一揽子金融服务,具有高利润率和较少资本金占用等特点。一般来说,需要拥有至少100万美元或等值人民币以上的流动资产才可在较大型的国际金融公司或银行中申请开设此类服务。私人银行服务最主要的是资产管理、规划投资,根据客户财富保值增值、抵御通货膨胀等需求提供特殊服务,主要包括投资产品、保险产品和信托产品三大类。

国内私人银行服务体系在吸取了境外先进私人银行经验的基础上,采取了集投资服务、融资服务、顾问服务和增值服务四位于一体的服务通道模式,同时实行"1+1+N"的服务模式,即私人银行为客户配备一对一的专职客户经理,而每个客户经理身后都有一个专业投资团队作为服务支持。从资产的配置方面来看,私人银行会根据高净值客户的个性化、差异化需求以及风险偏好,结合丰富多元的产品去配置他们的资产期限、类别和比例。私人银行还常常与境内外知名星级酒店、权威医疗机构、高端旅行社等各类服务商合作,以提升增值服务。此外,面对高端客户多样化的需求,私人银行也开始提供税务咨询、法律咨询、跨境金融等综合金融服务。

此外,由于家族信托在中国逐渐为高净值人群所熟悉,私人银行也开始尝试与信托公司合作,由私人银行的内部投资顾问团队或资产配置团队与信托公司的家族信托业务团队进行对接,推出家族信托与全权委托相结合的"双托模式",满足客户资产隔离和个性化投资的综合需求。

第二类是保险公司。财富管理方式主要是被继承人通过购买高额的人寿保险,指定保险受益人及保险收益金比例,届时将约定的财产传承给指定受益人。从发达国家和地区的经验来看，人寿保险是很好的合理避税和遗产安排工具。近年来，以富裕或高净值人士为目标对象，我国保险公司的产品开发方向越来越集中于高现金价值的理财型保险产品，此类险种多为大额寿险或理财型人寿保单，如终身寿险、分红险、万能险、投连险、年金险等产品，可以统称为"富人险"。大额保单并不存在固定的产品分类，包括中国人寿、平安人寿、泰康人寿、中德安联等多家寿险公司在内，都曾针对高净值客户推出过"富人险"产品，其主要的形式还是分红型产品，年缴保费大都在两万元以上，最低保额动辄就是 100 万元、500 万元，部分保险公司的产品还提出"保额不设上限"。大额保险单多为"定期寿险＋两全保险＋意外险＋健康医疗"的组合，因此，其功能不仅包括传统的风险转移、财产安全保障，也包括强制储蓄和分红。同时，在财富的继承与传承问题上，通过购买大额人寿保险，可以在一定程度上合法规避储蓄大量财产时所产生的税金，保险指定受益人这种独特的方式可以有效避免遗产分割的纠纷，综合了理财、避债、避税、传承等功能与价值。

第三类是第三方财富管理机构。是指独立于银行、保险、证券等金融机构之外，代表客户利益，根据客户需求，独立、客观、公正地为客户进行金融资产配置和理财产品筛选的专业财富管理机构。作为财富管理市场的新秀，第三方财富管理机构呈现出了较为迅猛的发展态势，也吸引了大量的高净值客户。中国的第三方财富管理机构目前数量已达到上百家，其中较具有知名度和影响力的公司有诺亚财富、展恒理财、恒天财富等，但市场份额仍然较小。

与其他几类传统财富管理机构相比,第三方财富管理机构的优势在于较为灵活,不仅可以直接参与市场其他机构所提供的家族财富管理产品,还可以通过设立家族办公室这一高端形式来参与家族财富管理,其对于家族办公室的理解和处理更接近境外的成熟经验。第三方财富管理机构模式与私人银行业务模式的相同之处是为高净值客户提供咨询顾问服务和资产配置,但不同的是第三方财富管理机构缺少自有产品,在与私人银行竞争时更能保持独立性,不会以自有产品销售为主。

以上几类财富管理机构各自存在自己的优势和劣势。私人银行的客户黏性较强,且机构网点分布广泛,因此具备明显的渠道优势,而且商业银行的发展时间较长,与其他几类机构相比而言资金实力更加雄厚,专业人才也相对充足,适合不追求高收益、风险偏好较小的稳健型家族。但私人银行在权益市场、独立投资能力等方面却存在不足。保险公司因其独特的保障功能具有大众化的普遍需求,但其发展时间不长,投资能力略有不足,多家公司都推出的"富人险"实际上实现的功能尚待商榷,不同保险公司的资产配置能力区别很大。第三方财富管理机构可以满足个性化、多样化的金融需求,但往往立足于卖产品,按募集资金的多寡获取销售佣金,而不是从客户手中获得咨询费,或者与客户约定按财富增值的多寡获得报酬,由此难免产生道德风险和利益冲突。

目前,中国家族财富管理行业总体处于初级发展阶段,存在着产品服务同质化较为严重、投资工具和标的较为缺乏、高素质人才队伍规模较小、相关法律法规不够健全等诸多问题。特别是在方案解决上，中国现有财富管理机构仍是以提供现有产品为主，以帮助客户完成现金增长为目标，离真正的家族财富管理和客户导向仍有一定差距。而具有境外成熟家族财富管理服务经验的机构，尚无法在境内落实其服务体系，只能提供部分境外服务。

因此，高净值人群应从自身特点出发，选择符合自身需求的家族财富管理的机构和产品。随着财富的不断积累，相信在未来我国家族财富管理将迎来一个分工不断细化、客户不断细分、服务模式不断差异化的快速发展阶段。

第三节　家族信托：家族财富保卫战的核心阵地

从全世界范围来看，家族信托起源于英国，在长达 25 年经济繁荣期（1982 年到 2007 年，被称为美国第二个镀金年代）后的美国发展壮大。家族信托在国内已走过了初步的理论学习的阶段，进入了规模发展的阶段。越来越多中国高净值人群也开始意识到全面系统地进行传承规划的重要性和必要性，意识到家族信托是实现财富保全、财富管理和代际财富传承的理想工具。截至 2017 年，存量家族信托的规模合计超过 500 亿元，存量产品数近 3000 单。仅 2017 年，就有近 30 家信托公司开展家族信托业务，包括中信信托、平安信托、外贸信托、兴业信托、上海信托等公司均成立了专业化家族团队开展家族信托业务。

家族信托之所以得到快速的发展，除了满足当前高净值人群

的日益上升的家族财富管理需求以外,还契合了大资管背景下的新监管趋势。

2018 年 8 月 17 日,为落实"资管新规"的要求,中国银行保险监督管理委员会发布了《信托部关于加强规范资产管理业务过渡期内信托监管工作的通知》(信托函〔2018〕37 号,以下简称"37 号文")。37 号文指出了公益(慈善)信托、家族信托不适用《关于规范金融机构资产管理业务的指导意见》的相关规定。因此家族信托便从资产新规中解放出来,具有更多的投资灵活性。

除此以外我国监管机构首次在规范性文件中给出了家族信托的明确定义:

第一,家族信托是指信托公司接受单一个人或者家庭的委托,以家庭财富的保护、传承和管理为主要信托目的,提供财产规划、风险隔离、资产配置、子女教育、家族治理、公益(慈善)事业等定制化事务管理和金融服务的信托业务。

第二,家族信托财产金额或价值不低于 1000 万元。

第三,受益人应包括委托人在内的家庭成员,但委托人不得为唯一受益人。

第四,单纯以追求信托财产保值增值为主要信托目的,具有专户理财性质和资产管理属性的信托业务不属于家族信托。

有了明确定义的家族信托,从此便迎来了新的发展机遇。

家族信托作为家族财富的"守护者"具有以下四大作用。

第一,风险隔离。防止企业经营困难对个人财富构成巨大威胁。如企业债权人及投资人股东的索偿;婚变导致的财产缩水或权力争斗可直接影响财富的分配;对后代财富使用缺乏约束则会加速资产流失等。

第二,财富规划。确保财产授予人的意愿在子孙后代中得以延续,为子孙后代留下一笔永恒的财富,提供除遗嘱认证以外的选择。

第三,紧急保障。委托人出现意外的情况时,如重大疾病、自然灾害、商业损失等,保障家庭其他成员的日常开支,降低其生活受影响程度。

第四,税务规划。对财产收入和资本增值部分进行税务规划,就可能会征收的遗产税进行税务筹划;选择税率较低的司法辖区,经过合理的架构设计,以减少一定的遗产税或所得税,最大限度地保留家族财富。

接下来通过三个案例具体讲解家族信托的作用。

第一个是香港庞鼎文家族信托。在庞鼎文诉香港遗产税署一案中,因为诉讼的需要,庞鼎文生前所设立的家族信托相关信息得以披露。庞鼎文是一个非常成功的香港商人。20 世纪 80 年代末,庞鼎文当时的财产包括多家香港公司的股票,其中特别是通过一家控股公司直接持有的香港最大钢铁公司 Shiu Wing Steel Ltd. 的股票。此外,他拥有两处不动产:Hillview property 和 YTIL property,财产数目十分可观。1989 年 12 月,庞鼎文设立了五个单位信托,受托人为同月在 MANX 岛设立的 SWL 公司。SWL 公司的董事为庞鼎文的夫人和七个子女,而 SWL 公司股东是另外两家 MANX 岛公司,这两家公司的董事同样为庞鼎文的夫人和子女。同时,庞鼎文又设立了多个自由裁量信托,受益人为其子女,受托人为 SKL 公司和 FL 公司。庞鼎文于 1993 年 1 月 23 日故去。通过家族信托运作,庞鼎文的巨额财产全部转移进多个复杂的信托计划中,实现了将财产隐蔽低调地转移出香港,从而规避各类风险以保护财产的目的。

第二个是戴安娜王妃的遗嘱信托案例。在 1993 年,戴安娜王妃立下遗嘱,自己一旦去世,要求将其 1/4 的动产平分给自己的 17 名教子,而另外的 3/4 财产则留给威廉和哈里王子,但要求必须要等到他们 25 周岁时才能够继承,通过信托基金的方式来进行。1997 年 12 月,戴安娜遗嘱的执行人向高等法院申请了遗嘱修改令,为了保护两位王子,修改了部分条款的细节,将他们支取各自 650 万英镑信托基金的年龄提高到了 30 岁,到 25 岁时只能够支配全部的投资收益,而在 25 岁之前只能够支取其中的一小部分,并且要获得遗产受托人的许可。戴妃 1997 年猝然离世后,一共留下了 2000 多万英镑的遗产,在扣掉 850 万英镑的遗产税后,还有1300 万英镑。经过遗产受托人多年的成功运作,信托基金收益达到了 1000 万英镑。

第三个是默多克的家族信托。世界传媒大亨默多克通过 GCM 信托公司设立并运作家族信托,默多克家族持有的新闻集团近 40％的拥有投票权的股票,其中超过 38.4％的股票是由默多克家族信托基金持有,受益权人是默多克的六个子女。默多克与前两任妻子的四个子女是这个信托的监管人,拥有对新闻集团的投票权;而默多克与第三任妻子邓文迪的两个女儿仅享有受益权而无投票权。这样新闻集团的控制权,就牢牢掌握在默多克家族的手中。在默多克与邓文迪离婚案中,邓文迪最终只分得 2000 万美元资产,与默多克 134 亿美元总资产相比简直就是九牛一毛,离婚之事也丝毫未影响新闻集团的资产和运营。

明白了家族信托对家族财富保卫的作用后,在具体办理家族信托时需要注意哪些呢?

首先要确定各个信托或者私人银行的家族信托的门槛,并且确定各信托或私人银行的专业度,可以通过其过往成功经验来进行具体分析。

其次要根据自身的情况到专业的机构进行了解,不同的信托公司或者私人银行会给你定制专门的信托计划,要对自身的财富情况提前有足够的了解并且有一定的财富规划,学会选择最适合自己的产品,绝不可以仅听从机构的建议。

最后总结一下,对于企业家、高净值人群的家族财富传承需求来说,家族信托已然是最出色的工具之一。家族信托可以实现信息保密、资产保障、税务筹划和继承安排等多项重要功能。决定家族财富未来走向的,不仅包括专业细致的筹划,还包括家族对自身状况的认知以及家族在进行重大决定时的智慧。成功的家族财富保卫与传承,留给世人的将是猜不透的谜底。

致谢

这本书在写作过程中，得到了很多人的帮助。得益于这些人的帮助和支持，这本书才能顺利面世。

这本书分为十章，基本上涵盖了企业金融发展的方方面面。其中不少内容来自如是金融团队在正和岛平台上倾力打造的新金融必修课——"穿越下行周期的新金融思维"，特别感谢多位企业家的支持和分享，让我们更加了解新时代企业家的金融发展困惑和诉求。还有一部分内容为如是金融研究院精编的科创板研究手册，包括企业融资和投资两部分，如是资本副总裁刘岩和高级研究员葛寿净均有贡献。

除此之外，还要感谢如是金融研究院其他小伙伴的研究支持，尤其是高级研究员张楠和实习生李远远等，他们参与了部分章节的资料查询、案例梳理和写作。

图书在版编目（CIP）数据

重回价值：中国企业的资本运作法则 / 管清友著.
—杭州：浙江大学出版社，2020.9
ISBN 978-7-308-20250-3

Ⅰ.①重… Ⅱ.①管… Ⅲ.①企业管理—资本运作—
研究—中国 Ⅳ.①F279.23

中国版本图书馆 CIP 数据核字(2020)第 095697 号

重回价值：中国企业的资本运作法则

管清友 著

策划编辑	顾 翔 程曼漫	
责任编辑	卢 川	
文字编辑	程曼漫	
封面设计	VIOLET	
出版发行	浙江大学出版社	
	（杭州市天目山路 148 号 邮政编码 310007）	
	（网址：http://www.zjupress.com）	
排 版	杭州中大图文设计有限公司	
印 刷	浙江印刷集团有限公司	
开 本	880mm×1230mm 1/32	
印 张	10.5	
字 数	235 千	
版 印 次	2020 年 9 月第 1 版 2020 年 9 月第 1 次印刷	
书 号	ISBN 978-7-308-20250-3	
定 价	62.00 元